W0192763

EUROPAVERLAG

BERND WOLLSCHLAEGER

ICH BIN JUDE AUS DEM HERZEN

WIE ICH DIE NAZI-VERGANGENHEIT MEINES VATERS BEWÄLTIGTE

Aus dem Englischen übersetzt
von Mike Kauschke

EUROPAVERLAG

© 2017 Europa Verlag GmbH & Co. KG,
Berlin · München · Zürich · Wien
Umschlaggestaltung und Motiv:
Hauptmann & Kompanie Werbeagentur, Zürich,
unter Verwendung eines Fotos von © ddp images/Miami Herald/MCT
Layout & Satz: BuchHaus Robert Gigler, München
Druck und Bindung: Pustet, Regensburg
ISBN 978-3-95890-099-8

Für Christa

Ich möchte meiner Frau Rose und meinen Kindern Tal, Jade und Natalie für ihre Unterstützung und bedingungslose Liebe bei meiner Suche nach innerem Frieden und Klarheit danken.

INHALT

KAPITEL 1: AM ANFANG 8

Russland, 3. Oktober 1941   13
Ramallah, 1988   15
Deutschland, 1966   18
Das Geheimnis der Frau aus dem oberen Stockwerk   27
Der Stern   33
Umzug nach Bonn: Die Suche nach meiner
  Vergangenheit geht weiter   35
Alte Kameraden   43
München 1972   44
Jom Kippur, 1973   49
Dunkelheit   53

KAPITEL 2: DER WEG NACH JERUSALEM 62

Die Reise beginnt   78
Die Abfahrt   81
Der erste Tag   95
Der zweite Tag   104

Der dritte Tag   128
Der vierte Tag   140
Der fünfte Tag   159
Die Abreise   166

KAPITEL 3: DIE WANDLUNG   171

Die Entscheidung   186
Der Rabbi   198
Die Finsternis   205

KAPITEL 4: DER ÜBERTRITT   222

Das Rabbinatsgericht   237

KAPITEL 5: DER NEUANFANG   248

KAPITEL 6: DIE RÜCKKEHR   262

EPILOG   268

KAPITEL 1: AM ANFANG

Deutschland, 24. Dezember 2004. Obwohl es mehr als vierzig Jahre zurückliegt, erinnerte ich mich an den Weg zum Friedhof in Bamberg, als wenn es gestern gewesen wäre. Bei meinem letzten Besuch hatte mich meine Mutter zum Grab meiner Großeltern mitgenommen.

Ich erinnerte mich, wie ich sie ansah, als sie still im Gebet verweilte, aber an meine Großeltern konnte ich mich nicht erinnern. Meine Großmutter starb, als ich drei Jahre alt war; sie hatte meinen Großvater um einige Jahre überlebt. Ich erinnerte mich an den Wunsch meiner Mutter, neben ihren Eltern begraben zu werden, und wusste daher, dass ich ihr Grab dort neben ihnen finden würde. Ich vermutete, dass auch mein Vater an dieser Stelle begraben war. Jetzt, bei diesem Besuch am Grab meiner Eltern, hatte ich keine Ahnung, was ich tun sollte oder was ich von mir selbst erwartete.

Ich parkte den Wagen am Friedhofseingang und blieb einen Moment lang still sitzen.

»Willst du, dass wir mit dir gehen«, fragte meine Frau. Ich sah zu ihr hinüber und drehte mich zu unserer fünf Jahre alten Tochter auf dem Rücksitz um.

»Es wird gehen. Ich denke, ich muss das allein machen. Danke dir.«

Sie nickte und lächelte mir zu. Ich gestehe, dass ich Angst hatte, aber bis zu diesem Moment hatte ich mir nicht erlaubt, tief genug über den Tod meiner Eltern nachzudenken. Es schien außergewöhnlich, dass ich es in all den Jahren erfolgreich vermieden hatte, mich meinen Gefühlen für sie zu stellen.

Mein Vater starb weniger als sechs Monate, nachdem ich Deutschland verlassen hatte, und meine Mutter folgte ihm einige Jahre später. Lange Zeit zog ich es vor zu glauben, beide seien an einer körperlichen Erkrankung gestorben, weil dieser Gedanke für mich weniger schmerzvoll und leichter zu akzeptieren war. Doch schließlich kam ich zu der Überzeugung, dass beide an gebrochenem Herzen gestorben sind. Was auch immer der Grund war, wir hatten keine Gelegenheit gehabt, uns wirklich zu verabschieden.

Ich vermisse schmerzlich, dass es nie zu einer letzten Aussprache zwischen uns gekommen ist. Auch hatte ich ihre Erinnerungen nicht vollständig gewürdigt, mein Zorn und mein Groll blockierten mich. Jetzt versuchte ich, der Realität ins Auge zu sehen, dass sie für immer gegangen waren. Ich dachte an neue Fragen, die ich ihnen stellen wollte, an Zeiten, in denen ich nachdrücklicher hätte versuchen sollen, mit ihnen ins Gespräch zu kommen – wie unbeholfen diese Versuche auch gewesen wären. Jetzt aber waren sie tot, mein Leben hatte sich verändert, und ich blieb für immer mit diesen Fragen zurück, zu denen ich die Antworten selbst würde finden müssen.

»Ich werde nicht lange weg sein«, sagte ich.

»Nimm dir Zeit«, sagte meine Frau, als ich die Tür schloss.

Es war kalt draußen, der Himmel grau, recht typisch für einen Winter in Deutschland. Ein paar Schneeflocken taumelten in einer leichten, kalten Brise umher. Ich bemerkte sie kaum, wenn sie auf mein Gesicht fielen und einen Streifen kalten geschmolzenen

Wassers hinterließen, der sich mit den über mein Gesicht laufenden Tränen mischte.

Ich ging durch das Tor und blickte auf alte und neue Grabsteine mit Botschaften der Liebe und Trauer. Ich wusste nicht genau, wohin ich ging; ich folgte meinem Instinkt, links und dann rechts und dann wieder links. Ich erinnerte mich, dass das Grab meiner Großeltern in der Nähe der Mauer lag, welche die Gräber der Christen vom jüdischen Teil des Friedhofs trennen sollte. Als ich die Mauer wiedererkannte, suchte ich die Grabsteine nach ihren Namen ab und stand unvermittelt vor ihrem Grab. Es war ein einfacher grauer Marmorstein, auf dem mit schwarzer Farbe vier Namen eingraviert waren.

Ich hatte ihr Grab nicht mehr besucht, seit ich vor fast zwanzig Jahren Deutschland verlassen hatte, um nach Israel zu gehen. Manchmal hatte ich die Vorstellung, meine Erinnerung an sie mit einem Besuch an ihrem Grab zu würdigen, wütend abgelehnt, und vermutlich war ich auch jetzt noch nicht bereit dazu. Aber so viel hatte sich seit damals verändert. Ich war nun selbst Vater und liebte meine Kinder; sie verdienten Antworten auf ihre Fragen nach der Geschichte ihrer Familie, meinem Leben und dem Leben meiner Eltern und Großeltern.

Schließlich hatte ich meinem Sohn von meiner Vergangenheit erzählt, und er war so berührt von der Geschichte gewesen, dass er sich entschlossen hatte, einen Essay darüber zu schreiben. Das hatte seinen Lehrer dazu veranlasst, mich anzurufen, um mehr über diese außergewöhnliche Geschichte zu erfahren. Ich vertraute mich dem Lehrer an und wurde eingeladen, vor der Klasse meines Sohnes zu sprechen und anschließend vor der ganzen Schule. Als ich so die Wahrheit offengelegt hatte, war die Verbundenheit mit meinen Eltern wieder stärker geworden. Mit der Zeit war mir klar geworden, dass ich nach mehr als zwanzig Jahren zurückkehren wollte.

Nun war ich hier, stand vor ihren Gräbern und wusste nicht, wie ich mit den mich überwältigenden Gefühlen umgehen sollte. Wie erstarrt stand ich da.

Auf dem Grabstein war unter dem vollen Namen meines Vaters ein Eisernes Kreuz eingraviert, das darauf hinweisen sollte, dass hier ein hochdekorierter Soldat begraben lag. Darunter stand der Name meiner Mutter.

»Hier bin ich«, murmelte ich leise zu beiden in meinen gefrorenen Bart.

Mit großer Mühe brachte ich diese Worte über die Lippen; es waren die einzigen, die ich jetzt flüstern konnte. Ich schloss meine Augen und stellte mir ihre Gesichter vor. Ich erinnerte mich an unsere letzte Begegnung, als ich meine Mutter umarmt hatte. Sie hatte mich fest an sich gedrückt und wohl gewusst, dass wir uns nie wiedersehen würden.

Ich dachte, es würde schwer sein, mich nach all den Jahren an das Aussehen meines Vaters zu erinnern, aber sein strenger Blick und seine dunklen Augen sprangen mit unmissverständlicher Kraft in mein Gedächtnis. Mein Geist wurde von den Erinnerungen an unsere gemeinsame Zeit überschwemmt: unsere Ausflüge zum Fischen und Jagen in den schönen Wäldern entlang der bayerischen Flüsse und Seen; die langen Spaziergänge am Sonntagmorgen; die bewegten Diskussionen über das Leben und die Politik. Die Erinnerungen waren so lebendig, dass ich fast unsere Stimmen hören konnte. Ich konnte mich sogar an den Duft des Parfüms meiner Mutter erinnern und an die gewaltsamen Wutausbrüche und aggressiven Anfälle meines Vaters. An seine Alkoholsucht und seine gescheiterten Versuche, vom Trinken loszukommen.

Am stärksten erinnerte ich mich an meine zwiespältigen Gefühle gegenüber seiner Zeit in der Wehrmacht. Für ihn war es natürlich mehr als ein Militärdienst gewesen; er war Soldat mit Hingabe, Stolz und aller Dickköpfigkeit gewesen. Oft zeigte er voller Stolz seine Orden und Ehrenbänder. Ich erinnerte mich auch an meine Besuche in ehemaligen Konzentrationslagern und Begegnungen mit Überlebenden des Holocaust. Wie konnte ich mich je mit alldem versöhnen? Und wie konnte mein Vater sich mit meiner Entscheidung abfinden, mein Leben so radikal zu verändern? Es musste ihn fast um den Verstand gebracht haben.

Sicher hatte es auch Momente gegeben, wo er die dunklen Seiten des Zweiten Weltkrieges ansprach, und wenn er es tat, zeigte er Reue. Aber niemals war er bereit, über die Schrecken und den Schmerz zu sprechen, den Deutsche im Namen Deutschlands anderen Menschen und Völkern angetan hatten.

Als ich so in Gedanken versunken am Grab meiner Eltern stand, erinnerte ich mich an die Rolle meiner Mutter. Sie war das Opfer gewesen, das ständig unter der Wut meines Vaters litt. Doch ich erinnerte mich auch an die seltenen Momente, wo ich eine leidenschaftliche Umarmung meiner Eltern beobachtet hatte. Mit der Zeit wurden sie immer seltener, und stattdessen hörte ich zugeschlagene Türen, Schreie in der Nacht und ein drückendes Schweigen, das tagelang andauern konnte.

Seitdem war viel Zeit vergangen. Hier stand ich nun und erwies meinen Eltern an ihrer letzten Ruhestätte die Ehre. Zerrissen zwischen Reue und Trauer um all das, was ich für sie und für uns nicht hatte tun können, versuchte ich zu verstehen, wie alles gekommen war. Was hatte ihre Leben geprägt? Und wie hatten diese Erfahrungen mein Leben beeinflusst?

Natürlich hatte es alles vor sehr langer Zeit begonnen, lange bevor ich geboren wurde. Aber selbst nach so vielen Jahren konnte ich immer noch nicht alles begreifen. Was hatte mich tatsächlich motiviert, mein Leben so radikal zu verändern? Ich war dorthin zurückgekehrt, wo alles begonnen hatte. Der Kreis schloss sich. Hier und jetzt vor dem Grab meiner Eltern musste ich endgültig verstehen, was geschehen war.

Es war ein kalter Morgen; er erwachte benommen und müde. Die Amphetamin-Tabletten hatten ihm geholfen, die drei Tage lang wach zu bleiben, die seit der letzten Lagebesprechung mit dem General vergangen waren. Doch jetzt wurde die Müdigkeit immer stärker. Im Geschützturm des Panzerkampfwagens IV spürte er das kalte Metall durch den dicken Stoff der Uniform, die er nun schon seit so vielen Tagen trug. »Wo bin ich?«, war sein erster Gedanke, als er seine schweren Augenlider hob. Sein mächtiger Panzer, der Stolz der deutschen Panzertruppe, stand auf einem Hügel mit Blick auf die Stadt Orel (heute Orjol) am Fluss Okra im Westen Russlands.

Während er klare Gedanken zu fassen suchte, spürte er die körperlichen und geistigen Anstrengungen der letzten Monate. Seit dem 22. Juni 1941 war die deutsche Wehrmacht stetig nach Osten vorgerückt, mit aller Macht wollte sie das mächtige Russland erobern. Nun, da der Sieg in Sicht war, war seine Panzereinheit unter das Kommando des legendären Generaloberst Heinz Guderian gestellt worden, des Kommandeurs der 2. Panzerarmee. Die Eroberung der Stadt, die vor ihnen lag, hatte große strategische Bedeutung. Orel erstreckte sich an beiden Ufern des Flusses, nur etwa 350 Kilometer von Moskau entfernt.

Die kalten Temperaturen, mit denen sie zurechtkommen mussten, hatten einst dem siegesverwöhnten Kaiser Napoleon I. die Niederlage seiner Grande Armee eingebracht. Die Tage wurden immer kürzer und kälter, und diese Zeichen des hereinbrechenden Winters mahnten ihn, dass es Zeit zum Handeln war. Er war auf eine Nationalpolitische Lehranstalt (NAPOLA) gegangen, wo die künftige Elite des Naziregimes ausgebildet wurde. Dort hatte er gelernt, dass der aufopferungsvolle Einsatz für das Vaterland Ausdruck von Mut war. Immer sollte das Wohlergehen der Gruppe im Fokus der Aufmerksamkeit und Anstrengungen stehen.

Angst war ein Ausdruck von Schwäche, so war ihm eingebläut worden, und Tränen nur etwas für Frauen. Er aber würde ein Krieger mit eisernem Herzen werden.

Das Blut seiner Vorfahren nährte dieses Herz. Sein Großvater hatte im Krieg 1871 gegen Frankreich gekämpft, und sein Vater erzählte immer wieder Geschichten über seine Verletzungen im Ersten Weltkrieg, als er aus den blutgefüllten Schützengräben Frankreichs gekrochen war. Er war der Sohn von Kriegern, ein Offizier der unschlagbaren Wehrmacht, ein junger Soldat, der bereit war, die Vernichtungskraft seiner eisernen Kriegsmaschine zu entfesseln. Es war höchste Zeit zum Handeln!

Als er langsam zu sich kam, bemerkte er, dass er die ganze Nacht im Geschützturm des Panzers verbracht hatte. Seine Beine waren steif und seine Hände fast erfroren. Im Morgenlicht konnte er feststellen, welche Position sein Panzer in der Nacht zuvor eingenommen hatte. Er wandte sich um und sah einige Bäume auf dem weichen Abhang eines Hügels etwa 400 Meter entfernt. Was er dort bemerkte, eingenistet in der Krone eines Baumes am unteren Ende des Abhangs, ließ ihn erzittern: Die gewaltige 76-mm-Kanone eines russischen T-34-Panzers deutete direkt auf ihn. »Oh Gott«, murmelte er in seinen gefrorenen Bart. »Die schlafen bestimmt noch.« Er stieß seinen Waffenoffizier mit dem Stiefel an; ein lautes Glucksen und ein Fluch verrieten ihm, dass Heinz aufwachte.

»Heinz«, zischte er, »fertig machen zum Angriff. Heute Morgen machen wir einen Russen klar.« Er spürte die belebende Aufregung der Jagd. Jede Zelle seines steifen Körpers war nun voller Adrenalin, sein Blut strömte wie sprudelnder Wein durch seine Arterien und Venen. Heute wird es geschehen, dachte er. Heute werden wir Orel erobern, und mit diesem Angriff wird es beginnen. Das ist meine Gelegenheit, meinem Vaterland zu dienen.

»Feuer«, hörte er sich selbst schreien, die gefrorene Haut seiner trockenen Lippen riss auf. Der Geschmack warmen Blutes in seinem Mund verstärkte noch seine Erregung. Sekunden später wur-

de ihm durch die Explosion des russischen Panzers vorübergehend die Sicht genommen. Ein Volltreffer hatte die Munition des
Panzers entzündet und alle Insassen verbrannt.

Am Ende dieses kalten Oktobertages ergab sich Orel den Panzer-
einheiten unter General Guderian. Oberleutnant Arthur Reinhard
Wollschläger kommandierte den ersten Panzer beim Angriff auf
die letzte Verteidigungslinie um die Stadt. Damit hatte er sich das
begehrte Eiserne Kreuz verdient und überquerte stolz die Oka.
Heute Orel, morgen Moskau, dachte er. Der Sieg für Deutschland
schien sicher für den Mann, der mein Vater werden sollte.

RAMALLAH, 1988

Der graue israelische Armeebus rumpelte die Straße mit den vielen Schlaglöchern entlang, die zum Armeecamp führte. Es war
früh am Morgen, und das Tageslicht erhellte allmählich die welli-
gen Hügel und die Olivenhaine an den Hängen. Der Bus fuhr an
einem alten Palästinenser vorbei, der am Straßenrand stand und
eine Zigarette rauchte. Er trug eine Kufiya, das traditionelle Kopftuch arabischer Männer. Vielleicht war er ein Bauer aus der Umgebung; die trockene, faltige Haut spannte sich über markante
Wangenknochen. Seine dunklen Augen starrten uns mit einer Mischung aus Feindseligkeit und Resignation an. Sein Blick richtete
sich direkt auf mich. Unsere Augen trafen sich nur für einen flüchtigen Moment, aber lange genug, dass ich den Mann in Erinnerung behalten sollte. Ich saß an einem der Fenster, die mit Eisen-
stäben geschützt waren. Ich fühlte mich nicht wohl in diesem
Käfig. Meine neue Armeeuniform war mit einer dünnen Staub-
schicht bedeckt, wodurch die grüne Uniform schmutzig braun
aussah. Unbeholfen hielt ich mein M16-Sturmgewehr in der
Hand, das ich nur eine Woche zuvor mit gefülltem Magazin bekommen hatte. Ich hielt das Gewehr mit beiden Händen und ver-

suchte, den Lauf nach oben, gegen die Decke des Busses, zu richten. Während zahlloser Übungseinheiten hatten wir von unserem Gefreiten den Umgang mit der Waffe gelernt. Sobald wir die Grüne Linie überschritten hatten und in das Westjordanland fuhren, befahl er uns, die Magazine ins Gewehr zu stecken. Die Intifada, der Aufstand der Palästinenser, hatte erst einen Monat zuvor begonnen, und wir wurden vor Steine werfenden Teenagern oder militanten Fatah-Anhängern gewarnt, die Militärfahrzeuge angreifen könnten.

Trotz dieser drohenden Gefahren fühlte ich mich in der Gesellschaft der fast 40 anderen Männer sicher – sie alle waren Neueinwanderer aus aller Welt und wurden so wie ich in die israelische Armee eingezogen. Ich fühlte eine Mischung aus Anspannung und Erleichterung, fast wie ein »echter« Israeli. Nach meiner Ankunft in Israel hatte man mich in ein Immigrationszentrum in einem Kibbuz geschickt. Es war ein sozio-ökonomisches System mit geteiltem Landeigentum und Zusammenarbeit in der Produktion, im Konsum und in der Bildung. Mehrere Stunden täglich musste ich in einem intensiven Sprachkurs für Neueinwanderer, der als Ulpan bezeichnet wird, Hebräisch lernen; schließlich beherrschte ich genug modernes Hebräisch (das auch Ivrith genannt wird), um mich verständigen zu können. Den Rest des Tages arbeitete ich auf den Bananenfeldern des Kibbuz, wodurch sich im Lauf der Zeit meine körperliche Stärke und meine Ausdauer verbesserten.

Trotzdem hatte ich das Gefühl gehabt, in einer Blase zu leben, geschützt vom realen Leben in Israel. Sobald ich meinen Einberufungsbefehl bekam, wusste ich, dass die Flitterwochen vorbei waren. Ich stand vor einem neuen Kapitel in meiner Wahlheimat. Ich als Deutscher, der nun ein Soldat in der Uniform der israelischen Armee war. Wie war es dazu gekommen?

Es war eine plötzliche und unangenehme Einsicht: Nun war ich also Soldat, so wie mein Vater. Er hatte in einem Krieg gekämpft, den ich verurteilt hatte, im Namen von Idealen, die für mich völlig falsch waren. Nun diente ich in der Armee des Landes, das gegründet worden war, um den Menschen eine Heimat zu geben, welche die Armee meines Vaters hatte ausrotten wollen. Aber warum? Was hatte diese dramatische Veränderung in meinem Leben ausgelöst?

Geboren und aufgewachsen im Nachkriegsdeutschland wusste ich nichts von der Vergangenheit meines Vaters. Das war nichts Ungewöhnliches. Niemand sprach über diese für Deutschland so beschämende Zeit. In meiner Familie wurde Stillschweigen gewahrt, es wurden keine Fragen gestellt. Aber sobald ich etwas über diese Vergangenheit erfahren hatte, konnte ich die Fragen nicht mehr unterdrücken. Von diesem Zeitpunkt an spielten mein Handeln und mein Unterlassen eine wichtige Rolle in der Veränderung meines Lebens. War es die Schuld, die mich zum Handeln bewegte? Oder die Scham darüber, in einem Land geboren zu sein, in dem immer noch Täter lebten? Und zwar Täter, die unaussprechliche Verbrechen gegen das Volk verübt hatten, dem ich mich nun zugehörig fühlte? Ich wusste, dass ich mich mit diesen Fragen auseinandersetzen musste.

Meine Gedanken wurden unterbrochen, als der Bus plötzlich in eine kleine Straße einbog, die zum Eingang der Armeebasis führte. Ich sah aus dem Fenster und erkannte auf dem Hügel die Umrisse des Camps. Dort standen einige Baracken und Zelte um einen Wasserturm, sie waren von Stacheldraht umgeben. Am Tor hielt der Bus an, und der Gefreite befahl uns, den Bus zu verlassen.

»Dov«, rief er mich bei meinem hebräischen Namen, »sichere den Bus von hinten und pass gut auf, hier könnten Scharfschützen auf uns lauern.«

»Kein Problem«, antwortete ich in meinem Hebräisch mit starkem Akzent. Aufmerksam beobachtete ich das karge Gelände rund um den Bus. Die meisten Olivenbäume waren herausgerissen worden, nachdem Scharfschützen, die sich in den Olivenhainen versteckt hielten, vor einigen Wochen einen Bus wie den unseren angegriffen hatten. Vielleicht hatten diese Bäume dem alten Mann gehört, aber was blieb uns anderes übrig? Wir mussten die Bäume entfernen und uns selbst schützen.

Trotz der frühen Hitze fror ich und fühlte mich unwohl. Dies war nun also für die nächsten Monate mein Zuhause. Zumindest war es nicht so kalt wie in Russland, wo mein Vater im Zweiten Weltkrieg gekämpft hatte.

Ich spürte den brennenden Wunsch, ihm zu erklären, warum ich hier in Israel war. Ich war der Überzeugung, dass wir dadurch zu einem gegenseitigen Verstehen kommen konnten, das uns zu seinen Lebzeiten versagt blieb.

Aber dafür war es nun zu spät. Die Geschichte musste ich trotzdem erzählen.

DEUTSCHLAND, 1966

Als ich acht Jahre alt war, zwanzig Jahre nach dem Zweiten Weltkrieg, lebten mein Vater und meine Mutter in Bamberg, einer malerischen Stadt in Oberfranken. Zu dieser Zeit musste mein Vater aufgrund seiner Arbeit oft reisen, was das Familienleben störte. Mein Vater war in seinem Beruf aufgestiegen, hatte Karriere gemacht und nutzte dafür seine militärischen Kenntnisse, die er während seiner Kriegszeit gesammelt hatte. Wieder einmal wurden sie geschätzt – nicht in seiner Funktion als Soldat, sondern für Verwaltungsaufgaben im Innenministerium. Seine Stelle als leitender Beamter war anspruchsvoll, und er musste im entfernten Bonn leben und arbeiten, das damals noch Hauptstadt der Bundesrepublik Deutschland war. Er hatte diesem Umzug zugestimmt, weil er sich dafür begeisterte, ein starkes System für innere Sicherheit mit aufzubauen.

Während des Krieges und auch danach hatte er das Leiden deutscher Zivilisten mit eigenen Augen gesehen. Er befürwortete das

Vorhaben der Regierung im Nachkriegsdeutschland, wieder eine deutsche Armee aufzubauen, um die neu entstehende Demokratie zu schützen.

Leider konnte ich ihn deshalb nur einmal im Monat sehen, seltener, als ich gewollt hätte. Ich freute mich immer auf den Besuch meines Vaters. Es begann stets damit, dass ich vor dem Haus wartete, bis sein Auto in unsere kleine Straße einbog und er aus dem Wagen stieg. Erst umarmte er meine Mutter und dann mich. Wenn ich ihn sah, wollte ich ihm sofort alles erzählen, was seit unserer letzten Begegnung geschehen war. Im Alter von acht Jahren gab es so viele Erfahrungen, über die ich sprechen wollte: aufregende neue Dinge, die ich in der Schule gelernt hatte, die Entdeckungen, die ich mit meinen Freunden gemacht hatte, und natürlich all die Bücher, die ich in seiner Abwesenheit gelesen hatte. Ihm schien es zu gefallen, wenn ich so mit ihm redete, und diese Gespräche waren für mich die kostbarsten Momente mit ihm.

Aber trotzdem konnten wir eine Mauer des Förmlichen zwischen uns nie ganz durchbrechen. Ich musste ihn immer »Vater« nennen – »Papa« zu sagen erlaubte er nicht. Zu oft war er kalt und distanziert, nur selten zeigte er Empathie und Wärme. Wenn er weg war, vermisste ich ihn sehr. Für mein Gefühl hatten wir nicht genügend Zeit zum Reden.

Rückblickend denke ich, dass sich mein Vater auf unsere gemeinsame Zeit gefreut hat. Er versuchte ehrlich, mich zu verstehen und mir in dieser sich schnell verändernden Welt Ratschläge zu geben, aber diese neue Zeit, in der wir lebten, erforderte mehr, als er verstehen konnte.

Wenn er nach Hause kam, nahm er mich oft mit auf Jagdausflüge in die bayerischen Wälder. Auf diesen Ausflügen versuchte er, mir den Respekt für Waffen beizubringen, und lehrte mich den richtigen Umgang mit ihnen. Er hatte den schrecklichen Preis erfahren, den Waffen fordern können. Von seinem mächtigen Panzerkampfwagen aus hatte er wissentlich viele Menschen getötet. Er hatte es rechtmäßig getan, so sagte er mir, als Soldat, der Befehle befolgte – eine Erklärung, die ihm ausreichend erschien. Er gab Traurigkeit zu, weil er gesehen hatte, wie viele seiner Kameraden von Granaten und Maschinengewehrfeuer zerrissen worden waren. Ihre Hilferufe tauchten immer noch in seiner Erinnerung auf. Er selbst war auf den Schlachtfeldern in Polen und Russland fünfmal verwundet worden; seine letzte Verletzung war besonders schwer gewesen, eine offene Kopfwunde, die durch Granatsplitter verursacht wurde. Deswegen litt er im Laufe seines Lebens unter Kopfschmerzen und wiederholten Ohnmachtsanfällen. Meine Mutter behauptete, dass dies auch für seine unkontrollierten Wutausbrüche verantwortlich war.

Mein Vater hinterfragte seine eigene Rolle im Krieg nie wirklich, aber er war nicht zufrieden damit, wie sein Land nun seine Soldaten behandelte. Drei seiner vier Brüder waren im Zweiten Weltkrieg – für ihn immer noch der »große Krieg« – gefallen. Sie waren für das Vaterland gestorben, dem auch er gedient hatte. Trotzdem wurde ihr Tod niemals formell anerkannt und ihr Dienst für ihr Land nie öffentlich gewürdigt. Diese fehlende Anerkennung empfand mein Vater als Beleidigung, auch für ihn als Wehrmachtssoldaten in seinem besiegten Heimatland. Hinzu kam noch die dürftige Behindertenrente, die er wegen seiner Kriegsverletzungen erhielt. So wurde er ein verbitterter und frustrierter Mann.

Trotzdem glaubte er weiter an soldatische Werte. Im Alter von acht Jahren sagte er mir, dass ich nun alt genug sei, um mit der »echten« Erziehung zu beginnen. Für ihn bedeutete das, dass ich in der gleichen Weise erzogen wurde wie er. Ich sollte einen militärischen Kurzhaarschnitt tragen, außerdem legte er Wert auf korrekte Kleidung, fehlerfreies Beherrschen der deutschen Sprache und darauf, dass Ehre und Respekt gegenüber der Familie und dem Vaterland gezeigt wurden. Es schmerzte ihn sehr, dass im

Nachkriegsdeutschland niemand mehr wagte, das Wort »Vaterland« in den Mund zu nehmen, und dass der Nationalstolz, den er so tief fühlte, verachtet wurde. Der Krieg hatte Deutschland zerstört, hatte Familien auseinandergerissen und das Land geteilt, das nun unter der Kontrolle der Alliierten stand.

Wie die meisten Deutschen glaubte mein Vater, dass das Land wiederaufgebaut werden musste, aber die Menschen waren sich unsicher, wie man dieses Ziel erreichen konnte. Er glaubte zwar an Ehre, Stärke und Ausdauer, aber genau diese Werte wurden von der jungen Generation hinterfragt oder gar verspottet. Die Wut dieser jungen Menschen auf die Generation ihrer Eltern machte sich in der Studentenrevolte der 1960er-Jahre Luft. Anarchismus und sogar Terrorismus drohten sich auszubreiten, was die Wut und Hoffnungslosigkeit meines Vaters noch verstärkte.

Sein Charakter war grundlegend durch meinen Großvater geprägt worden. Großvater Reinhard wurde in eine preußische Militärfamilie hineingeboren und erhielt Auszeichnungen für seinen Dienst im Ersten Weltkrieg, in dem er sein rechtes Bein verlor und mehrere weitere Verwundungen davongetragen hatte. Als er in ein besiegtes Deutschland heimkehrte, fühlte er sich erniedrigt und verwirrt wegen der Niederklage seiner stolzen Nation. Wie hatte es sein geliebtes Deutschland ertragen, dass täglich Tausende junger Soldaten starben? Warum hatte es trotzdem solch eine vernichtende Niederlage erlitten?

Er konnte sich nur eine Erklärung für die Situation seines Landes vorstellen, die er meinem Vater täglich einbläute: Kommunisten und Sozialdemokraten, von denen viele jüdischer Abstammung waren, hatten angeblich die treuen deutschen Truppen sabotiert und das Land durch geheime Verschwörungen und verräterische Umtriebe unterwandert.

Soweit ich es verstehen konnte, war mein Großvater die dominierende Person in meiner Familie, und seine festen Überzeugungen wurden zu den für alle gültigen Wahrheiten. Er forderte von jedem Familienmitglied absoluten Gehorsam und tolerierte keine Zweifel an seiner Version der Wirklichkeit. All seinen Söhnen – meinem Vater und seinen vier Brüdern – befahl er, in der Armee zu dienen. Er duldete keinen Gedanken an eine andere Karriere. Mein Vater und seine Brüder wagten es nicht, ihm zu widersprechen, und wichen auch nicht von dem Weg ab, den er ihnen vorschrieb.

Der vorzeitige Tod meines Großvaters raubte allerdings meinem Vater sein wichtigstes Vorbild, was ihn so tief verwirrte und schmerzte, dass er mit mir nicht über ihn sprechen wollte. Mein Großvater starb an einem grauen Wintertag im Jahre 1930; einige Wochen später erlag meine Großmutter Wilhelmina einer Grippeinfektion. Mein Vater war damals zwölf Jahre alt, der jüngste von vier Brüdern und vier Schwestern. Er wurde von seinen Geschwistern getrennt und weggeschickt, um bei Verwandten zu leben. Ich erinnere mich, dass ich ihn nach seinen Brüdern und Schwestern, meinen Onkeln und Tanten, fragte. Er vermied dieses Thema und wurde wütend, wenn ich zu viele Fragen über seine Vergangenheit stellte.

Als er zum jungen Mann heranwuchs, übernahm er die Sichtweise seines Vaters, dass sich Deutschland nach dem Ersten Weltkrieg in einer schrecklichen Notlage befunden hatte. Zu dieser Überzeugung gehörten nicht nur die angeblichen subversiven Aktivitäten der Juden und Kommunisten, die »geheime Abmachungen mit den Feinden getroffen hatten«, um ihr eigenes Überleben zu sichern, sondern auch die Schwäche der deutschen Politiker, die den Forderungen der Alliierten nach dem Krieg zugestimmt hatten. In den Augen meines Vaters und Großvaters war die Akzeptanz der Versailler Verträge das schlimmste Verbrechen. Sie zwangen Deutschland dazu, alleinige Verantwortung für den Beginn des Ersten Weltkrieges zu übernehmen, und belegten es mit einer enormen Last von Ausgleichszahlungen, was die Wirtschaft auf Jahre in eine schlimme Misere brachte.

Die Friedensverhandlungen hatten in Versailles in Frankreich nach dem Waffenstillstand am 11. November 1918 begonnen und wurden von den »großen Drei« bestimmt: den USA, Frankreich und Großbritannien. Deutschland selbst hatte an den Verhandlungen nicht teilnehmen dürfen. Der deutsche Außenminister unterschrieb den Vertrag am 28. Juni 1919 unter Protest. Zu den harten Bedingungen gehörten die Abtretung von Teilen des Reichsgebietes und der Verlust der Kolonien in Afrika.

Mein Vater hörte als Heranwachsender immer wieder, dass der Versailler Vertrag nicht nur das Wachstum seines Landes bedrohte, sondern auch seine Existenz. Schließlich wurde dies auch seine Überzeugung. Er wollte unbedingt einen Weg finden, um diese empfundenen Ketten der Unterdrückung zu sprengen. Und er erfuhr, dass sich Deutschland erweitern musste, damit sich die wachsende Bevölkerung ausbreiten konnte. »Wir brauchen mehr Lebensraum«, hieß es, womit das weite Gebiet gemeint war, das sich im Osten erstreckte. Dorthin könnten sich die neuen Grenzen eines mächtigen Deutschlands erweitern, hörte er immer mehr Menschen sagen.

Einer derjenigen, die das mit großer Entschlossenheit verkündeten, war Adolf Hitler, der gerade an Einfluss gewann, als mein Großvater 1930 starb. Nach Hitlers Ideologie gehörten alle Deutschen zur arischen Rasse, deren reines Blut die Seele des Volkes trug. In seiner Ideologie hatte Gott die Arier geschaffen, um sowohl körperlich wie geistig eine vollkommene Kultur aufzubauen. Die geistige Energie, die sie aus dieser Reinheit des Blutes zogen, würde schließlich eine deutsche Kultur entstehen lassen, die der letztgültige Ausdruck einer vollkommenen Menschheit sein würde. Wenn die Reinheit des deutschen Blutes jedoch durch nicht-arische Völker verunreinigt würde, wäre die Vollkommenheit der arischen Kultur in Gefahr. Deshalb gehörten zu einer richtigen nationalen Strategie die Beseitigung aller nicht-arischen Menschen aus Deutschland und die Gewinnung der nötigen

Landmassen, um das Wachstum der arischen Bevölkerung zu ermöglichen. So erklärte es Hitler damals in seinem berüchtigten Buch »Mein Kampf«. Bei vielen Deutschen fanden seine Thesen Widerhall, und sie waren überzeugt, dass es ihr Schicksal war, Europa und die Welt zu beherrschen.

Für meinen Vater war diese Vision eine Offenbarung. Hitler wurde für ihn zu einer neuen Vaterfigur, die meinen Großvater ersetzen konnte. Er zeigte zudem einen praktikablen Weg auf, wie Deutschland zu seiner früheren Größe zurückfinden konnte. Deshalb war er begeistert, als er in dem neuen Deutschland nach Hitlers Machtergreifung in eine der nach 1933 gegründeten Nationalpolitischen Lehranstalten (NAPOLA) geschickt wurde. Unter den strengen Bedingungen der Schule, in der rigorose Disziplin gefordert und keine Widerrede geduldet wurde, blühte er auf. Emotionen galten hier als minderwertig, sie waren für einen echten Deutschen in dieser Brutstätte arischer Männlichkeit nicht erlaubt.

Der Lehrplan der NAPOLA hatte nur ein Ziel: absoluten Gehorsam. Von den Schülern wurde erwartet, treue Diener dieses Staates zu werden; jederzeit wurde strenge Disziplin eingehalten, sowohl in der Schule als auch in den Wohnheimen. Die Schüler lernten nur das, was nach Ansicht der nationalsozialistischen Ideologie für Deutschland »gut« war und den Aufstieg des Landes unterstützte. Die Lehrer mussten im Einklang mit den Vorgaben der Partei die Ideen über die arische Rasse und andere Inhalte der nationalsozialistischen Ideologie lehren. Wenn Lehrer Zweifel daran äußerten, entfernte man sie sofort. Die Schüler wurden im Geiste von angeblichen Naturgesetzen erzogen, wovon eines der wichtigsten das Überleben des Stärkeren war. Behinderte und schwache Menschen hatten in diesem neuen Deutschland keinen Platz. Bei grausamen körperlichen Übungen zwang man die Schüler, die hier »Jungmannen« hießen, im Winter nur mit einer kurzen Turnhose bekleidet im Freien Sport zu treiben und in eisigem Wasser zu schwimmen. Jede Missachtung der Regeln zog schwere

Prügelstrafen oder einen erniedrigenden Rauswurf nach sich. Die Organisation hatte die Aufgabe, die neue deutsche Führungselite auszubilden. Mein Vater wollte dazugehören und seine eigene Kompanie führen, um die Welt zu erobern. Deutschland, so dachte er, würde nicht noch einmal besiegt werden.

Als Adolf Hitler am 30. Januar 1933 zum Reichskanzler ernannt wurde, hatte er versprochen, das Land wieder zu Stärke und Ruhm zu führen. Er würde damit beginnen, alle Elemente, die zur Niederlage Deutschlands beigetragen hatten, zu entfernen. Nur wenige Menschen bemerkten den systematischen Betrug, der sich in seinen Versprechen verbarg. Diejenigen, die öffentlich Zweifel äußerten, verschwanden. Mein Vater reagierte wie die Mehrheit der Deutschen positiv auf Hitlers Vision, viele traten bereitwillig der neuen deutschen Armee bei, zu einer Zeit, wo viele an Krieg dachten. Und wie viele andere auch war mein Vater der Meinung, dass die Stärke Deutschlands wiederhergestellt werden musste.

Da wusste er noch nicht, dass dieser Neuanfang für Deutschland der Beginn seines Niedergangs war. Dreizehn Jahre später hatte die Gewaltherrschaft das Bild Deutschlands zerstört, unzählige Leben gekostet und die nationale Seele für Generationen beschmutzt. Als ich aufwuchs, hatten wir kontroverse Diskussionen über die Entscheidungen, die mein Vater als junger Mann getroffen hatte. Er beklagte, dass unsere Generation keinen Patriotismus mehr empfand. Er konnte nicht verstehen, dass man sich als junger Deutscher nicht mit den Idealen verbunden fühlen konnte, von denen er immer noch überzeugt war. Und ich konnte ihn nicht davon überzeugen, dass diese Werte durch das Blut von Millionen Opfern des Naziregimes diskreditiert waren.

Wenn mein Vater in Bonn war, konnte ich dem Wunsch meiner Mutter, mich zu beschützen, nie entkommen. Sie hatte immer Angst, dass mir irgendetwas passieren könnte. Unsere Beziehung basierte nicht auf Vertrauen, sondern auf Respekt. Ich zweifle nicht daran, dass sie mich liebte, aber ihre überbehütende Haltung erstickte mich. Rückblickend denke ich, dass sie von der Angst getrieben wurde, mich zu verlieren, wo sie doch schon so viel verloren hatte. Ihre Unfähigkeit, mich erwachsen werden zu lassen und sich von mir zu trennen, zwang mich dazu, das Seil zu durchschneiden, bevor es mich erstickte.

Ich erinnere mich noch an einen Tag, als ich einmal den Anweisungen eines Lehrers nicht gefolgt war. Dieser Lehrer war ein Relikt des Bildungssystems der Nazis. Mit einer Peitsche erzwang er sich absoluten Gehorsam. An dem Tag sollten wir eine Hausaufgabe machen, zu der gehörte, Geld aus Papier auszuschneiden. Die daraus entstandenen Münzen und Geldscheine sollten dann dazu dienen, uns das Geldzählen zu lehren. Uns wurde gesagt, wir sollten entlang der Linien schneiden, aber ich hielt mich nicht daran. Ich zeigte dem Lehrer meine Hausaufgaben, ich hatte das Geld kreuz und quer durchgeschnitten, statt mich an die Vorgaben zu halten. Der Lehrer schrie mich an und wollte eine Erklärung. Ich aber antwortete nicht, sondern lächelte trotzig. Er war so wütend, dass er mich mit der Peitsche ins Gesicht, auf die Hände und den Po schlug, bis ich blutete.

Als meine Mutter mich von der Schule abholte, war mein Gesicht so stark geschwollen, dass sie zu weinen begann. »Was hast du falsch gemacht? Warum hast du nicht auf den Lehrer gehört?« Sie gab mir keine Gelegenheit, es ihr zu erklären, sondern schickte mich auf mein Zimmer. Meine Mutter, meine einzige Zuflucht, wenn mein Vater nicht da war, hatte sich gegen mich gewandt, ohne auch nur zu versuchen, mich zu verstehen. Unkritisch unterstützte sie das Handeln des Lehrers. Auch sie hatte Angst, die Autorität zu hinterfragen, selbst wenn sie dadurch mit ansehen musste, dass ihr eigenes Kind litt. Dieses Ereignis erschütterte unsere Verbindung zutiefst. In dieser Nacht lag ich wach, weinte und fühlte mich alleingelassen.

Noch mehr verwirrte es mich, wenn ich sah, dass mein Vater

und meine Mutter einander ihre tiefe Zuneigung zeigten. Wenn er zu Besuch kam, umarmte und küsste er sie sofort, während ich danebenstand. Ich freute mich für sie, aber es erschien mir merkwürdig, dass sie mir nie solche Zuneigung zeigten. Zudem trieben die Ängste meiner Mutter einen Keil zwischen mich und meinen Vater. Unvermeidlich fragte er auch danach, wie es mir in der Schule erging. Als er die lange Liste mit Beschwerden meiner Mutter hörte, wusste ich, dass ich nach den Peitschenhieben des Lehrers noch mehrere Schläge mit seinem Gürtel über mich ergehen lassen musste. Mein Vater konnte seinen Ärger und seine Frustration über mich nicht in Worte fassen. Prügel waren für ihn der einzige Weg, seine Gefühle zum Ausdruck zu bringen. Entweder konnte er es nicht anders oder er wollte es nicht. Mir blieb nur, seine Schläge still zu ertragen.

Glücklicherweise konnte ich immer in die imaginäre Welt meiner Bücher fliehen. Ich las mit Begeisterung alle möglichen Bücher, wobei mich insbesondere Abenteurer wie Marco Polo oder Christoph Kolumbus faszinierten, mit denen ich der alten Welt entfliehen und in die Ferne ziehen wollte. Ich dachte, dass es in der Welt bestimmt viel mehr zu entdecken gab, als ich mir vorzustellen wagte. So träumte ich vom Besuch weit entfernter Länder. Und ich wusste, dass ich irgendwann diesen Traum wahr machen würde.

DAS GEHEIMNIS DER FRAU AUS DEM OBEREN STOCKWERK

Unser Haus war ein altes, graues, zweistöckiges Haus aus Stein und Ziegeln und gehörte einer adligen Familie. Zum Haupteingang führten einige Stufen hinauf, durch den Eingang gelangte man in eine kleine Empfangshalle; sie war durch eine Treppe geteilt, die zur Wohnung im Obergeschoss führte. Wir wohnten im ersten Stock und unsere Vermieterin über uns. Über der Treppe hing ein großes Gemälde eines stolz aussehenden Mannes in Uniform. Als kleiner Junge fragte ich mich oft, wer dieser Mann sei, der in der Uniform eines hohen Offiziers sehr elegant aussah. Aber wenn ich meinen Vater nach dem Mann auf dem Gemälde fragte, lehnte er Auskunft wütend ab:

»Frag nie mehr nach diesem Mann«, sagte er mit ruppigem Ton. »Er war ein Verräter, und seine Familie sollte sich für ihn schämen.«

Seine Reaktion erstaunte mich und regte nur meine Neugier an, dieses Geheimnis zu lüften. Warum verachtete mein Vater diesen stolz aussehenden Mann, der einmal die gleiche Uniform getragen hatte wie er?

Solange mein Vater zu Hause weilte, war es mir verboten, die Wohnung im Obergeschoss zu besuchen, aber als sich einmal die Gelegenheit bot, konnte ich doch nicht widerstehen. An einem regnerischen Tag saß ich in meinem Zimmer und hatte nichts zu tun, deshalb begab ich mich auf Entdeckungstour. Während meine Mutter mit Bügeln beschäftigt war, stahl ich mich heimlich aus der Wohnung, ging die Treppe nach oben und klopfte an die Tür. Nach einigen ängstlichen Momenten öffnete eine Frau und sah mich streng an.

»Was möchtest du, Bernd?«

Es überraschte mich, dass sie meinen Namen kannte. Ich hatte sie schon gesehen und wusste, dass sie hier wohnte, aber meine Eltern hatten mich ihr nie vorgestellt. Wenn wir uns auf der Treppe begegneten, hatte sie noch nie ein Wort zu mir gesagt; sie lächelte oder zwinkerte nie.

»Hat dir dein Vater erlaubt, hier heraufzukommen? Soweit ich weiß, mag er mich nicht besonders, und ich bin mir ziemlich sicher, dass es ihm nicht recht wäre, dich hier zu sehen.« Ihre strenge Stimme und ihr ernster Gesichtsausdruck schüchterten mich ein, aber ihre Augen strahlten Wärme und vielleicht auch ein wenig Traurigkeit aus.

»Mir ist langweilig, und ich will etwas spielen«, sagte ich. »Kann ich eine Weile hier bleiben? Meine Mutter ist beschäftigt, und ich will nicht alleine spielen.«

Sie zögerte, ließ mich dann aber doch in ihre Wohnung. Ich kam in ein großes Zimmer, das mit antiken Möbeln und noch weiteren Bildern von dem Mann auf dem Porträt im Treppenhaus eingerichtet war. Sie bat mich, Platz zu nehmen, und nach langem Schweigen nahm ich all meinen Mut zusammen.

»Wer ist der Mann auf dem Bild?«, fragte ich. Sie hielt inne, schloss für einen Moment ihre Augen. Sie gewann schnell wieder ihre Fassung und sah mich mit einem leichten Lächeln an.

»Das ist mein Ehemann. Er war so ein schöner, stolzer Mann. Sein Name war Claus von Stauffenberg, und ich bin seine Frau Nina.« Sie seufzte, als sie diese Namen sagte.

Ich war voller Fragen.

»Wo ist er jetzt? Ich habe ihn hier noch nie gesehen. Wohnt er noch hier?«

»Nein«, antwortete sie, »er ist schon lange tot und wohnt nicht mehr hier.« Ihre Augen füllten sich mit Tränen, und ihre Stimme zitterte. Aber wieder gewann sie die Fassung und sagte schnell: »Das ist genug. Du musst jetzt wieder gehen.«

Ich verstand nicht, womit ich sie verärgert hatte. Erst später erfuhr ich mehr über den Mann, den mein Vater einen Verräter nannte und den ich später als Helden respektieren lernte.

Graf Claus Philipp Maria Schenk von Stauffenberg war ein deutscher Wehrmachtsoffizier, der im Zweiten Weltkrieg in Afrika gekämpft hatte, wo er bei einem Einsatz ein Auge und eine Hand verlor. Nachdem er sich von seinen Verletzungen erholt hatte, wurde er Stabschef beim Befehlshaber des Ersatzheeres, Generaloberst Friedrich Fromm. In dieser Position gehörte er zu den wenigen Auserwählten, die an den militärischen Lagebesprechungen mit Hitler teilnehmen konnten, hatte also regelmäßig persönlichen Umgang mit ihm. Über die innere Motivation Stauffenbergs ist wenig bekannt, aber seine Bildung und seine Erziehung prägten seinen Charakter und seine religiöse Einstellung. Anfänglich durchaus von Hitler angetan, sah er ihn zunehmend als eine Bedrohung für das Überleben der deutschen Nation und entschloss sich schließlich, sein Land von diesem Tyrannen zu befreien. Am 20. Juli 1944 spielte er eine Schlüsselrolle beim Attentatsversuch auf Hitler.

Mit seiner Überzeugung war Stauffenberg nicht allein. Mehrere vorangegangene Versuche junger Offiziere, Hitler zu töten, wurden von der Gestapo vereitelt oder konnten nicht durchgeführt werden. Der Grund für diese Widerstandsversuche war die zunehmende Unzufriedenheit unter deutschen Offizieren mit Hitlers Kriegsführung. Auch mochten Gerüchte über Massenmorde in Konzentrationslagern zu der Entscheidung geführt haben, das NS-Regime zu stürzen. Selbst wenn diese Berichte von den Offizieren nicht direkt überprüft werden konnten, schienen sie ihnen so vertrauenswürdig, dass sie ihr Leben aufs Spiel setzten, um Hitler zu beseitigen.

Als Stauffenberg und seine Mitverschwörer sich zum Handeln entschlossen, war Hitler schon misstrauisch geworden und vermied jeden Kontakt mit Wehrmachtsoffizieren mit Ausnahme derer, die von der Gestapo auf Herz und Nieren geprüft waren. Trotzdem konnte Stauffenberg bei einer der Lagebesprechungen eine in seiner Aktentasche versteckte Bombe unter dem Tisch abstellen, an dem Hitler und zwanzig Offiziere standen. Als er zehn Minuten später den Bunker verließ, war er sicher, dass die Bombe den Diktator töten würde. Die Bombe zündete zwar auch, aber die Explosion wurde durch den schweren Eichentisch abgeschwächt. Drei Offiziere wurden getötet, Hitler jedoch überlebte mit leichten Verletzungen. Stauffenberg flog umgehend nach Berlin zurück, um sich mit den anderen an der Attentatsplanung beteiligten Offizieren zu treffen. Sie wussten nicht, dass Hitler überlebt hatte, und begannen, die Schritte zur Übernahme der Regierungsgewalt und zur Aufnahme sofortiger Friedensverhandlungen mit den Alliierten einzuleiten. Kurz darauf wurden er und seine Kameraden verhaftet.

Graf von Stauffenberg und mehrere seiner Mitstreiter wurden am frühen Morgen des nächsten Tages von einem Standgericht verurteilt und erschossen. Auf Hitlers persönlichen Befehl kamen seine schwangere Frau Nina in Lagerhaft und die vier Kinder unter falschen Namen in ein Waisenhaus, wo sie bis zum Ende des Krieges blieben. Nach der Kapitulation Deutschlands wurde Nina von Stauffenberg von den Alliierten befreit, nahm ihre Kinder wieder zu sich und zog nach Bamberg in ein Haus, das der Familie ihres Mannes gehörte. Und dort wuchs ich auf.

Als Junge konnte ich nicht verstehen, warum mein Vater in einem Haus lebte, das der Familie des Mannes gehörte, der für ihn ein Verräter war. Meine Mutter sagte mir später, dass sie kaum eine andere Wahl gehabt hätten. Nach dem Krieg wurde mein Vater vorübergehend von der amerikanischen Armee inhaftiert, und nach seiner Entlassung konnte er keine Stelle finden. Als ehemaliger Wehrmachtsoffizier wurde er zunächst als politisch nicht verlässlich eingestuft, und ihm blieben deshalb alle Stellen verwehrt, die von den Alliierten kontrolliert wurden. Er hat mir niemals erzählt, dass er damals als Verkäufer von Tür zu Tür zog und damit kaum seine Familie ernähren konnte.

Während dieser schwierigen Zeit suchte meine Mutter verzweifelt nach einer Wohnung, und schließlich wurde sie an die Witwe des Grafen Stauffenberg verwiesen. Die Frau sah die Verzweiflung meiner Mutter und bot ihr die große Wohnung im Erdgeschoss zur Miete an. Mein Vater stimmte widerwillig zu. Er versuchte, die Tatsache zu verbergen, dass seine Familie Zuflucht in dem Haus eines Mannes gefunden hatte, den er als Verräter bezeichnete.

Das Aussehen des Mannes auf dem Gemälde werde ich nie vergessen. Nachdem ich über seine Taten gelesen hatte, versuchte ich, die Haltung meines Vaters ihm gegenüber zu verstehen. Aber bald fand ich heraus, dass ich mit seiner Meinung nicht übereinstimmte.

Heute erkenne ich, dass an diesem Punkt der Bruch zwischen uns begann, zwischen meiner und seiner Sicht der Vergangenheit.

Offenbar wollte mein Vater den wahren Grund, warum Stauffenberg das Attentat auf Hitler verübt hatte – sein geliebtes Deutschland von einem unmoralischen Diktator zu befreien –, nicht akzeptieren.

Mein Vater glaubte, dass Disziplin, Pflicht und Ehre wichtiger waren als persönliche Moral, ethisches Verhalten und Verantwortung – eine Sichtweise, die weder ich noch Stauffenberg teilten. Mein Vater war nicht in der Lage oder nicht bereit anzuerkennen, dass ein deutscher Offizier sein Gewissen verraten konnte, wenn er blind Befehlen folgte, ohne sich um das übergeordnete Wohl anderer zu kümmern. Er hätte Befehle, die unmoralisch oder ethisch bedenklich waren, verweigern können, aber er entschied sich, seine Befehle nicht zu hinterfragen.

Bis heute bin ich mir nicht sicher, ob ich gewollt hätte, dass er sich anders entschieden hätte. Denn er hätte es wahrscheinlich mit dem Leben bezahlen müssen, so wie Graf Stauffenberg. Aber war es nicht diesen Preis wert, wenn es um so viel geht? War es nicht wichtig, für die eigenen Überzeugungen einzustehen, ganz gleich, was die Folgen sein mögen? Oder erwartete ich zu viel von meinem Vater?

Vielleicht war ihm so sehr beigebracht worden, Befehle zu befolgen – von seinem Großvater, in der NAPOLA und durch seine Kultur –, dass es für ihn buchstäblich nicht möglich war, sich anders zu entscheiden. Sicher waren in seiner Erziehung Ethik und moralisches Verhalten nicht berücksichtigt worden, aber ich wünschte mir doch, dass er seine Gefühle über sein Handeln mit mir geteilt hätte. Entweder wagte er nicht, sein eigenes Tun zu hinterfragen, oder er war nicht dazu fähig – ich weiß es nicht. Ich wünschte nur, er hätte mir gesagt, warum er Stauffenbergs Handeln für verräterisch hielt. Wusste er von dem Massenmord an Juden, Sinti und Roma, Homosexuellen und geistig und körperlich Behinderten? Wenn er es wusste, warum fühlte er sich verpflichtet, Befehlen zu folgen, die von denjenigen kamen, die für diese Morde verantwortlich waren? Mein Vater hinterließ mir mehr Fragen als Antworten.

DER STERN

Bamberg, die schöne Stadt am Main, in der ich aufwuchs, ist so stark katholisch geprägt, dass sie manchmal als »Rom des Nordens« bezeichnet wird. In der Tat war die Stadt im 11. Jahrhundert eine Zeit lang das Zentrum des Heiligen Römischen Reiches Deutscher Nation. Wie Rom wurde auch Bamberg auf sieben Hügeln erbaut, jeder von einer Kirche gekrönt; die große Kathedrale markierte das Stadtzentrum. Fast alle Einwohner waren katholisch. Ich selbst wurde katholisch getauft und erhielt hier später meine heilige Kommunion.

Als Kind konnte ich nie die Praxis einer anderen Religion direkt erleben. Ich las darüber, aber ich begegnete persönlich keinen Juden, Muslimen oder Buddhisten. Als ich älter wurde, umfasste mein Wissensdurst auch das Verlangen, mehr über andere Kulturen und Religionen zu erfahren.

Obwohl mein Vater protestantisch erzogen worden war, übte er seinen Glauben niemals aus und hielt es nicht für nötig, dass wir an Gottesdiensten teilnahmen. Meine Mutter war da anders. Sie ging am Sonntag in die Kirche und nahm mich mit, auch wenn diese Erfahrungen bei mir keine religiösen Gefühle wachrufen konnten.

Als ich neun Jahre alt war, bekam ich eine erste Ahnung von der Bedeutung der Religion, als mich meine Mutter zu einem Zahnarzt im Stadtzentrum mitnahm. Wir klingelten am Eingang zu einem zweistöckigen Haus, die Tür öffnete sich, wir gingen die Treppe hinauf und kamen in einen kleinen Flur.

Im Erdgeschoss gab es eine Tür, die mit farbigem Glas verziert war. In der Verzierung über der Tür bemerkte ich einen großen goldenen Stern. Er sah einfach und schön aus – zwei ineinander verschränkte Dreiecke, die ein Hexagramm bildeten. Noch nie zuvor hatte ich solch ein Symbol gesehen und fragte meine Mutter, was es sei. Sie hatte den Stern schon bemerkt, wandte ihren Blick ab und schien erschrocken; er schien ihr sogar Angst zu machen. Sie packte meine Hand und zog mich nach oben zur Praxis des Zahnarztes, ohne meine Frage zu beantworten.

Den ganzen Tag über blieb sie merkwürdig still, und als ich sie fragte, was ihr denn Sorgen mache, schaute sie mich mit Tränen in den Augen an und griff nach meinen Schultern. »Komm diesem Stern nicht zu nah«, sagte sie. »Du wirst nur leiden. Während des Krieges haben wir alle so viel gelitten, wir müssen das jetzt hinter uns lassen.«

Natürlich verstand ich kein Wort und wusste nicht, wovor sie Angst hatte; sie erklärte es mir nicht. Erinnerte sie das Symbol an den Gelben Stern, auf dem das Wort »Jude« geschrieben stand, das Symbol der Judenverfolgung durch die Nazis? Und warum hatte sie Angst, wenn sie doch katholisch war?

Eines Tages erzählte mir meine ältere Schwester etwas genauso Merkwürdiges: »Wenn du unseren Familienstammbaum schüttelst«, sagte sie, »wird ein Jude auf den Boden fallen«, sagte sie. Mir blieb rätselhaft, was sie damit meinte, aber die ängstliche Reaktion meiner Mutter musste doch einen Grund haben. Ich fand nie heraus, ob unser Stammbaum tatsächlich auch jüdische Äste enthielt, aber rückblickend wundere ich mich, warum die Augen und Haare unserer Familie dunkler waren als bei den meisten anderen Deutschen. Immer wenn ich diese Tatsache zur Sprache brachte, erklärte meine Mutter schnell, dass unsere

Familie aus dem Süden stammte, und sprach nicht weiter darüber.

Diesen Stern aber sollte ich nie vergessen. Schon damals spürte ich, dass er für mich sehr wichtig werden würde. Bei weiteren Zahnarztbesuchen begleitete mich meine Mutter nur bis zur Eingangstür und kam nicht mehr mit in die Praxis. Mich störte es nicht, denn es gab mir die Gelegenheit, beim Vorübergehen den Stern zu bewundern; und es inspirierte mich, mehr über dieses Symbol zu erfahren. Damals wusste ich noch nicht, dass ich Jahre später in dieses Haus zurückkommen würde, um die kleine jüdische Gemeinde zu besuchen, die sich hinter jener Glastür versammelte, die mich bei den Zahnarztbesuchen meiner Kindheit so beeindruckt hatte.

UMZUG NACH BONN: DIE SUCHE NACH MEINER VERGANGENHEIT GEHT WEITER

Irgendwann um meinen 10. Geburtstag herum gab mein Vater bekannt, dass unsere Familie endlich wiedervereint würde. Er war in Bonn, der damaligen Hauptstadt, zu einem leitenden Verwaltungsbeamten im Innenministerium befördert worden. Als ich hörte, dass wir nun zu ihm ziehen würden, war ich froh. Endlich konnte ich der Enge der alten Stadt Bamberg entfliehen und mehr von der Welt erfahren!

Wir zogen nach Meckenheim, einen kleinen Vorort von Bonn, wo ich auf die lokale Mittelschule ging. Es fiel mir allerdings schwer, mich dort einzugewöhnen, weil mein süddeutscher Akzent den Spott meiner Mitschüler auf sich zog. Deshalb suchte ich oft Zuflucht in der Stadtbibliothek, wo mir die riesigen Bücherregale Trost spendeten. Sie gaben Antworten auf meine endlosen Fragen und erlaubten mir, der Welt, in der ich mich nun befand, zu entkommen. Dabei war mir nicht ganz klar, wovor ich mehr fliehen wollte – vor der engen, unbeweglichen Weltsicht meines Vaters oder der unfreundlichen Umgebung Meckenheims –, aber das Lesen bot einen Ausweg aus beidem.

Gleichzeitig wuchs mein Wissen sehr schnell an, und meine Lehrer bemerkten, dass ich ein vielversprechender Anwärter auf einen Universitätsabschluss sein könnte. So wechselte ich schließlich aufs Gymnasium, wo ich mich wohler fühlte.

Meine Lieblingsfächer waren Sprachen und Biologie. Schon bald kamen Geschichte und Politik hinzu, weil mein Vater mich schon in jungen Jahren ermutigte, Zeitungen und Magazine zu lesen. Natürlich empfahl er mir vor allem konservative Medien, aber ich konnte mein Interesse an anderen Zeitungen, die ich in der Bibliothek fand, nicht unterdrücken. Diese Medien zeigten mir schon bald, wie begrenzt und überholt seine Weltsicht war.

Auch zu Hause hatten wir eine zwar kleine, aber beeindruckende Bibliothek, unter anderem mit einer alten Enzyklopädie, die mir die Welt der Griechen und Römer sowie die asiatische, europäische und nordamerikanische Geschichte eröffnete. Natürlich fand ich hier nie aussagekräftige Informationen über die neuere deutsche Geschichte, an der mein Vater beteiligt gewesen war. Über diese Zeit hat mein Vater Stillschweigen bewahrt, mit Ausnahme der Beschreibungen seiner militärischen Ausbildung vor dem Krieg und natürlich seiner Teilnahme an der Eroberung Orels, von der er mir so oft erzählte, dass ich manchmal glaubte, ich wäre selbst dort gewesen. Immer wieder führte er aus, wie er sich an der Spitze einer Panzerkolonne der Stadt genähert hatte, sprach über die Aufregung, die er spürte, wenn er einen russischen Panzer zerstörte, und die ergreifende militärische Ehrung, als ihm Adolf Hitler persönlich das Eiserne Kreuz an die Uniform steckte.

Wenn ich geduldig seinen Geschichten lauschte, ermutigte er mich nie zu Fragen. Dennoch fragte ich ihn immer wieder nach seiner Mutter, meinen Großeltern, meinen vier Onkeln und vier

Tanten, über die er aber nicht sprach. Einmal stellte ich ihm eine direkte Frage über diesen Teil der deutschen Vergangenheit, da verhärtete sich sein Gesichtsausdruck, und er sah mich mit kalten Augen an. »Sohn«, sagte er, »ich habe dir alles gesagt, was du wissen musst.« Für ihn war das wahrscheinlich so. Für mich bedeutete es aber, dass ich vermeiden sollte, über irgendjemanden in seiner Familie zu sprechen – außer über seinen Vater, wobei es aber wiederum nur um dessen militärische Karriere und seinen Einsatz im Ersten Weltkrieg ging. Dem grimmigen Gesichtsausdruck meines Vaters entnahm ich, dass weiteres Nachfragen nicht zu Antworten, sondern zu Prügeln führen würde, und sprach deshalb nicht mehr davon. Natürlich war ich damit nicht zufrieden, sondern wartete auf eine neue Gelegenheit.

Immer wieder habe ich mich gefragt, warum mein Vater über einen so großen und wichtigen Zeitabschnitt seines Lebens kein Wort verlor. Später verstand ich, dass die Auseinandersetzung mit seiner Vergangenheit Gefühle ausgelöst hätte, die er kaum hätte kontrollieren können. Er hatte sein Leben dem Dienst an seinem Vaterland gewidmet, aber dies stand in Konflikt mit dem Gefühl, dass ihn sein Land betrogen hatte. Er hatte versucht, als ehrenhafter Offizier zu dienen, aber diese Ehre schien unvereinbar mit den schrecklichen Verbrechen, die im Namen seines geliebten Deutschlands verübt worden waren. Wahrscheinlich wollte er das Gewesene einfach vergessen und sich ein neues Leben aufbauen. Doch seine Vergangenheit ließ ihn nicht los.

Zumindest meine Mutter war offen, wenn ich Fragen über ihr Leben vor dem Krieg stellte. Sie war in Karlsbad geboren, einer malerischen Stadt in den Sudeten entlang der Grenze von Böhmen, Mähren und Schlesien im Gebiet der heutigen Slowakei. Die Deutschen in dieser Region, die Sudetendeutschen, waren Nachfahren deutscher Kolonialisten des Mittelalters, die von den Königen Böhmens in diese zuvor slawischen Gebiete eingeladen wurden, um die Landwirtschaft zu entwickeln. Das Gebiet wurde 1938 von Nazideutschland besetzt. Karlsbad ist für seine Heilquellen bekannt, die Adlige und Würdenträger aus ganz Europa anzogen. Meine Mutter kam aus einer wohlhabenden Unternehmerfamilie und wenn ich mich richtig erinnere, besaß ihr Vater eine Fabrik, die exklusive Lederhandschuhe herstellte. Sie hatte eine umsorgte Kindheit mit liebevollen und überbehütenden Eltern, die sie vor den sich zuspitzenden politischen Verhältnissen in der Welt schützten. In allen Einzelheiten konnte sie die große Villa beschreiben, in der sie aufgewachsen war, zusammen mit ihrem Hund, einem Bernhardiner namens Alto, und ihrem Papagei Lora. Wenn sie ihre Kindheit beschrieb, erinnerte es mich immer an das Leben einer jungen Prinzessin in einem Märchenschloss – eine Welt mit liebevollen, fürsorglichen Menschen, die sich nie verändern würde. Das stellte sich natürlich schon bald als Illusion heraus. Die politischen Unruhen veränderten ihr Leben dramatisch, wie bei so vielen anderen Angehörigen ihrer Generation.

Die Deutschen waren die größte ethnische Gruppe in der Grenzregion zwischen Deutschland, Österreich und der Tschechoslowakei. Ihre Anwesenheit hatte immer wieder Konflikte mit den Tschechen provoziert. Diese Auseinandersetzungen heizten örtliche Anhänger der aufsteigenden NSDAP noch an. Sie wurden von dem Demagogen Konrad Henlein angeführt, der zum Sprachrohr für immer stärkere Forderungen nach mehr Autonomie wurde. Adolf Hitler nahm sich gern ihrer Sache an. Die Sudetendeutschen verstanden damals nicht, dass sie nur eine Schachfigur in einem viel größeren Plan waren. 1938 behauptete Hitler, dass die Sudetendeutschen in der Tschechoslowakei durch die tschechische Regierung drangsaliert wurden, und forderte die »Heimkehr« dieser Region in das Deutsche Reich.

Natürlich wurde dieser Anspruch von der tschechischen Regierung abgelehnt, und die Westmächte versuchten, diese Angelegenheit zu schlichten. Um Hitler zu beschwichtigen, übten England, Frankreich und Italien Druck auf die tschechische Regierung aus, die zur Diskussion stehenden Regionen an Deutschland zu übergeben. Am 30. September 1938 unterschrieben Vertreter dieser Länder das berühmte Münchner Abkommen, in dem das Sudetenland an das Deutsche Reich abgetreten wurde.

Die Regierung der Tschechoslowakei wurde gezwungen, dem Abkommen zuzustimmen, und im Oktober ging Sudetendeutschland an das Deutsche Reich. Dieser »Vereinigung« mit Nazideutschland folgte die Vertreibung der tschechischen Bevölkerung in andere Gebiete der Tschechoslowakei, die dann im März 1939 von Deutschland ebenfalls angegriffen und besetzt wurden.

Durch Zufall war mein Vater einer der ersten deutschen Offiziere, die in die »befreite« Sudetenregion kamen. Und durch einen weiteren Zufall war meine Mutter unter den ersten Einwohnern, die er dort traf. Immer wieder erzählte sie die gleiche Geschichte über diesen schicksalhaften Tag im April 1939, als mein Vater, ein deutscher Offizier, an das Haus meines Großvaters klopfte. Meine Mutter, damals eine Frau Anfang 20, öffnete die Tür und sah einen großen, hübschen Mann in einer deutschen Uniform. »Guten Morgen«, sagte er höflich, »entschuldigen Sie die Störung. Mein Name ist Leutnant Arthur Wollschläger, und ich möchte Ihre Eltern um Erlaubnis bitten, in ihrem Haus zu übernachten.«

Von den Sudetendeutschen wurde erwartet, dass sie deutsche Offiziere in ihren Wohnungen aufnahmen. So war diese Begegnung eine von vielen zwischen Soldaten und Zivilisten. Für meine Mutter aber veränderte dieses Treffen alles, und für mich war es im wahrsten Sinne des Wortes lebenswichtig. Sie beschrieb diesen Moment als Liebe auf den ersten Blick, wobei ihr dieser charmante junge Offizier sofort den Kopf verdrehte. Ihr ganzes Leben lang sprach sie darüber, bis ihr die Alzheimer-Erkrankung nach und nach diese romantische Erinnerung raubte.

Einige Monate nach dieser Begegnung heirateten meine Eltern in Karlsbad. Kurz darauf wurde ihre Ehe schon jäh unterbrochen:

Hitler überfiel am 1. September 1939 Polen. Mein Vater war ein junger Panzerkommandeur und einer der Ersten, die die Invasion anführten. Im darauffolgenden Mai nahm er an der Invasion Hollands und Frankreichs teil. Über diese beiden Abenteuer sprach er nie, er wiederholte nur immer wieder, dass er ein treuer Soldat gewesen war, der den Befehlen gehorcht hatte.

Oft erwähnte er, dass er niemals der NSDAP beigetreten war, aber er erklärte nie, was ihn davon abgehalten hatte. Meine Mutter sagte, dass sie ihn gedrängt habe, sich aus der Politik herauszuhalten und sich auf seine militärische Laufbahn zu konzentrieren, wozu er nicht Mitglied der NSDAP sein musste.

Über seine Erfahrungen im Krieg sprach er manchmal etwas ausführlicher. Verschiedentlich äußerte er seine Verachtung für die SS-Einheiten, die während des Feldzugs der Wehrmacht folgten und »aufräumten«, wie er es bezeichnete. Er schien einiges über die Methoden der SS zu wissen, aber er wollte nicht darüber sprechen. Natürlich steigerten sein ausweichendes Verhalten und seine wütenden Reaktionen meinen Argwohn nur noch weiter. Was hatte er wirklich getan? Was wusste er? Was war geschehen in den Gebieten, an deren »Eroberung« er mitgewirkt hatte?

Das einzige konkrete Erlebnis, das er jemals mit mir teilte, war jene Geschichte vom Angriff auf die russische Stadt Orel, die er mir voller Stolz immer wieder erzählte – gefolgt von der Geschichte von seiner Auszeichnung mit dem Eisernen Kreuz durch Adolf Hitler am 12. Januar 1942. Das Ritterkreuz des Eisernen Kreuzes wurde für außergewöhnlichen Mut auf dem Schlachtfeld und treuen Dienst am Vaterland verliehen. Diese Auszeichnung war für ihn die größte Errungenschaft seines Lebens. Das Eiserne Kreuz entstand in Preußen und wurde in Deutschland weitergeführt, um Offiziere und Soldaten im deutsch-französischen Krieg, im Ersten Weltkrieg und dann im Zweiten Weltkrieg auszuzeichnen. Das Naziregime fügte in der Mitte des Eisernen Kreuzes noch ein Hakenkreuz ein, weshalb man es nach dem Krieg nicht

öffentlich tragen durfte – es sei denn, man entfernte das Hakenkreuz.

Mir blieb der Anblick nicht erspart, denn an jedem Weihnach-
ten trug mein Vater, in seinen besten Anzug gekleidet, das Eiserne
Kreuz um den Hals, wenn er uns beim festlichen Singen dirigierte.
Instinktiv fühlte ich mich von diesem dunklen silbernen Kreuz
eingeschüchtert, obwohl mein Vater so stolz darauf war. Es schien
uns voneinander zu trennen – und ebenso die Vergangenheit von
der Gegenwart und der Zukunft. Als kleiner Junge verehrte ich
meinen Vater als Kriegshelden, aber nach und nach wurde seine
Aura heldenhafter Taten durch sein Schweigen und seine Weige-
rung, über andere Aspekte des Krieges zu sprechen, überschattet.
Deshalb wollte ich mit diesem Eisernen Kreuz, das unsere Distanz
noch größer werden ließ, nicht in Verbindung gebracht werden.

Die militärische Laufbahn meines Vaters fand ein jähes Ende,
als er am Kopf verletzt und in ein deutsches Militärhospital verlegt
wurde. In dieser Zeit wurde Karlsbad durch die Dritte Armee der
amerikanischen Streitkräfte befreit, und zwar am 5. Mai 1945.
Meine Mutter und ihre Eltern wurden gezwungen, ihren Besitz
zurückzulassen und zu fliehen.

Durch diese Ereignisse war meine Mutter bis ans Ende ihres Lebens traumatisiert. Immer wieder erzählte sie, dass sie mit ihren
Eltern in der Nacht auf kleinen Landstraßen laufen und sich während des Tages im Wald verstecken musste, um nicht von plün-
dernden russischen Truppen gefunden zu werden.

Fast 13 Jahre später, am 9. Mai 1958, wurde ich geboren. Meine
Eltern hatten sich von ihrem Trauma noch nicht erholt. Wahrscheinlich wollten sie mich vor allem schützen, was nur im Ent-
ferntesten an die Ereignisse ihrer Vergangenheit erinnerte. Sie
versuchten, ein »normales« Leben zu führen so wie viele andere
Deutsche, die verzweifelt die Vergangenheit vergessen und in ihrem Leben neu anfangen wollten. Durch diese Angst, ihre Gefühle zum Ausdruck zu bringen, erstarrten ihre Gesichter, wenn das

Gespräch auf den Krieg kam. Niemals sah ich, dass mein Vater oder meine Mutter weinten; nie erfuhr ich eine warme väterliche Umarmung, wir lebten in formeller Distanz nebeneinander.

Für mich erschienen Teile ihrer Persönlichkeit leer, während sie »ihr Leben lebten«. Sie schauten immer nach vorn, nie zurück. Der Mangel einer emotionalen Beziehung mit meinen Eltern hatte eine tief greifende Wirkung auf meine Entwicklung. Meine Mutter überfütterte mich buchstäblich, weil sie sich um mein körperliches Wohlbefinden Sorgen machte, aber diese Sattheit konnte meinen Hunger nach emotionaler und spiritueller Nahrung nicht stillen.

Insbesondere vermisste ich den Kontakt mit anderen Familienmitgliedern. Meine Freunde hatten Onkel, Tanten und Großeltern, aber ich spürte immer die Abwesenheit einer erweiterten Familie. An einem Freitagabend im Winter war ich mit meinen Eltern zu Hause. Es war ein wolkenverhangener Tag, die Welt erschien grau und kalt. Mein Vater las still die Zeitung, und meine Mutter strickte.

»Mama, warum habe ich keine Tanten und Onkel?«, fragte ich.

Mein Vater tat so, als hätte er meine Frage nicht gehört, aber sein Gesicht verriet seine Wut. Meine Mutter spürte die sofort eintretende Spannung und ignorierte meine Frage.

»Spiel weiter mit deinen Autos«, sagte sie abweisend. »Jetzt ist nicht die Zeit, um dir das zu erklären.«

Mein Blick wandte sich zum Fenster, wo es draußen noch dunkler und bedrohlicher zu werden schien. Niemand wollte die Vergangenheit erhellen.

Ich wusste nur, dass meine Großeltern väterlicherseits schon lange vor dem Krieg und die Eltern meiner Mutter bald nach dem Krieg gestorben waren. Aber mehr Informationen über unsere Familiengeschichte konnte ich nicht herausbekommen. Manchmal beobachtete ich, dass meine Mutter meinen Vater sanft daran erinnerte, seine noch lebenden Geschwister, einen Bruder und eine Schwester, zu kontaktieren, aber seine Reaktion war immer Wut.

Angesichts dieser Abwesenheit echter Verwandten hatten meine Eltern eine merkwürdige Bitte an mich: Sie wollten, dass ich einige ihrer engen Freunde »Onkel« und »Tante« nannte. Da ich wusste, dass sie keine echten Verwandten waren, wurde ich noch neugieriger. Schon als Kind fragte ich mich, was das Leben meiner Eltern so dramatisch verändert hatte und wie diese Ereignisse mein Leben beeinflussen würden.

ALTE KAMERADEN

An einem späten Abend im Jahre 1967 erwachte ich einmal von lautem Singen und aufgeregten Gesprächen. Die Soldatenfreunde meines Vaters (er nannte sie »alte Kameraden«) trafen sich wieder einmal in unserer Wohnung, um bis spät in die Nacht zu essen, zu trinken und angeregt zu diskutieren. Mit neun Jahren hatte ich Angst, den betrunkenen Männern in unserem Wohnzimmer zu begegnen. Sie waren »Vaters alte Freunde aus dem Krieg«, so wurde mir gesagt – mehr nicht.

Das Treffen wurde so laut, dass ich mich in der Ecke meines Zimmers versteckte, um nicht zuhören zu müssen, aber meine Ohren wurden immer wieder von dem gleichen Lied gequält. Dabei wurde eine Zeile immer wiederholt, wie bei einer kaputten Schallplatte: »Deutschland, Deutschland über alles«. Gefolgt von einer einzelnen, heiseren und betrunkenen Stimme, die sang: »Die Fahne hoch«. Dieses Lied machte mir besonders Angst, auch wenn ich nicht wusste, woher es kam. Die dröhnende Melodie wurde mir noch unheimlicher, als ich später erfuhr, dass es die Hymne der NDSAP gewesen war, dem nationalsozialistischen »Märtyrer« Horst Wessel gewidmet, der 1930 von Kommunisten ermordet worden war. Im Nachkriegsdeutschland war dieses Lied per Gesetz verboten. Ich hörte die besorgte Stimme meiner Mutter, die die Kameraden meines Vaters bat, mit dem Singen aufzuhören, aber sie beachteten sie nicht. Währenddessen saß ich in meinem Zimmer und zitterte vor Angst.

Am nächsten Tag tat ich so, als hätte ich die Freunde meines Vaters und ihren brüllenden Gesang nicht gehört, und hoffte, dass mein Vater nicht in dieses schreckliche Lied mit eingestimmt hatte. In diesem Alter idealisierte ich meinen Vater noch und hoffte, er würde in mein Zimmer kommen, meinen Kopf streicheln, mich auf die Stirn küssen und mir eine gute Nacht wünschen. Doch darauf wartete ich vergebens. Nur meine Mutter tat so etwas, aber auch nur gelegentlich. Am liebsten wäre ich hinuntergelaufen und hätte meiner Mutter geholfen, die Männer vom Singen abzuhalten, aber ich fand nicht den Mut, es mit diesem Wolfsrudel aufzunehmen.

Diesen Abenden folgte oft ein tagelanges angespanntes Schweigen, weil mein Vater sich von seinem Rausch erholte und meine Mutter nicht sprechen wollte. Irgendetwas Schlimmes war passiert, aber ich verstand nicht, was es war. Und ich konnte diese furchterregenden Melodien nicht vergessen, obwohl ich nicht wusste, was sie bedeuteten. Aber ich ahnte, dass mit ihnen etwas nicht in Ordnung war. Ich musste mehr über all das wissen, um endlich verstehen zu können.

MÜNCHEN 1972

Am 26. August 1972 schaute ich wie gebannt auf unseren neuen Schwarz-Weiß-Fernseher. Es lief die Eröffnungszeremonie der Olympischen Spiele, die zum ersten Mal nach dem Zweiten Weltkrieg wieder in Deutschland stattfanden. Die Sportler liefen in das neu erbaute Münchener Olympiastadion ein, und irgendwann bemerkte ich dabei den gleichen Stern, den ich einige Jahre zuvor in der Zahnarztpraxis gesehen hatte. Jetzt aber war er auf einer Fahne zu sehen, die ein lächelnder Mann hochhielt, der die israelische Mannschaft anführte. Die Einfachheit der Fahne berührte mich, sie strahlte für mich Vollkommenheit und Stärke aus.

Vom Anblick dieses Symbols war ich überwältigt – so etwas hatte ich noch nicht erfahren. Mir war nur klar, dass dieser Stern real war. Er stand mit etwas Bedeutendem, Wichtigem in Verbindung, aber mehr wusste ich nicht. Seine Bedeutung wurde noch größer, als mein Vater und meine Mutter plötzlich still wurden. Die Spannung im Raum wurde immer stärker spürbar, und sofort wusste ich aus langjähriger Erfahrung, dass ich keine Fragen stellen sollte. Doch wie immer wollte ich wissen, was der Grund dafür war.

Die Olympischen Spiele wurden am 5. September jäh unterbrochen, als palästinensische Terroristen in das Olympische Dorf eindrangen, zwei Sportler der israelischen Mannschaft töteten und neun weitere als Geiseln nahmen. Selbst mein Vater war schockiert, wenn auch nicht aus den gleichen Gründen wie ich.

Immer wieder sagte er: »Wie kann es jemand wagen, diese Olympischen Spiele zu stören? Es ist unser Olympia, Deutschland kann damit zeigen, dass es wieder zurück auf der Weltbühne ist. Wir sind wieder jemand, und diese Bastarde beschmutzen unseren Ruf.«

Live im Fernsehen sahen wir, wie ein vermummter Terrorist vom Balkon einer Wohnung im Olympischen Dorf blickte. Ein Mann in einem weißen Anzug mit Hut und einer dunklen Sonnenbrille sprach mit den deutschen Unterhändlern. Mir schien sicher, dass etwas Schlimmes geschehen würde. Kurz darauf wurden bei dem gescheiterten Versuch, die Geiseln zu befreien, alle neun Sportler während einer Schießerei auf dem kleinen Militärflughafen in Fürstenfeldbruck getötet. Der Flughafen liegt nicht weit von Dachau entfernt, dem ehemaligen Konzentrationslager, in dem so viele unschuldige Opfer des Naziregimes ihr Leben verloren hatten.

Einen Tag später wurde im Olympiastadion ein Gedenkgottesdienst abgehalten, der von allen arabischen Delegationen boykottiert wurde. Während der Zeremonie hielt der deutsche Bundespräsident Gustav Heinemann eine Rede und zeigte eine kalte Respektlosigkeit gegenüber den getöteten Sportlern, als er erklärte, dass die Spiele weitergehen sollten. Wie konnte man nach so einem unbeschreiblichen Verbrechen die Spiele einfach fortsetzen? Die Leichen der getöteten Sportler wurden zur Beerdigung nach Israel überführt; auch diese Zeremonie wurde im Fernsehen übertragen. Wieder sah ich den Stern, der mir nun schon vertraut war, auf den Fahnen, die über jeden Sarg gelegt waren. Und ich hörte ein merkwürdiges Gebet in einer Sprache, die ich noch nie gehört hatte. Erst später erfuhr ich den Namen und die Bedeutung dieses Gebets: Es war das Kaddisch, das Totengebet. Obwohl ich nicht wusste, was es bedeutete, spürte ich doch seine Ausstrahlung. Als ich zuhörte, kamen mir die Tränen. Ich spürte die Kraft des Sterns, als ihn diese Sportler mit in ihre Gräber nahmen.

Am nächsten Tag hörte ich in der Schule zum ersten Mal die Wörter »Jude« und »Israel« von unserem Sozialkundelehrer, der mit uns über die Vorgänge sprach. Er war Ende 40 und in Nazideutschland aufgewachsen und hatte dessen Untergang erlebt. Offensichtlich waren ihm diese Worte unangenehm, und er schien zu denken, dass wir stark darauf reagieren würden. Die meisten von uns zeigten aber keine Reaktion, weil wir noch nie einem Juden begegnet waren und auch nicht wussten, was ein Jude ist.

Ich konnte mir aber meine Frage nicht verkneifen:

»Was ist so besonders an den Juden, dass sie zum Ziel solcher Angriffe werden?«

Mein Lehrer atmete einige Male tief durch, bevor er antwortete.

»Weil einige Menschen glauben, sie seien etwas Besonderes und zu mächtig, und meiner Meinung nach stimmt das«, antwortete er.

Ich ließ nicht locker.

»Aber sie wollten doch nur an den Olympischen Spielen teilnehmen, das ist doch nichts Besonderes.«

»In der Vergangenheit sind schlimme Dinge passiert«, antwortete er. »Schreckliche Verbrechen, bei denen Millionen von ihnen getötet wurden. Der Staat Israel wurde gegründet, um ihnen eine Zuflucht zu geben. Aber das führte zur Vertreibung der Palästinenser und zum Krieg mit den arabischen Ländern, der so viel Verzweiflung und Hass zur Folge hat. Der Anschlag und die Morde, die wir jetzt mit ansehen mussten, sind Teil des Krieges, der im Nahen Osten wütet.«

Aber ich war noch nicht zufrieden.

»Aber Olympia soll doch einen friedlichen Wettbewerb zwischen verschiedenen Ländern ermöglichen.«

Seine Stimme begann zu zittern.

»Ja, ich weiß, das dachte ich auch. Ich hätte mir nicht vorstellen können, dass so etwas wieder auf deutschem Boden geschieht, nach allem, was im Namen Deutschlands den Juden angetan wurde.«

Zu diesem Zeitpunkt hatte ich schon vom Tod der Juden während des Krieges erfahren, aber unsere Geschichtsbücher erklärten den Massenmord an den Juden als eine Folge des Krieges.

»Wäre es dann nicht unsere Verantwortung, unsere Stimme zu erheben und mit Sorge und Wut auf dieses Verbrechen gegen die Israelis zu reagieren?«, fragte ich.

Er war wieder gefasster und sagte mit ruhiger und befehlender Stimme:

»In gewisser Weise sind sie selbst daran schuld. Dieser Anschlag war nur eine weitere Auseinandersetzung im Konflikt zwischen Israel und Palästina. Sie stehen im Krieg, und selbst Olympia kann sie nicht davor schützen. Und wir dürfen uns nicht in diesen Konflikt hineinziehen lassen.«

Diese Haltung und das Schweigen meiner Klassenkameraden schockierten mich. Leider war diese Meinung typisch für die Generation dieses Lehrers. Er war im Krieg geboren und aufgewachsen und hatte am eigenen Leib die fast völlige Zerstörung Deutschlands erlebt, und danach auch die Anstrengungen, wieder internationale Anerkennung zu erlangen. Er studierte während der unruhigen Zeit der Studentenrevolte, als die linke Jugend gegen alles rebellierte, was für traditionsbewusste Deutsche wichtig war: die konservative Regierung, die Wiederbewaffnung der Bundeswehr, die Fortsetzung eines autoritären Denkens in der deutschen Politik und die Aufnahme ehemaliger Nazis in die Regierung. Viele junge Menschen waren besonders empört gewesen über die Wahl von Kurt Georg Kiesinger zum Bundeskanzler im Jahre 1966. Er war 1933 in die NSDAP eingetreten und hatte in der Abteilung für Rundfunkpropaganda im Außenministerium gearbeitet und damit aktiv zur Verbreitung der rassistischen Nazipropaganda beigetragen.

Der Protest gegen das politische Establishment wurde schon bald gewalttätig und führte 1970 zur Bildung jener Gruppe, die später als Baader-Meinhof-Bande bezeichnet wurde. Sie selbst bezeichnete sich als Rote-Armee-Fraktion (RAF) und führte einen terroristischen Krieg, in dem mehrere prominente deutsche Politiker und Industrielle ermordet wurden. Die Anführer dieser Terrorgruppe sahen sich als Teil eines weltweiten Kampfes zur Befreiung der Unterdrückten. Sie arbeiteten auch mit der Palästinensischen Befreiungsorganisation (PLO) zusammen. Einige Terroristen der RAF wurden in palästinensischen Ausbildungslagern im Libanon geschult, um am terroristischen Kampf gegen Israel teilzunehmen.

Die Sympathisanten der RAF verbreiteten antiisraelische Propaganda in Deutschland, aber sie hoben hervor, dass sich ihr Kampf nicht gegen alle Juden, sondern nur gegen die Zionisten richtete. Ulrike Meinhof, eine der Gründerinnen und Anführerinnen der Gruppe, veröffentlichte eine Erklärung, die von vielen Medien zitiert wurde. Darin lehnte sie eine Verantwortung ihrer Generation für die Verbrechen des Holocaust ab und verherrlichte den »Befreiungskampf« der PLO gegen jüdische und israelische Ziele in der ganzen Welt.

Mein Lehrer schien mir ziemlich sicher von dieser Propaganda beeinflusst zu sein. Obwohl er die Morde von München verurteilte, sah er sie als Ausweitung eines »berechtigten Widerstandes« gegen die »israelische Besatzungsmacht«. Diese Haltung und die Tatsache, dass die Spiele fortgesetzt wurden, frustrierten mich, aber ich konnte nichts dagegen tun. Meiner Ansicht nach waren die Sportler, die stolz die Fahne mit dem Stern getragen hatten, von einer Bande von Attentätern ermordet worden. Was an diesem Stern löste so starke Emotionen aus? Mich zog er magisch an, aber auf viele andere Menschen einschließlich meiner Eltern wirkte er offenbar abstoßend. Ich konnte noch nicht wissen, wie wichtig dieser Stern einmal für mich und mein weiteres Leben werden würde.

Bald erfuhr ich, dass der Stern in Israel entstanden war, einem Land, in dem Frauen und Männer ihre Nationalflagge mit Stolz trugen und in dem die Särge der Gefallenen mit der gleichen Flagge bedeckt wurden. Über dieses Land wollte ich mehr erfahren. Ich wollte es mit eigenen Augen sehen.

Damals war ich erst 14 Jahre alt und hatte nicht das Geld, solch eine Reise zu unternehmen. Zu meinem Trost las ich jedes Buch über Israel, das ich in der Stadtbibliothek finden konnte, und oft ertappte ich mich dabei, dass ich in Tagträumen über dieses faszinierende Land versank.

JOM KIPPUR, 1973

Am 6. Oktober 1973 stand ich früh auf, um mit dem Bus zum Apfelpflücken zu fahren. Es waren Herbstferien, und ich machte einen Ferienjob, um Geld zu verdienen, das ich für meine Zeitungen, Magazine und Bücher brauchte. Meistens las ich über Israel. Es waren Bücher über die Geschichte des jüdischen Volkes, den Kampf um Unabhängigkeit und für einen eigenen anerkannten Staat, über biblische Archäologie und die Geografie des Nahen Ostens. Die Bestände unserer Stadtbibliothek hatte ich schon durchforstet, aber ich wollte noch mehr wissen. Auf dem Weg kam ich an einem Zeitungskiosk vorbei, wo sich eine kleine Menge vor dem Fernseher versammelt hatte.

»Was ist passiert?«, fragte ich einen Mann im mittleren Alter.

»Die Juden werden von den Arabern angegriffen, und ich nehme an, dieses Mal machen sie diese Bastarde fertig«, antwortete er mit dunklen und kalten Augen.

»Ja, es wird Zeit, dass sie jemand erledigt«, stimmte ein anderer Mann zu.

Beide sahen mich misstrauisch an und fragten: »Warum siehst du uns so an? Bist du etwa ein Judenfreund?« Ich blieb still und versuchte, keine Reaktion zu zeigen. Diese Männer erinnerten mich an die Freunde meines Vaters, die beim Trinken »Deutschland, Deutschland, über alles« sangen.

Nicht alle Deutschen waren so, aber die meisten wollten nicht über den Krieg und die Ermordung der Juden sprechen. Sie vermieden jede Diskussion, in der alte Wunden aufbrechen konnten. Sie wollten die Jahre der deutschen Geschichte zwischen 1933 und 1945 entfernen, so wie ein Chirurg einen bösartigen Tumor herausschneidet. Doch dieser Tumor hatte schon überall im Körper Metastasen gebildet, eine radikale Therapie war notwendig, um den sicheren Tod zu vermeiden. Die Deutschen hatten versucht, mit ihrem Schweigen den Tumor zu entfernen. Sie wollten nicht einsehen, dass die alten Verhaltensmuster und Stereotype in der deutschen Kultur und Gesellschaft immer noch aktiv waren.

Auf dem Bildschirm im Kiosk sah ich, wie Panzer staubige Straßen entlangrollten, auf einigen von ihnen wehte die israelische Fahne mit dem Stern. Mir war klar, dass die Situation ernst war.

Damals wusste ich nicht, dass gerade Jom Kippur war, der »Tag der Versöhnung«, der heiligste Tag des jüdischen Lebens und des Judentums. Die meisten Israelis verbrachten diesen Tag in der Synagoge, um zu beten und um für die Vergebung ihrer Sünden zu bitten. Diesen Tag hatten die arabischen Mächte gewählt, um Israel an allen Fronten anzugreifen.

Ich riss mich vom Fernseher los und eilte zur Arbeit, aber ständig dachte ich an die Ereignisse in Israel. Zu Hause saß ich jeden Abend vor dem Radio und hörte, wie sich die Dinge entwickelten. Auf den Golanhöhen standen etwa 200 israelische Panzer einer Übermacht von 1 000 syrischen Panzern gegenüber. Am Sueskanal wurden weniger als 500 israelische Verteidiger von 80 000 Ägyptern angegriffen. Mindestens acht arabische Staaten, darunter Algerien, Marokko, der Sudan und Tunesien, halfen aktiv bei dem von Syrien und Ägypten ausgehenden Krieg. Die Sowjetunion rüstete die arabischen Armeen mit einem endlosen Strom von Waffen aus, während die USA erst spät Israel per Luftbrücke mit militärischem Gerät unterstützte.

Während der ersten zwei Tage des Angriffs konnte Israel ein weiteres Vorrücken der arabischen Armeen verhindern. Nach der Mobilisation der Reserve drängten dann die Israelis die Angreifer sogar zurück und trieben den Krieg bis tief nach Ägypten und Syrien voran. Zwei Wochen nach der Invasion wurden Ägypten und Syrien durch den UN-Sicherheitsrat vor einer desaströsen Niederlage bewahrt. Die Mitglieder des Sicherheitsrates erwirkten einen Waffenstillstand, ignorierten aber die Verantwortung der arabischen Staaten, die den Krieg begonnen hatten.

Dem Ende des Krieges folgte ein endloser Strom von Beerdigungen gefallener Soldaten. Ich fragte mich, ob die Flagge mit dem Stern jemals wieder stolz im Wind wehen würde oder ob alle Fahnen gebraucht wurden, um die Särge der Gefallenen zu bedecken.

Natürlich bemerkte mein Vater meine tiefe Anteilnahme am Schicksal des jüdischen Staates. Am Tag des Kriegsausbruchs hatte mich mein Vater beim Abendessen gefragt: »Was gibt es Neues von deinen Juden? Ich habe gehört, sie sind in Schwierigkeiten.«

Ich antwortete nicht, denn ich wusste, dass jede Reaktion zum Konflikt führen würde.

»Antworte mir!«, rief er.

Langsam hob ich meinen Kopf, und zum ersten Mal hatte ich den Mut, direkt und ohne Angst zu ihm zu sprechen.

»Sie haben genug gelitten und verdienen unsere Hilfe.«

Meine Mutter reagierte zuerst.

»Warum beschäftigst du dich so viel mit ihrem Leiden? Nicht nur die Juden sind im Krieg umgekommen. Hast du vergessen, was ich dir über unser Leiden erzählt habe? Wir haben alles verloren und mussten vollkommen neu beginnen. Wir hatten nichts damit zu tun und wir haben niemandem etwas Böses angetan!«

Bevor ich antworten konnte, brach sie in Tränen aus, stand auf und verließ den Tisch. Mein Vater starrte mich an und sagte mir, ich solle das Zimmer verlassen. Ich fühlte mich geschlagen, aber ich wusste, dass ich recht hatte, und gelobte mir, nie mehr in ein Gespräch über dieses Thema mit meinen Eltern hineingezogen zu werden. Der Versuch meiner Eltern, ihr Leiden während des Krieges und nach dem Krieg mit dem Leid der Juden zu vergleichen, stieß mich ab. Ja, die Deutschen waren aus ihrer Heimat im Osten vertrieben worden, aber es hatte dabei keinen groß angelegten Plan gegeben und es war auch kein Netzwerk von Todeslagern errichtet worden, nur mit dem Ziel, Millionen Menschen abzuschlachten. Natürlich wusste ich auch, dass Tausende Deutsche ihr Leben bei den Bombenangriffen der Alliierten verloren hatten, aber es waren die Deutschen gewesen, die ihren geliebten Führer Adolf Hitler bei seinem Angriffskrieg gegen die ganze Welt unterstützt hatten. Meine Eltern repräsentierten jene Generation, die das Ausmaß des systematischen Massenmords an Juden, Sinti und Roma und anderen Minderheiten nicht verstehen oder anerkennen wollten.

Die Gefühlsausbrüche meiner Mutter zeigten mir, dass mit den Juden etwas Schreckliches geschehen war – etwas, das sie leugnen oder vergessen wollte. Von diesem »Etwas« wurde in der Schule nie gesprochen, aber ich las selbst darüber: Sechs Millionen Juden waren während des Krieges ermordet worden. Der systematische Massenmord an fast einem Drittel der gesamten weltweiten jüdischen Bevölkerung wurde wie eine Kriegsstatistik unter vielen behandelt und oft genug ganz ignoriert. Die Namen der Konzentrationslager – Auschwitz, Birkenau, Bergen-Belsen – klangen mir schon in den Ohren, aber das gesamte Ausmaß des Leidens, das den Juden angetan worden war, musste ich erst noch verstehen. Niemand in der Schule oder von meinen Freunden sprach über die planmäßige Vernichtung der Juden in Deutschland und in den von der Wehrmacht eroberten und besetzten Gebieten. Niemand wollte mir sagen, was geschehen war. Viele Bücher, die ich in der Bibliothek über die jüdische Geschichte fand, beschrieben die großartige und reiche Kultur, aber keines behandelte das Leiden und die Schmerzen, die mein Volk den Juden angetan hatte. Diese Tatsache wurde schlicht ignoriert. Bei meiner Suche nach Antworten fühlte ich mich allein, aber ich war entschlossen, sie zu finden.

In der Zwischenzeit erhielt ich 1976 mit 18 Jahren die Mitteilung, dass ich vor der Einberufungsbehörde für den medizinischen Eignungstest erscheinen sollte. In Bezug auf den Militärdienst hatte ich widersprüchliche Gefühle, weil das Verhalten meines Vaters eine tägliche Erinnerung daran war, welche lebenslange destruktive Wirkung der Militärdienst haben kann. Geschichten von Ehre und Mut mischten sich mit ernüchternden Beschreibungen von Zerstörung und menschlichem Leiden, deren Einfluss ich in der Tiefe des Schweigens meines Vaters spürte. Meine Mutter hatte mir als Kind verboten, Kriegsspiele zu spielen, und niemals vergesse ich die Warnungen meines Vaters vor den Gefahren beim Umgang mit Waffen.

Bei einem unserer Jagdausflüge ging ich einmal sehr nachlässig mit einer Schrotflinte um und hielt sie in Richtung eines anderen Jägers. Mein Vater fuhr mich an und erklärte mir, dass eine Waffe sehr gefährlich sei und dass man sie niemals auf einen anderen Menschen richten solle. Es war einer der wenigen Momente, in denen ich meinen Vater jenseits seiner militärischen Leistungen bewunderte. Rückblickend schien er zumindest in dieser Richtung eine bewusste Anstrengung unternommen zu haben, sich von seinen Taten der Vergangenheit zu distanzieren und daraus zu lernen.

Könnte ich selbst nun dem Befehl folgen, eine Waffe gegen einen anderen Menschen zu erheben? Sollte ich in einer Armee, die so von den Taten der Vergangenheit beschmutzt war, Befehle befolgen? Ich wusste, dass viele hochrangige Offiziere der neuen Bundeswehr zuvor Wehrmachtsoffiziere gewesen waren; viele Militärkasernen waren nach deutschen »Kriegshelden« aus dem Zweiten Weltkrieg benannt. Deshalb weigerte ich mich, in der Armee zu dienen. Die Verweigerung des Wehrdienstes war nach deutschem Recht erlaubt, erforderte aber eine schriftliche Erklärung, eine Anhörung vor der Einberufungsbehörde und die Bereitschaft, einen Zivildienst zu leisten, der die Länge des vorgeschriebenen Wehrdienstes um mindestens drei Monate überstieg.

Da ich eine hitzige Diskussion mit meinem Vater erwartete, verbarg ich meine Absicht – bis zu dem Tag, als er es selbst herausfand. Wahrscheinlich hatte er meinen Brief geöffnet oder war von einem seiner alten Freunde beim Militär angerufen worden. Er rief mich ins Wohnzimmer, saß am Tisch und hielt eine Zigarre in seiner linken Hand. Auf dem Tisch stand ein leeres Weinglas, aber weil die Flasche auf dem Boden hinter dem Stuhl noch nicht leer war, dachte ich, dass sein Ton vielleicht nicht ganz so schlimm werden würde. In den letzten Jahren war sein Alkoholismus immer stärker geworden. Oft trank er schon tagsüber und hatte bereits am frühen Abend einen leichten Rausch, wodurch jedes produktive Gespräch unmöglich wurde. Er versuchte noch, seine Trinkgewohnheiten willentlich zu steuern; später rutschte er aber in einen Abgrund reiner Wut und lang andauernder alkoholischer Betäubung, was schließlich für den Bruch unsere Beziehung verantwortlich war.

Nun schaute er mich mit seinen dunkelbraunen Augen an und sagte: »Ich habe mit dem Leiter der Einberufungsbehörde gesprochen, und er hat mir von deiner Absicht erzählt. Du wirst verstehen, dass ich enttäuscht bin.«

Er hielt kurz inne und fuhr fort:

»Trotzdem verstehe ich dich, du hast mit eigenen Augen den Schmerz und das Leiden gesehen, die der Krieg unserer Familie gebracht hat …«

Ich unterbrach ihn und testete meine Grenzen.

»Du meinst, was du dir selbst und deiner Familie angetan hast.«

»Lass mich ausreden«, sagte er. »Ich verstehe deine Motivation und ich weiß, dass du ein idealistischer, verantwortungsbewusster und sensibler junger Mann bist. Ich sehe etwas von mir selbst in dir. Du wirst es vielleicht nicht glauben, aber ich war einmal wie du; weißt du, wir sind gar nicht so verschieden. Leider habe ich an Ideen geglaubt, die sich später als falsch herausgestellt haben. Ich habe an mein Vaterland geglaubt und an meine Pflicht, es gegen alle Feinde zu verteidigen. Diese Überzeugung hat mich dazu gebracht, mit 20 Jahren in die Armee einzutreten. Ich habe ehrenvoll gekämpft und als Offizier war ich an einen Treueschwur gegenüber Adolf Hitler und meinem Land gebunden. Nach dem Krieg wurde ich von den Amerikanern inhaftiert und erkannte, dass mein Dienst vergeblich gewesen war und dass meine Ehre als Offizier von diesen Verbrechern in Berlin in den Dreck gezogen worden war. Diese Feiglinge haben Deutschland missbraucht, sie haben unser Volk missbraucht und sie haben mich missbraucht, und dann haben sie sich selbst umgebracht, und wir mussten die Schande ausbaden, die sie hinterlassen haben. Obwohl ich immer noch Offizier der Reserve bin, verstehe ich deine Entscheidung, nicht zur Armee zu gehen. Ich habe mich entschlossen, einen Brief an die Einberufungsbehörde zu schreiben, um deinen Wunsch auf Wehrdienstverweigerung und deine Bereitschaft für einen Zivildienst zu unterstützen.«

Ungläubig starrte ich ihn an. In diesem Moment fühlte ich vielleicht zum ersten Mal in meinem Erwachsenenleben, dass ich einen Vater hatte.

»Ich weiß gar nicht, was ich sagen soll …«, erwiderte ich.

Aber er winkte ab.

»Kein Grund, emotional zu werden«, sagte er. »Wir müssen die Angelegenheit regeln, und du kennst deine Pflichten. Du wirst deinem Land auf andere Weise dienen, und ich habe keinen Zweifel, dass du dies tun wirst, aber jetzt lass mich allein.« Und damit drehte er sich weg.

Für einen flüchtigen Moment waren wir nahe davor, uns als Vater und Sohn zu begegnen, aber er schloss die Tür für diese Chance fast genauso schnell wieder, wie sie sich geöffnet hatte. Keiner von uns beiden konnte voraussehen, dass dies die letzte Gelegenheit sein würde, uns zu versöhnen, und wir hatten sie nicht nutzen können. Wir verweilten in einem abwartenden Schweigen und stießen uns ab, wie zwei gleiche magnetische Pole, wenn sie sich zu nahe kommen. Mein Vater hielt sein Wort und schrieb einen langen Brief an die Einberufungsbehörde, in dem er seine Bedenken in typisch kontrollierter und wohlüberlegter Weise ausdrückte. Eine Kopie des Briefes habe ich aufbewahrt und seitdem viele Male gelesen.

Vor allem an einen Satz erinnere ich mich immer noch: »Ich habe für mein geliebtes Vaterland gekämpft, verlor meine Freunde und beinahe mein Leben, nur um dann nach dem Krieg in Schande und Scham zu leben. Diejenigen, die vorgaben, uns zu führen, haben sich ihrer Bestrafung feige entzogen, indem sie Selbstmord begangen haben oder in ferne Länder geflüchtet sind. Ich bin geblieben und erkenne heute an, dass mein Sohn das Recht hat, die Fragen zu stellen, die ich nicht stellen konnte oder wollte.«

Damals wünschte ich mir – und wünsche es mir heute noch –, dass er den Mut gehabt hätte, sich der historischen Verantwortung Deutschlands für die schrecklichen Verbrechen, die in seinem Namen verübt wurden, zu stellen. Aber es war an mir, meinen Weg zu gehen und nach Antworten zu suchen.

» «

Im Mai 1978 schloss ich das Gymnasium mit Auszeichnung ab, als einer der drei besten Schüler in meiner Klasse. Meine Noten erlaubten es mir, jedes Studium aufzunehmen. Ich entschloss mich für ein medizinisches Studium. Studenten der Medizin oder Zahnmedizin war es erlaubt, den Wehr- oder Zivildienst bis zum Abschluss des Studiums aufzuschieben. Glücklich nahm ich diesen Aufschub an und begann zu studieren. Vor allem wollte ich Unabhängigkeit und hatte auch schon darüber nachgedacht, eines Tages Deutschland zu verlassen, um die Welt zu entdecken. Ein medizinischer Abschluss würde mir die berufliche Unabhängigkeit geben, überall auf der Welt mein Geld verdienen zu können. Im Oktober 1978 begann ich mein Studium der Zahnmedizin an der Universität Bonn. Meine Eltern freuten sich. Sie waren von meiner Wahl überrascht, denn sie hatten eher erwartet, dass ich mich für Soziologie entscheiden würde. Doch diese positive Entwicklung in unserem Verhältnis hielt nicht lange an.

Im Januar 1979 wurde die amerikanische Fernsehserie »Holocaust« im deutschen Fernsehen ausgestrahlt. Damit war in der Bundesrepublik ein 35 Jahre währendes Tabu gebrochen – bis dahin wurden keine Sendungen über die Nazi-Vergangenheit und die Verbrechen, die von Deutschen im Namen Deutschlands verübt worden waren, gezeigt. Millionen Deutsche schauten die Serie und erfuhren zum ersten Mal von dem, was wirklich geschehen war. Die Mauer aus Schweigen bröckelte, und Fragen konnten nun offen gestellt werden. Die Reaktion meines Vaters war voraussehbar.

»Niemand in diesem Haus wird diese Serie anschauen«, schrie er. »Das ist nur eine weitere Verleumdungskampagne der Juden in Hollywood, und wir müssen uns ihre Lügen nicht anhören.« Mein Vater leugnete also weiterhin die überwältigenden Fakten über den systematischen Massenmord an den Juden und nannte den Holocaust eine »Lüge«. Er hielt mich davon ab, mir zu Hause die Fernsehserie anzuschauen. Doch in Zeitungen und Magazinen konnte ich genug darüber lesen und war zutiefst schockiert, als ich erfuhr, wie der systematische Massenmord an einem ganzen Volk von Deutschen geplant, befohlen und ausgeführt worden war. Zum ersten Mal verstand ich das Ausmaß der Verbrechen, die von Männern wie Eichmann und Mengele begangen worden waren. Die Juden waren nicht nur Kriegsopfer wie andere Völker oder Volksgruppen, sondern sie wurden allein aus dem Grund umgebracht, weil sie Juden waren. Trotz der Angst vor seiner Wut konnte ich nicht widerstehen, meinen Vater zu fragen, was er von diesen Ereignissen wusste und was seine Rolle im Krieg gewesen war. Deshalb ging ich in sein Arbeitszimmer in unserem neuen geräumigen Haus in Meckenheim; er saß gerade an seinem eleganten, polierten Eichentisch und blickte mich über den Brillenrand mit traurigen Augen an.

»Ich weiß, warum du hier bist«, sagte er.

»Wenn du weißt, wie es wirklich war, warum erzählst du mir nicht deine Version der Ereignisse? Ich würde es gern von dir persönlich hören«, antwortete ich.

Er zögerte, dann sprach er, ohne mir in die Augen zu schauen: »Ich war ein junger Mann, ein stolzer Offizier, der für sein Land kämpfte. Ich dachte, ich tue das Richtige, wenn ich wie mein Vater und Großvater vor mir in der Armee diente. Ich hätte mir nie vorstellen können, dass so etwas geschieht.«

Er lehnte sich in seinem Stuhl zurück, sein Kopf wandte sich zur Seite, in der Hand hielt er ein Glas Wein, wodurch er sich wahrscheinlich etwas entspannen konnte. Es war klar, dass es heute nicht sein erstes Glas gewesen war.

»Wir sind in Polen und Russland einmarschiert. Wir waren die Fronttruppen und haben gegen Armeen gekämpft, nicht gegen Zivilisten. Wir haben nie absichtlich Zivilisten getötet oder ins Visier genommen. Die SS-Truppen kamen nach uns und haben ›aufgeräumt‹. Mir war nie klar, was genau sie taten oder was ihre Anwesenheit bedeutete, und ich habe auch nicht danach gefragt. Sie waren keine echten Soldaten wie wir. Sie hatten nicht die gleiche militärische Ausbildung wie wir, und ich habe sie nie gemocht. Sie haben ihre Arbeit getan, und wir die unsere. Als ich von der russischen Front nach Deutschland zurückkam, hielt unser Zug an einem Bahnhof in Polen. Auf der anderen Seite des Bahnhofs sah ich einige Viehwaggons, die voller Zivilisten waren, vor allem Frauen und Kinder. Sie waren ruhig; niemand hat geschrien. Wir fuhren nach Westen, sie nach Osten. Einer meiner Freunde sagte, dass diese Zivilisten Juden seien, die in den Osten umgesiedelt würden. Aber wir wussten alle, dass im Osten keine Vorbereitungen für solch eine Umsiedelung getroffen wurden. Wir wussten, dass die SS-Truppen die Dörfer ›säuberten‹, Zivilisten zusammentrieben, sie umbrachten und ihre Leichen verbrannten. Ich sah den Rauch und roch das verbrannte Fleisch. Unter den Soldaten waren auch Gerüchte im Umlauf, dass es im Osten Konzentrationslager gäbe, aber für uns waren das nur unbestätigte Berichte.«

Seine Stimme zitterte; es hörte sich fast so an, als würde er mich anflehen.

»Ich weiß, du willst mehr wissen. Glaub mir, wenn ich dir sage, dass ich bis zum Ende des Krieges nicht viel davon wusste.«

Mir fiel es schwer, ihm zu glauben, und selbst nach dieser Bitte hatte ich den Verdacht, dass er nicht alles, was er wusste, preisgab.

»Ich habe versucht, so viele Dinge zu vergessen, um meine Familie vor alldem zu schützen. Wir müssen vergessen, wir müssen weitergehen und wir dürfen diese alten Wunden nicht wieder aufreißen. Das hilft niemandem!«

Da unterbrach ich ihn.

»Es war falsch, dass du all die Jahre darüber geschwiegen hast. Wir können nicht einfach vergessen und weitermachen, so als wäre all dies nicht geschehen. Es ist geschehen, und diejenigen, die es erlitten haben, verdienen, dass ihre Geschichte erzählt wird. Du hast mich gelehrt, Verantwortung für mein Handeln zu übernehmen. Nun ist es Zeit, auch kollektiv Verantwortung zu übernehmen und sich den Konsequenzen dieses Handelns zu stellen.«

Sein Körper versteifte sich, so als würde er wütend werden, aber der Alkohol schien diese Reaktion abzuschwächen.

»Wovon redest du? Niemandem wird dadurch geholfen. Du bist mein Sohn, und ich weiß, dass es mir nicht gelungen ist, dir meine Einstellung so zu erklären, dass du sie verstehen kannst. Du hast deine eigene Meinung und bist genauso dickköpfig wie ich. Ich bin überzeugt, dass ich nichts Falsches getan habe. Ganz im Gegenteil, ich habe sogar deinem Onkel geholfen, wieder aus dem KZ herauszukommen.«

Ich war erstaunt; denn davon wusste ich bisher nichts. Meine Mutter hatte mir zwar von diesem Onkel erzählt, aber ich hatte ihn nie getroffen. Mein Vater fuhr fort:

»Ja, mein Bruder Karl. Er war das schwarze Schaf der Familie. Als Sympathisant der Kommunisten wurde er in ein Konzentrationslager in Bayern gebracht. Er hatte es verdient, weil er sein großes Maul nicht halten konnte. Deine Mutter und meine Schwester Ursel haben mich gedrängt, ihm zu helfen, deshalb fuhr ich nach Dachau. Als dekorierter Wehrmachtsoffizier, der das Eiserne Kreuz trug, konnte ich den Lagerkommandanten davon überzeugen, meinen Bruder freizulassen. Wegen dieses Idioten habe ich meine Karriere aufs Spiel gesetzt, aber ich wusste, dass er sonst gestorben wäre. Denn als ich ankam, war er schon fast verhungert. Diesen Moment werde ich nie vergessen. Er war ein lebendes Gerippe, und zunächst erkannte ich ihn gar nicht. Er musste mir vor dem Lagerkommandanten versprechen, den ich persönlich von der NAPOLA kannte, dass er sich nie mehr mit Kommunisten abgeben würde. Und ich übernahm persönlich die Verantwortung für sein zukünftiges Verhalten. Ja, ich wusste von den Lagern. Aber nein, ich wusste nicht, wie sie die Menschen umbrachten, und ich will es auch jetzt nicht wissen. Der Krieg ist vorbei.«

Mein Vater wirkte erschöpft, als er tiefer in seinen Stuhl sank. Ich war erstaunt und sogar dankbar, diese Geschichte zu hören. Zum ersten Mal in meinem Leben fühlte ich aufrichtiges Mitgefühl für ihn.

»Vater«, sagte ich, »bitte verstehe, dass ich mehr über all das erfahren muss. Ich möchte nach Israel reisen und mehr über die Geschichte … unsere Geschichte lernen.«

Erst reagierte er nicht, dann hob er langsam seinen Kopf.

»Ich kann dich nicht davon abhalten, das zu tun, was du tun musst, aber gib acht, welche Seite du wählst – deine eigene Familie oder die Juden.«

Diese offene Drohung überraschte mich, doch ich spürte meine eigene Stärke und antwortete offen:

»Ich weiß nur, dass ich mich entschieden habe, die Wahrheit zu finden.«

Dann merkte ich, dass bei meinem Vater die Wirkung des Alkohols stärker wurde und es besser war, ihn allein zu lassen.

KAPITEL 2 : DER WEG NACH JERUSALEM

Während das Studium der Zahnmedizin meine ganze Zeit in Anspruch nahm, bekam ich Zweifel, ob ich in dieser Richtung weitergehen sollte. Hatte ich diesen Beruf nur gewählt, um unabhängig zu sein? War es eine Karriere, in der ich lebenslange Erfüllung finden konnte? Technische Tätigkeiten lagen mir gar nicht, und ich schnitt darin immer schlechter ab als meine Studienkollegen. Ich war frustriert und freute mich auf die Semesterferien. Nie hatte ich das Interesse am Lesen verloren und verbrachte meine Freizeit weiter mit Büchern und anderen Texten. Ich abonnierte ein progressives interreligiöses Magazin und fand darin einen kurzen Artikel, in dem eine Friedenskonferenz für jüdische und arabische Jugendliche aus Israel im nahe gelegenen Koblenz angekündigt wurde.

Die Konferenz wurde von Newe Shalom organisiert, einer Bewegung, die im gleichnamigen jüdisch-arabischen Dorf in Israel gegründet worden war, das auch als »Oase des Friedens« oder auf Arabisch als Wahat as-Salam bekannt ist. In dem Artikel wurde erwähnt, dass das Dorf von Bruno Hussar gegründet worden war, einem in Ägypten geborenen Juden, der zum Katholizismus konvertierte und Dominikanermönch wurde. Pater Hussar kam 1960 nach Israel, um ein katholisches Zentrum für das Studium des Judentums zu gründen. Er glaubte, dass ein gewichtiger Teil des arabisch-israelischen Konflikts aus einem grundlegenden kulturellen und religiösen Missverständnis erwachsen sei. Sein Ziel war der Aufbau einer christlich-jüdisch-muslimischen spirituellen Gemeinschaft, in der friedliche Koexistenz vorgelebt wurde. 1972 gründete er Newe Shalom auf 120 Hektar Land, das er vom nahe gelegenen Kloster Latrun (auf dem halben Weg zwischen Tel Aviv und Jerusalem gelegen) zur Verfügung gestellt bekam. Es war das Gebiet, in dem viele jüdische Flüchtlinge aus Osteuropa ihre ersten und für einige auch letzten Wochen verbrachten, um für den neu gegründeten Staat Israel zu kämpfen und zu sterben. In den ersten Jahren von Newe Shalom lebte Pater Hussar noch allein auf der Spitze eines Hügels in einem Bus, ohne fließendes Wasser und Elektrizität. Er hatte viele israelische und palästinensische Besucher, aber nur wenige wollten mit ihm auf dem Hügel leben. Das Interesse an seinem Projekt wuchs jedoch, und 1977 gab er den ersten Kurs in Konfliktlösung für jüdische und arabische Highschool-Absolventen. 1978 ließen sich die ersten Familien nieder, vier jüdische und eine palästinensische. Pater Hussar wollte ein Netzwerk von Juden und Arabern aufbauen, die in einer Gemeinschaft zusammenleben. Diese Idee zog mich sofort an, weil ich die Konsequenzen des israelisch-palästinensischen Konflikts seit der blutigen Geiselnahme bei den Olympischen Spielen 1972 verfolgt hatte. Mir war gleich klar, dass ich an dieser Konferenz teilnehmen wollte. Sie begann, einen Tag nachdem ich den Artikel gelesen hatte, ich musste mich also schnell entscheiden. Zu diesem Zeitpunkt wusste ich noch nicht, wie radikal diese Entscheidung mein Leben verändern würde.

Die Konferenz fand wenige Kilometer außerhalb von Koblenz statt, am linken Ufer des Rheins am Zusammenfluss mit der Mosel gelegen. Ich hatte wenig Geld, deshalb entschloss ich mich, nach Koblenz zu trampen und von dort einen Bus oder Zug zu nehmen.

Mit etwas Glück fand ich eine Mitfahrgelegenheit bis Koblenz. Ein Bus brachte mich dann an den Konferenzort, ein kleines Hotel am Hang eines Weinbergs. Das Tor zum Parkplatz stand offen. Ein Chor sang laut in der gleichen merkwürdigen Sprache, die ich damals während der Begräbniszeremonie für die ermordeten israelischen Sportler gehört hatte. Jetzt wusste ich schon, dass es Ivrith oder modernes Hebräisch war. Auf dem Vorplatz des Hotels sah ich eine Gruppe junger Menschen, die tanzten, sangen und lachten. Der Ausdruck auf ihren Gesichtern erinnerte mich an den Ausdruck, den ich auf den Gesichtern der Israelis gesehen hatte, als sie ins Münchner Olympiastadion einmarschierten.

Sofort fühlte ich mich von einem großen, unglaublich schönen Mädchen angezogen, das die Gruppe der Israelis anführte. Als ich näher kam, hielt mich ein muskulöser dunkelhaariger Mann auf und fragte misstrauisch, wer ich sei und was ich hier wolle. Ich lächelte und erwiderte: »Schalom. Ich bin hier, um an der Friedenskonferenz teilzunehmen.« Ich sagte ihm, dass ich Deutscher sei und aus einem Magazin von der Konferenz erfahren hatte. Er schüttelte meine Hand und stellte sich vor:

»Mein Name ist Roni, du musst mit Elias dort drüben sprechen.«

Er deutete auf einen kleinen, schlanken Mann mit ergrautem lockigem Haar und einem dunklen Teint. Ich ging auf ihn zu, stellte mich vor und sagte ihm, dass ich interessiert sei, mich der Gruppe anzuschließen. Elias Jabbour war der charismatische Leiter der Gruppe, die aus fast zwei Dutzend jungen Arabern und Juden aus Israel bestand. Er war der Direktor des House of Hope, eines internationalen Friedenszentrums in Shefar'am, einem israelisch-arabischen Dorf im Norden Israels.

Das House of Hope war 1978 als gemeinnützige Organisation gegründet worden, die sich der Arbeit für Frieden und Kooperation verschrieben hatte, basierend auf dem gegenseitigen Verstehen zwischen Arabern und Juden. Elias bemerkte meinen ehrlichen Enthusiasmus und lud mich ein, an dem Treffen teilzunehmen.

Wir gingen in einen kleinen Konferenzsaal, der mit jungen Menschen gefüllt war, die sich unterhielten und lachten. Sie ignorierten mich vollkommen. Elias klatschte mit den Händen, und alle Augen richteten sich auf mich, weil ich direkt neben ihm stand.

»Hört mal alle her. Hier ist ein Gast aus Deutschland, der gern mitmachen will.« Er fragte mich, ob ich mich vorstellen könne. Ich zögerte, dann sagte ich:

»Hallo, mein Name ist Bernd. Ich wurde in Deutschland geboren und lebe nicht weit von hier in Bonn. Ich bin hier, weil ich mehr über euch und euer Land wissen will.«

Alle klatschten höflich und widmeten sich wieder ihren Gesprächen.

Elias wandte sich einem Mann namens Martin zu, der ihm eine Frage stellen wollte. Ich fühlte mich fehl am Platz, dann tippte mir jemand auf die Schulter. Als ich mich umdrehte, sah ich die wunderschöne Frau, die mich einige Minuten zuvor so angezogen hatte. Noch immer erinnere ich mich an ihr Lächeln, als sie mich mit blauen Augen anschaute. Auf Englisch mit hebräischem Akzent sagte sie: »Mein Name ist Vered. Ich freue mich, dich kennenzulernen. Meine Mutter ist in Rumänien geboren und hat Deutsch gelernt, aber leider hat sie es mir nie beigebracht. Ich werde dich den anderen vorstellen.«

»Was bedeutet Vered?«, fragte ich.

»Oh, es bedeutet Rose, wie die Blume«, sagte sie lachend. Sie nahm meine Hand und ließ sie nicht mehr los, bis ich jeden aus der Gruppe kennengelernt hatte. Fast alle von ihnen, auch Vered, hatten vor Kurzem die Highschool abgeschlossen und standen vor dem Eintritt in die Armee. Die meisten jüdischen Teilnehmer kamen aus Lod, Tel Aviv und Haifa; die anderen waren Moslems und christlich-palästinensische Araber aus Shefar'am und Abu Gosh, einem großen arabischen Dorf in der Nähe von Jerusalem. Vered wich nicht von meiner Seite, und ich hatte nichts dagegen.

Für den Rest des Nachmittags nahmen wir an Workshops teil, um über den Friedensprozess, das Zusammenleben von Israelis und Arabern und die Aussichten auf eine bessere Zukunft zu sprechen. Alle waren sehr optimistisch, was einen möglichen Frieden anging. Das überraschte mich. Schnell verstand ich, dass der Friedensvertrag zwischen Israel und Ägypten vom März 1979 der Region neue Hoffnung gebracht hatte. Dieses Gefühl war die Grundlage unseres Treffens.

Vered und ich wurden einem Workshop mit drei weiteren Teilnehmern zugeteilt, sie waren allesamt israelische Araber. Einer hieß Chalid, ein junger, enthusiastischer palästinensischer Student aus Abu Gosh, mit dem mich später eine tiefe Freundschaft verband. Er war ziemlich wortgewandt, ging auf eine israelische Highschool, sprach fließend Hebräisch und Englisch und verwickelte mich in hitzige Diskussionen. Bald merkte ich, dass er voller Ärger und Verbitterung war, weil er das Gefühl hatte, in Israel als Bürger zweiter Klasse behandelt zu werden.

»In Israel habe ich keine Zukunft«, erklärte er mir. »Als Araber wird es für mich fast unmöglich sein, an einer israelischen Universität zu studieren. Die Juden werden immer den Palästinensern vorgezogen, weil wir mit Misstrauen betrachtet werden.«

»Warum bist du so wütend?«, unterbrach ihn Vered. »Du hast in Israel alle Möglichkeiten, deinen Weg zu gehen, genauso wie ich. Es liegt an dir, etwas daraus zu machen. Warum lebt ihr denn ständig in der Vergangenheit? Eine strahlende Zukunft liegt vor uns! Sogar Präsident Sadat kam aus Ägypten nach Israel, um Frieden zu bringen. Was willst du mehr?«

Das kam bei Chalid nicht gut an, und seine unmittelbare Reaktion waren Wut und Frustration. »Sadat ist ein Verräter! Er hat Palästina verraten. Ägypten und Israel haben Frieden geschlossen, aber wir Palästinenser wurden außen vor gelassen.«

Er meinte das Camp-David-Abkommen vom September 1978 zwischen Ägypten und Israel, das die Palästinenser nicht einbezog. Beide Seiten einigten sich darauf, über eine autonome Regierung im Westjordanland und in Gaza zu verhandeln, aber sie legten kein Datum dafür fest.

Es war das erste Mal, dass ich den Bruch zwischen Juden und Arabern in Israel direkt erfuhr. Beide waren Bürger desselben Staates, aber jeder hatte eine andere Sicht der Dinge. Ich lernte, dass diese beiden Völker, die am selben Ort lebten, das Leben sehr unterschiedlich erfuhren. Nach Chalids heftiger Antwort schien Vered wütend und verärgert. Als ich sie fragte, was der Grund sei, antwortete sie: »Ich bin frustriert und enttäuscht. Meine Hoffnung war, dass wir endlich in Frieden leben werden.«

»Warst du jemals in einem arabischen Dorf?«, fragte ich. Sie sah mich mit großen Augen an.

»Das ist zu gefährlich! Hast du überhaupt eine Ahnung, wie sie in ihrer Gesellschaft mit Frauen umgehen? Ich wäre dort niemals sicher.«

Damit machte sie das Dilemma noch klarer: zwei Völker, die nebeneinander in einem Staat leben, aber getrennt von einer kulturellen Kluft so tief wie das Meer. Wie konnten sie einander je verstehen, wenn sie nur nach ihrer eigenen Erfahrung urteilten?

Die Nacht kam näher, und Vered und ich sagten uns Gute Nacht. Ich kam mit Chalid und Nabil, einem anderen israelischen Araber aus Shefar'am, in einen Schlafsaal. Vor Aufregung konnte ich nicht einschlafen, lag lange wach und starrte in die Dunkelheit.

»Ich kann auch nicht schlafen«, sagte Chalid plötzlich. »Sag mal, was machst du eigentlich hier? Du bist doch kein Jude, oder?«

»Nein, bin ich nicht«, antwortete ich. »Ich bin hier, weil ich neugierig bin und mehr über Israel und den Nahen Osten, über Araber und Juden erfahren will. Ich will alles darüber wissen.«

»Warum?«, fragte er. »Israel ist so ein Chaos. Bist du jemals dort gewesen?«

»Nein, ich war noch nicht dort … noch nicht. Vielleicht werde ich hinfahren. Ich würde sehr gern mal Israel besuchen.«

»Komm und besuche mein Dorf, und ich zeige dir alles. Ich meine es ernst. Wir Araber laden Fremde immer nach Hause ein.«

»Vielleicht mache ich das«, antwortete ich. Damals wusste ich noch nicht, dass die arabische Gastfreundschaft nicht nur ein Wort ist, sondern ein wichtiger Pfeiler ihrer Kultur.

»Ich nehme an, du hast dich in das jüdische Mädchen verknallt, oder? Ich hab beobachtet, wie du sie angesehen hast. Pass auf. Die sind alle unberechenbar.«

Chalid fragte mich im Scherz, aber zum Glück sah er nicht, wie rot ich wurde. Er hatte recht, ich hatte mich in sie verknallt, aber das sagte ich ihm lieber nicht.

»Nein, wir freunden uns nur an. Sie scheint echt nett zu sein.«

»Na ja, ich hoffe. Ich hab gehört, dass sie einen Freund hat. Der große Typ, ich glaub, er heißt Roni. Leg dich mit dem besser nicht an. Bernd, an deiner Stelle würde ich es mir mit dem nicht verscherzen. Und überhaupt, jüdische Mädchen scheinen immer freundlich und zugänglich, aber du darfst ihre Freundlichkeit nicht mit ernstem Interesse verwechseln. Die wollen mit Typen wie dir nur ein bisschen spielen.«

»Woher weißt du das? Ich dachte, du hältst dich fern von Juden.«

Er drehte sich zu mir, und ich spürte, wie er mich in der Dunkelheit anstarrte.

»Also, ich möchte eines klarstellen. Ich habe nichts gegen Juden. Ich bin mit ihnen aufgewachsen, bin mit ihnen in die Schule gegangen, arbeite mit ihnen und lebe mit ihnen. Aber wir kommen aus unterschiedlichen Völkern. Ich würde mich nie mit einem jüdischen Mädchen anfreunden, weil sie meine Kultur weder verstehen noch respektieren kann. Und ich würde nicht wollen, dass meine Kinder jüdisch sind. So einfach ist das.«

»Mann, das hört sich ziemlich rassistisch an. Stell dir vor, ich als Deutscher hätte das gesagt. Alle würden mich einen Nazi nennen oder zumindest einen Rassisten«, antwortete ich.

»Okay, mein Freund. Ihr Deutschen habt ein Problem mit den Juden, weil ihr sie umgebracht habt. Jetzt fühlt ihr euch schuldig und erwartet von anderen, dass sie diese Schuldgefühle und das Mitleid, das ihr empfindet, mit euch teilen. Aber wir Palästinenser haben unser ganzes Leben lang unter dem gelitten, was die Juden uns angetan haben. Du kannst nicht von mir erwarten, dass ich sie mag, und du kannst auch nicht erwarten, dass du deine Schuld mit dir teile.«

Unser Gespräch weckte Nabil auf, und er brummte, dass wir ruhig sein und endlich schlafen sollten. Er hatte recht. Wir sollten noch mehr Gelegenheiten haben, all das und noch mehr ausführlich zu diskutieren.

»Gute Nacht«, sagte ich. »Laila Tiaba, gute Nacht«, erwiderte Chalid.

Es war Samstagmorgen, und die Sonne erhellte das Rheintal mit einem klaren, aber milden Licht. Der Tau tropfte von den Blättern, der Morgennebel löste sich langsam auf und gab einen erhabenen Blick auf den Rhein frei. Große Lastkähne beförderten ihre schwere Ladung, und kleine Touristenschiffe fuhren ihre neugierigen Passagiere flussaufwärts, um die Burgen auf den Hängen am Flussufer zu bestaunen. Der Rhein war immer schon eine wichtige Lebensader für Kommunikation, Handel und Transport gewesen. Römische und deutsche Herrscher erkannten seine strategische Bedeutung. Im Mittelalter bauten Kriegsherren Burgen, um den Warenfluss zu kontrollieren und gute Aussichts- und Verteidigungspunkte zu haben, durch die sie den kommerziellen Schiffsverkehr regulieren und von den Händlern Zölle verlangen konnten. Deshalb gibt es am Rhein von Mainz bis Bonn so viele Burgen, insbesondere an der hügeligen Flussenge, die Bingen und Koblenz miteinander verbindet. An diesem Flussabschnitt besuchte unsere Gruppe die Stadt Bingen, die vor fast 2000 Jahren von den Römern gegründet worden war. Im 12. Jahrhundert siedelten sich dort auch Juden an, und die jüdische Gemeinde war im frühen

19. Jahrhundert bis auf 800 Menschen angewachsen. Viele jüdische Bürger verließen die Stadt nach der Machtergreifung der Nazis. Alle, die nicht gegangen waren, wurden in Konzentrationslager deportiert. Es blieben nur jüdische Friedhöfe, eine traurige Realität, die sich überall in Deutschland wiederfindet. Viele dieser Friedhöfe werden heute von Deutschen gepflegt, die die Erinnerung an das jüdische Leben in ihrer Stadt erhalten wollen.

Wir kamen am späten Morgen an. Die Stadt empfing uns mit ihrer malerischen Architektur. Unser erster Halt war eine kleine Kirche. Vered war bei ihren Freunden, und ich musste mir eingestehen, dass ich mich von ihr ignoriert fühlte. Ich blieb bei Chalid und Nabil und versuchte, beschäftigt und zufrieden zu wirken. Beide waren Moslems und hatten noch nie ihren Fuß in eine Kirche gesetzt.

»Du musst dich in diesem Haus Gottes zu Hause fühlen«, bemerkte Chalid.

»Um die Wahrheit zu sagen«, antwortete ich, »ich bin seit über elf Jahren nicht mehr in einer Kirche gewesen, seit meiner heiligen Kommunion.«

»Warum nicht?«, fragte er.

»Na ja, ich habe nie eine echte spirituelle Verbindung zur Kirche gespürt. Ich bin nur hingegangen, weil ich musste.«

»Was suchst du denn?«, fragte er nach.

»Tiefer innerer Frieden und ein Gefühl des Zu-Hause-Seins wären für den Anfang nicht schlecht. Der katholischen Kirche fühle ich mich aber nicht zugehörig, obwohl ich katholisch getauft bin.«

»Fühlst du dich vom Judentum angezogen? Willst du Jude werden? Es wirkt auf mich so.«

Seine Frage überraschte mich, weil er so schnell die mir selbst so komplex erscheinende Suche nach meiner eigenen Identität erfasst hatte. Hatte ich darüber nachgedacht, ohne dass es mir bewusst war? Wollte ich wirklich diesen Schritt gehen oder dachte ich nur darüber nach? Schließlich gibt es Veränderungen, die man sich besser nur vorstellt, aber nie umsetzt. Wie konnte ich sicher sein, dass ich das Richtige tue, und gleichzeitig mir selbst, meiner Familie und meiner Zukunft treu bleiben? Wollte ich meine Religion wechseln, um durch diese neue Verbundenheit die Schuldgefühle loszuwerden? Oder war meine Motivation ernsthafter? Ich wusste, dass das Judentum mehr als eine Religion ist, nämlich eine Kultur und ein Volk. Meine Zugehörigkeit zu wechseln würde einen völligen Bruch mit meiner Familie, mit dem Leben, das mir vertraut war, und wahrscheinlich auch mit Deutschland bedeuten. Ich wusste nicht, wie ich Chalids Frage beantworten sollte, aber es geschah etwas Wichtigeres: Seine Frage wurde zu meiner eigenen Frage, und ich bemerkte, dass ich über dieses Dilemma nachzudenken begann. Aber ich sagte nur:

»Ich weiß nicht, was ich sagen soll. Ich muss noch darüber nachdenken.«

Er verzog das Gesicht und rollte mit den Augen: »Ich habe nicht nur einen neuen Juden gemacht; ich hab's auch noch in einer Kirche getan. Möge Allah mir vergeben.«

Am Abend kehrten wir in unser Hotel zurück und trafen uns zum Abendessen.

Ich suchte Vered und setzte mich neben sie. Sie schaute mich mit ihren wunderschönen blauen Augen an und fragte, was ich unternommen hätte.

»Ich hatte einen richtig schönen Tag heute, aber ich fürchte, ich muss morgen wieder fahren. Ich muss wieder an die Uni, mein Studium wartet.«

»Warum so bald? Bist du nicht gerne hier? Möchtest du nicht noch mehr Zeit mit uns verbringen? Mit mir?«

Sie blickte auf ihren Teller, und zum ersten Mal schien sie traurig zu sein.

»Weißt du, diese Reise ist sehr wichtig für mich, und ich bin froh, dass ich dich getroffen habe«, sagte sie. »Ich bin mit dem Wissen über die schrecklichen Dinge aufgewachsen, die meinem

Volk in Deutschland angetan wurden. Und ich war neugierig, wie die Deutschen heute darüber denken. Ich habe dir erzählt, dass meine Mutter aus Rumänien kommt, aber meinen Vater habe ich nie kennengelernt. Als ich geboren wurde, verschwand er und ließ meine Mutter allein. Ich wuchs in sehr einfachen Verhältnissen auf, und wir leben immer noch in einer kleinen Wohnung. Meine Mutter traf einen anderen Mann, der für mich wie ein Vater ist. Die Nazis haben fast alle aus der Familie meiner Mutter getötet, und du bist der erste Deutsche, dem ich je begegnet bin. Es ist vollkommen überraschend für mich, dass ich dich sogar mag.«

Sie sah mich mit Tränen in den Augen an.

»Lass uns in Kontakt bleiben, ja? Es wäre schön, wenn du mich und meine Familie in Israel besuchen könntest. Es gibt so viel, über das wir sprechen könnten. Wirst du kommen?«

»Ja, ich werde kommen«, versprach ich, ohne zu wissen, wie oder wann ich so eine Reise organisieren könnte. Israel schien so weit weg, aber als ich in ihre Augen schaute, wusste ich, dass es nicht zu weit war.

»Wann verlässt du uns?«, fragte sie.

»Morgen früh.«

»Haben wir morgen noch Zeit, uns zu verabschieden?«

»Ich glaube, es ist besser, wenn wir es jetzt tun.«

Ihr Gesicht kam näher, und unsere Lippen berührten sich fast.

»Wir sehen uns in Israel. Versprochen?«

»Versprochen«, sagte ich. Sie küsste mich auf die Wange, stand auf und verließ den Tisch.

Chalid, der uns vom Tisch gegenüber beobachtet hatte, kam herüber und setzte sich.

»Du bist in echten Schwierigkeiten, mein Freund. Sie hat dir den Kopf verdreht.«

»Vielleicht, aber zumindest habe ich jetzt einen Grund, nach Israel zu fahren.«

»Du hattest schon vorher einen Grund. Du bist sehr neugierig, und etwas sehr Kraftvolles treibt dich an bei deiner Suche nach mehr Wissen über die Juden und das Judentum. Hoffentlich sind es keine Schuldgefühle, weil es in Israel vieles gibt, für das man sich schuldig fühlen kann.« In seiner letzten Bemerkung spürte ich seine Verbitterung.

»Bernd, vergiss nicht, du bist Deutscher. Sie werden dir immer die Schuld an dem geben, was mit ihnen passiert ist. Aber natürlich wird niemand erwähnen, was mit uns Palästinensern als Folge der israelischen Besatzung passiert ist. Wir leiden unter den Gesetzen der Israelis – und der Grund dafür ist das, was ihr den Juden angetan habt. So ist das.«

Seine Worte wühlten mich auf.

»Ich dachte, du bist hierhergekommen, um etwas über friedliche Koexistenz zu lernen. Woher stammen diese Feindseligkeit und Rachestimmung in deiner Stimme?«

»Bernd, du bist so naiv. Du hast keine Ahnung. Vergiss nicht, dass die Palästinenser nicht freiwillig mit den Juden zusammenleben. Wir werden gezwungen! Ich möchte, dass du mein Dorf besuchst, damit du beide Seiten der Geschichte kennenlernst. Lass dich von schönen israelischen Mädchen nicht zu falschen Schlussfolgerungen verleiten.«

Er war sichtbar wütend, aber ich nahm an, eine Reise nach Israel könnte für uns beide eine herausfordernde und wertvolle Lernerfahrung werden.

Nach meiner Rückkehr dachte ich viel an Israel und Vered, und ich begann mit der Planung meiner Reise nach Israel. Allerdings musste ich mich zunächst mit meinem Studium beschäftigen, das mir keinen Spaß machte. Ich hatte kein Geld für solch eine Reise und wurde immer frustrierter und verärgerter. Eigentlich brauchte ich Hilfe, aber außer meinem Vater hatte ich niemanden, den ich fragen konnte. Natürlich war allein die Vorstellung, meinen Vater um Hilfe zu bitten, schon grauenhaft. Mein Eindruck war, dass unsere Schwierigkeiten zum Teil von seiner autoritären Erziehung herrührten. Zugleich war meine Sensibilität für das Scheitern unserer Beziehung ein Teil meines Wesens geworden und auch ein Grund, warum wir uns entzweit hatten. Ich musste einsehen, dass er nur wenig Toleranz für meine Gefühle hatte, die für ihn ein eindeutiges Zeichen von Schwäche darstellten. In seiner Gegenwart fühlte ich mich angespannt und fand nicht die richtigen Worte; ich plapperte über mein Studium und gab vor, dass es mir Spaß machte. Damit wollte ich ihm eine Freude machen und ihn milde stimmen für die Themen, die ich eigentlich besprechen wollte. Ein Gespräch über Geld konnte ich nur führen, wenn er in der passenden Stimmung war. Dazu musste ich das enge Fenster zwischen leichter alkoholischer Euphorie und betrunkener Lethargie abpassen.

Vor seiner Pensionierung sagte er uns oft, wie sehr er sich darauf freute, endlich mehr Zeit für Gartenarbeit, Jagen, Spazierengehen und Lesen zu haben. Doch in Wirklichkeit geriet er immer tiefer in die Abhängigkeit von diesen übergroßen Flaschen mit billigem italienischem Wein. Einmal sah ich ihn vom Fenster meines Zimmers aus. Er lief in dem kleinen Garten, den er angelegt hatte, umher und inspizierte seine vernachlässigten gärtnerischen Versuche. Ich konnte sehen, dass er eine der Zigarren rauchte, die er so mochte. Der unangenehme Geruch gelangte fast bis zu mir herauf. Aber zumindest schien er nüchtern zu sein; der späte Nachmittag war die beste Zeit, um mit ihm über meine Pläne zu sprechen. Schnell eilte ich die Treppe hinunter und versuchte, entspannt zu wirken. Ich konnte jedoch meine Absicht nicht verbergen, weil er mich so ablehnend anschaute. Er schien mich so leicht durchschauen zu können.

»Du willst etwas«, sagte er. »Was ist es?« Sein durchdringender Blick und meine suchenden Augen trafen sich nur kurz, wir blieben weit voneinander entfernt. Ich sammelte meine ganze Stärke und zwang mich zu einem falschen Lächeln.

»Ich brauche Geld für mein Studium«, log ich.

Er durchschaute es sofort.

»Wo willst du studieren? In Israel? Hör mal Bernd, ich weiß, dass es um Israel geht. Ich versuche zu verstehen, wie du dich so in diese verrückte Idee hineingesteigert hast. Kannst du mir das erklären?«

Da es mir nicht gelungen war, meine Absicht zu verheimlichen, fühlte ich mich beschämt und entblößt.

»Ich muss die Wahrheit wissen«, antwortete ich, »aber niemand sagt sie mir, deshalb muss ich sie selbst finden.«

»Welche Wahrheit?«, fragte er. »Ich habe es dir doch schon so oft gesagt, wir hatten nichts mit dem, was die Juden durchgemacht haben, zu tun. Was vorbei ist, ist vorbei. Lass die Vergangenheit ruhen. Wir müssen weitergehen. Wir müssen alle weitergehen. Ich muss zugeben, dass ich die Israelis sehr schätze. Sie sind anders als die Juden, die wir in Deutschland kannten. Sie sind hart. Sie kämpfen und arbeiten unermüdlich für ihr eigenes Überleben, und dafür respektiere ich sie. Lass mich mit all diesen Gesprächen und lächerlichen Gefühlen für die Juden in Ruhe. Sie sind weg aus unserem Land, und wir sollten sie vergessen.«

Das war ungewöhnlich, nur selten hatte ich so viele Worte von ihm gehört. Aber ihm schien die Gelegenheit willkommen zu sein. Vielleicht erkannte er, dass auch er über dieses Thema sprechen musste.

»Irgendwann um das Jahr 1965 herum traf ich einige israelische Offiziere, die unsere Blitzkriegstrategie studierten«, fuhr er fort. »Das waren junge und sehr kluge Männer. Die haben wirklich schnell gelernt. Wir haben ihnen alles beigebracht, was sie wissen mussten. Sie haben sogar die alten Kriegsstrategien von Clausewitz studiert. Ich bin davon überzeugt, dass sie dieses Wissen im Sechs-Tage-Krieg 1967 angewandt haben und dass es ein wichtiger Faktor ihres Sieges war. Ein echter Blitzkrieg-Erfolg, könnte man sagen. Mir fiel es schwer zu glauben, dass die Juden so gut kämpfen konnten. Aber 1973 haben sie es wiederholt.«

Ich blieb still und hoffte, er würde noch mehr sagen. Mir war klar, dass die militärische Stärke Israels bei seiner tiefen Verbundenheit mit der militärischen Tradition auf Resonanz stieß. Mit den kämpfenden Juden konnte er sich identifizieren, aber er hielt weiter an dem Stereotyp über die Juden fest, das er vor langer Zeit an der NAPOLA gelernt hatte.

Schließlich redete ich.

»Vater, hilf mir, sie besser kennenzulernen und zu verstehen, wer sie sind. Hilf mir, nach Israel zu reisen.« Meine Worte schienen ihn in einer Weise zu bewegen, die ich nur selten bei ihm gesehen hatte, aber mir war nicht klar, in welche Richtung diese Emotionen gingen. Nach einigen angespannten Momenten der Stille antwortete er: »Ich weiß, dass ich dich nicht aufhalten kann. Du wirst tun, was du willst, egal was ich sage, fühle oder denke. Geh und bilde dir selbst deine Meinung. Ich habe meinen Sohn schon vor langer Zeit verloren.« Er hielt inne. »Ich gebe das Geld deiner Mutter. Ich möchte es dir nicht selbst geben. Es ist mir lieber, wenn sie es tut.« Nachdem er diese Worte gesagt hatte, drehte er sich um und ging zum Haus.

Ich war gleichzeitig erleichtert, traurig und schockiert. Mir stockte der Atem. Mein Ziel hatte ich zwar erreicht, aber um welchen Preis? Mein Vater hatte mir gesagt, dass ich für ihn verloren sei; hieß das nicht, dass er auch für mich verloren war? Was hatte ich getan, um von meinem eigenen Vater solch eine Reaktion zu hören? Obwohl die Distanz zwischen uns im Lauf der Zeit größer wurde, hatte ich ihn als meinen Vater respektiert, und in vielerlei Hinsicht hatte ich auch die Gefühle, die ein Sohn für seinen Vater spürt. Warum lehnte er mich ab? Ja, ich wollte Antworten und wollte nicht warten, aber warum sollte seine Liebe der Preis dafür sein?

In den folgenden Tagen wurde die Anspannung noch größer. Schon bald redete er gar nicht mehr mit mir. Während dieser Zeit litt meine Mutter sehr. Eines Tages kam sie mit Tränen in den Augen auf mich zu und hielt einen Umschlag in der Hand.

»Dein Vater hat mir etwas Geld gegeben. Ich weiß, dass du mehr brauchen wirst, deshalb habe ich noch etwas von meinen Ersparnissen dazugetan.«

Ich wusste, dass mein Vater sie finanziell an der kurzen Leine hielt, weil er sie gern kontrollieren wollte. Sie musste dieses Geld über mehrere Jahre angespart haben und nun gab sie es mir, um nach Israel zu reisen.

Ich bin mir nicht sicher, ob ihre nächsten Worte aus ihrer eigenen Überzeugung kamen oder ob sie einfach ihren Sohn unterstützen wollte, als er es am meisten brauchte.

»Du musst die Antworten auf deine Fragen finden«, sagte sie. »Ich weiß, dass es zwischen dir und ihnen eine Verbindung gibt. Den Grund dafür kann ich nur erraten. Meine Eltern haben mir wenig über all das gesagt, und ich habe mir selbst oft Fragen gestellt. Ich bin eine gute Katholikin und dachte, dass ich dir durch die Taufe eine andere Richtung und ein anderes Leben aufzeigen könnte. Tief in deinem Herzen hast du einen Funken gefunden, der das Feuer der Neugier entfacht hat. Wahrscheinlich habe ich immer gewusst, dass es einmal bei jemandem aus unserer Familie geschehen würde, und ich hatte Angst, dass du es sein könntest.«

»Mutter«, flehte ich, »Was sagst du da? Bitte, sag mir die Wahrheit! Wer bist du und warum sagst du mir das?«

Tränen rannen aus ihren Augen, und sie drückte mich fest an sich. Sie drückte ihre Lippen auf meine Ohren und flüsterte:

»Vergib mir, denn ich habe gesündigt. Schreib ein Gebet auf ein Blatt Papier und lege es zwischen die Steine an der Klagemauer in Jerusalem. Vergiss es nicht! Tu das bitte für mich.«

Sie schien erschöpft und entkräftet, und ich spürte, wie sie sich wieder von mir löste. Sie ging weg und schaute sich nervös um; sie hatte wohl Angst, dass Vater das Gespräch mit angehört hatte.

Ich war verwirrt und überwältigt und wusste nicht, was ich sagen sollte. Den Umschlag hielt ich in meiner Hand, vielleicht war die Antwort auf meine Frage doch nicht so weit weg, wie ich gedacht hatte? Meine Mutter sagte aber nichts mehr dazu und ließ mich im Dunkeln über die Bedeutung unseres Gesprächs. Was wollte sie mir sagen? Wer war ich? Warum hatte sich das Thema kurz geöffnet und dann wieder verschlossen? Meine Mutter war eine gläubige Katholikin, das wusste ich. Aber was hatte es mit den Gerüchten auf sich, dass die Vorfahren meiner Mutter vielleicht jüdisch waren?

Die Antwort auf diese wichtige Frage habe ich nie gefunden, aber die Suche danach offenbarte mir eine neue und aufregende Welt der Gebete und Gedanken. Sie verstärkte auch meinen Wunsch, nach Israel zu reisen, um so viel wie möglich selbst zu erfahren.

DIE REISE BEGINNT

Meine Entscheidung, nach Israel zu reisen, erfüllte mich mit neuer Energie. Und ich strengte mich an, damit mein Traum bald wahr werden konnte. 1978 konnte ich mir einen Flug nicht leisten, ich musste per Schiff und Zug reisen. Die beste Route, so entschied ich, begann mit einer langen Zugfahrt von Bonn zum italienischen Adriahafen Ancona. Dort würde ich eine Fähre nach Griechenland besteigen, um dann nach Israel weiterzufahren. Die ganze Reise von Deutschland nach Israel würde vier Tage und fünf Nächte in Anspruch nehmen. Mein Aufenthalt in Israel selbst konnte nur fünf oder sechs Tage dauern, aber das war mir egal. Es war auf jeden Fall besser, als gar nicht zu fahren. Ich bereitete mich so gut wie möglich auf die Reise vor. Gern hätte ich meine Aufregung mit meinem Vater geteilt, aber je näher meine Abreise kam, desto mehr zog er sich zurück und desto mehr trank er auch.

Meine Mutter realisierte, wie gern ich über meine Hoffnungen für diese Reise reden wollte. Sie spürte auch, dass diese Reise mein Leben verändern könnte, und damit sollte sie recht behalten. Diese Reise veränderte mich für immer. Als das Abreisedatum näher rückte, nahmen die Pläne ein Eigenleben an und wurden immer klarer. Diese Erkenntnis war alarmierend und aufregend zugleich.

Eines Abends läutete das Telefon, und mein Vater nahm ab. Er rief mir sofort zu: »Komm her, Bernd, mach schnell. Hier ist ein Anruf aus Israel.«

Ich rannte die Treppe hinunter und riss ihm den Hörer aus der Hand. Er verzog keine Miene, als er sich abwandte und hinausging.

»Hallo, wer ist da?«, fragte ich und erkannte ihre Stimme sofort.

»Ich bin's, Vered. Wie geht es dir? Ich habe dich vermisst und wollte deine Stimme hören.«

»Mir geht's gut. Schön, von dir zu hören. Ich mache mich bald auf die Reise.«

»Wohin fährst du?«

»Ich habe gerade die Fahrkarten gekauft und breche am Sonntag nach Israel auf.«

Nach einem kurzen Moment der Stille hörte ich an ihrer Stimme, dass sie vor Freude weinte.

»Ich kann es nicht glauben! Du kommst wirklich? Du musst bei meinen Eltern wohnen. Ich will dir mein Land zeigen. Wann wirst du ankommen?«

»Ich nehme den Zug und eine Fähre und sollte am nächsten Donnerstag eintreffen. Wahrscheinlich gegen Mittag, das hängt vom Wetter ab«, antwortete ich.

»Mach dir keine Sorgen. Ich werde nachschauen, wann deine Fähre ankommt. Oh mein Gott, ich kann es gar nicht glauben. Du kommst. Ich werde dich wiedersehen!«

Als sie aufgelegt hatte, stand ich einen Moment lang bewegungslos da, den Hörer hielt ich noch in der Hand. Ich hatte nicht bemerkt, dass mein Vater noch im Zimmer war und offensichtlich das Gespräch mit angehört hatte.

»Du fährst also wegen eines Mädchens nach Israel«, sagte er verbittert. »Ich wusste, dass es etwas anderes ist als die Religion.«

»Du liegst falsch, Vater. Es geht um mehr als ein Mädchen. Etwas in meinem Herzen sagt mir, dass ich dorthin gehöre.«

Sein Gesicht lief rot an, und seine Stimme verfiel in den Modus bedrohlichen Schreiens, den ich von ihm schon kannte.

»Ich habe dich nicht erzogen, damit du die Juden liebst«, polterte er los. »Du wirst herausfinden, dass sie mit ihrem eigenen Leben nicht zurechtkommen und deshalb immer in Schwierigkeiten geraten.«

Ich verlor die Kontrolle.

»In Schwierigkeiten? Du meinst, weil sie ermordet werden, nur weil sie Juden sind? Sind das die Schwierigkeiten, die du meinst?«

Jetzt war er voll in seiner betrunkenen Wut. Seine Stimme zitterte, und er schüttelte seine Hände. »Du wirst nie mehr deinen Fuß in dieses Haus setzen, wenn du dich mit einem jüdischen Mädchen einlässt.«

Ich konnte an mich halten und blieb still, dann drehte ich mich um und wollte die Stufen hoch in mein Zimmer gehen.

Er schrie wieder.

»Antworte mir, verdammt! Antworte mir jetzt sofort!« Ich drehte mich um und blickte in seine dunklen, blutunterlaufenen Augen. Ich wünschte, ich hätte vernünftig mit ihm sprechen und meine Gefühle in einer Weise zum Ausdruck bringen können, die er zumindest verstehen könnte, auch wenn er damit nicht übereinstimmte. Aber ich wusste, dass er es nicht verstehen würde und ganz sicher nicht mit mir einig würde.

»Jetzt rede ich nicht mit dir, nicht unter diesen Umständen. Geh ins Nebenzimmer und kriech wieder in deine Flasche.«

Seine gefasste Reaktion überraschte mich, seine Augen leuchteten kurz sorgenvoll auf. Das Leuchten verschwand schnell wieder, an die Stelle trat der dunkle, distanzierte Ausdruck, den ich verabscheute. »So sei es«, sagte er, drehte sich um und schlug die Tür hinter sich zu.

DIE ABFAHRT

Der Rucksack war gepackt und lehnte an meinem Stuhl. Der Schlafsack war eng daran festgezurrt; eine Weile lang würde ich nicht mehr in einem Bett schlafen. Meinen Pass und mein Bargeld hatte ich sorgfältig mit Gummibändern umwickelt und in meinen Brustbeutel gesteckt. Nie zuvor war ich so weit gereist, schon gar nicht mit per Zug und Schiff in ein unbekanntes Land. Ich war aufgeregt und ängstlich. Es gab keinen Weg zurück, das wusste ich.

In der Nacht vor dem Aufbruch konnte ich kaum schlafen und stand früh auf. Ich fühlte mich wach und lebendig. Mein Vater war auch schon auf und lief im Garten umher, das war ungewöhnlich um diese Zeit. Ich wollte zu ihm gehen, zögerte aber. Er paffte nervös eine Zigarre und lief schnell den kleinen Weg im Garten auf und ab. Schließlich fasste ich Mut und sprach ihn aus der Schiebetür zur Veranda heraus an. Ich war mir nicht sicher, wie ich mich am besten verabschieden sollte.

»Guten Morgen, Vater. Bringst du mich zum Bahnhof?« Er drehte sich um und schaute mich mit seinen traurigen, dunklen Augen an.

»Natürlich, mein Sohn.« Sein zustimmender Ton überraschte mich. Dann ging ich zu meiner Mutter, die am Frühstückstisch saß und sich über ihre Tasse Kaffee beugte; ihr Haar war nach einer unruhigen Nacht zerzaust. Sie hatte dunkle Ringe unter den Augen und war offensichtlich aufgeregt. Ich fühlte mich schuldig, dass ich sie in diesem Zustand verließ, und fügte noch mehr an Schuld hinzu, als ich sagte: »Keine Sorge Mutter, ich komme zurück.«

Als sie mich ansah, bemerkte ich, dass sie geweint hatte. Sie versuchte, ihre Stimme zu kontrollieren, aber ihre Worte wurden immer wieder von leisen Seufzern unterbrochen.

»Du wirst eine andere Welt sehen, Bernd. Eine Welt, die ich nie sehen konnte. Du wirst eine Welt fühlen, die ich nie gefühlt habe. Und du wirst erfahren, was es bedeutet, nach Hause zu kommen. Vergiss mich nicht. Vergiss uns nicht.«

Ich wollte ihr versichern, dass alles gut ausgehen würde, aber sie war so von Schmerz erfüllt, dass ich ihr nur sagen konnte, ich würde sie nicht vergessen. Als ich mich zum Gehen wandte, saß sie weinend auf dem Stuhl. Ohne mich noch einmal umzudrehen, eilte ich aus der Tür. Mein Vater fuhr das Auto vor, und ich setzte mich neben ihn auf den Beifahrersitz. Wir fuhren nach Bonn, ohne ein Wort zu sagen, bis mein Vater schließlich das Schweigen brach.

»Du beginnst heute eine sehr schwierige Reise. Ich weiß nicht, was du finden wirst, aber was immer es ist, pass gut auf dich auf. Du bist ein sehr neugieriger und dickköpfiger junger Mann. Ich kann dich nicht davon abhalten, das, was dich bewegt, zu suchen. Vergiss uns nicht. Wir bleiben immer deine Eltern.«

Er hielt mit dem Auto vor dem Bahnhof und wandte sich zu mir.

»Ich lasse dich hier raus. Pass auf dich auf und ruf an, wenn du mich brauchst.« Seine Stimme klang sanft, und seine Augen strahlten zum ersten Mal nach vielen Jahren Wärme aus. Einen Moment lang dachte ich, er hätte Tränen in den Augen, und ich wollte ihn umarmen, um mich ihm auch körperlich nahe zu fühlen. Aber er drehte sich weg und winkte ab, wie er es schon viele Male getan hatte.

»Vater, ich bin bald wieder zurück. Danke für deine Hilfe.« Als ich aus dem Auto ausstieg, sagte er nichts mehr. Ich zog den Rucksack aus dem Kofferraum und begann meine Reise.

Als der Zug den Bahnhof verließ, versuchte ich, noch einen Blick auf das Auto meines Vaters zu erhaschen, aber vergeblich.

Ich sank in meinen Sitz und war in diesem Moment zu aufgeregt, um über das Verhalten meiner Eltern und ihre merkwürdigen Worte zum Abschied nachzudenken. Es war Zeit, aufzubrechen; es war Zeit, all die Hindernisse, die mich zurückhielten, loszulassen. Endlich konnte ich meinen Traum verwirklichen!

Nach meiner Ankunft in München stieg ich in einen Zug nach Bologna, von dort nahm ich einen Zug zur Hafenstadt Ancona, wo ich am späten Vormittag ankam. Der Bahnhof war übervoll mit Menschen; manche eilten hastig umher, andere unterhielten sich und lachten. Zwischen dem Strom der Reisenden liefen Kinder umher, und ein Junge stieß mich beinahe um.

»Scusi Signore – entschuldigen Sie«, rief er lächelnd und rannte weiter.

Die Fähre legte um 15 Uhr ab, und es war bereits 14 Uhr; ich hatte keine Ahnung, wie ich zum Hafen kommen sollte. Ich versuchte, einige Leute auf Englisch und Deutsch zu fragen, aber niemand schien mich zu verstehen. Frustriert und müde entschloss ich mich, auf meinen Instinkt zu vertrauen. Ich ging einen Hügel hinunter und nach ein paar Minuten roch ich die Meeresluft und sah Möwen über mir. Plötzlich erschien vor meinen Augen das blaue Mittelmeer. Da lag auch die mächtige Fähre am Pier, bereit für meine große Reise. Ich rannte, damit ich das Schiff nicht verpasste. Rechtzeitig kam ich an Bord, erschöpft, aber voller Freude.

Dieses große Schiff brachte Lkws und Personenwagen von Italien nach Griechenland und weiter nach Israel. Die Passagiere konnten in einem überdachten Bereich auf dem Oberdeck sitzen oder, wenn dieser Bereich voll war, irgendwo auf dem Unterdeck unterkommen. Es war zu spät, um noch einen überdachten Platz zu finden, aber mir machte es nichts aus, an Deck zu bleiben. Schon bald legte die Fähre ab. Die Dieselmaschinen brummten, und die großen Schiffsschrauben schoben das Schiff Richtung Israel. Nun ging meine Reise richtig los.

An Bord gab es kaum Komfort, das Essen war teuer und schmeckte nicht gut. Ich hatte noch ein Sandwich, das meine Mutter mir mitgegeben hatte, und musste nur frisches Wasser finden. Als ich aus dem Wasserhahn auf der Toilette trinken wollte, sprach mich ein Mann an: »Trink dieses Wasser lieber nicht, davon wirst du krank.« Er war ein großer, muskulöser Mann in den Fünfzigern, mit einem buschigen Schnurrbart und lockigem dunklem Haar. Seine dunkle, faltige Haut ließ ihn älter erscheinen, aber seine braunen Augen strahlten voller Lebendigkeit. Er sah mich misstrauisch an und wunderte sich wahrscheinlich, dass jemand nicht wusste, dass man dieses Wasser nicht trinken sollte.

»Woher kommst du und wohin fährst du?«, fragte er. Ich wollte ihm die Hand geben und sagte:

»Mein Name ist Bernd. Ich komme aus Deutschland und bin auf dem Weg nach Israel.«

Auf einmal veränderte sich sein Gesichtsausdruck, und er wollte mir nicht die Hand geben.

»Nimm dieses Wasser nicht zum Trinken«, sagte er noch einmal, drehte sich um und ging.

Mich überraschte sein Sinneswandel, aber jetzt verstand ich, womit ich es zu tun hatte. Ich hatte versucht, die Geschichte und die schrecklichen Verbrechen, die an Juden verübt wurden, zu verstehen, aber bis jetzt hatte ich diese Konflikte nicht als Teil meiner eigenen Identität erfahren. Natürlich war ich Deutscher, aber ich dachte, dass meine Bereitschaft, Israel kennenzulernen und aus nächster Nähe zu erfahren, ausreichen würde, um Feindseligkeiten oder gar Hass und Wut zu überwinden. Diese Erwartung war natürlich naiv, und ich musste die Reaktionen der Menschen, die ich bald treffen würde, verstehen lernen und darauf hören.

An Deck fand ich einen Platz, um meinen Schlafsack auszurollen, und kroch hinein, als die Nacht hereinbrach. Den nächsten Tag ruhte ich mich im Schatten eines der riesigen Schiffsschornsteine aus, bis Hunger und Durst mich zur Suche nach etwas Essbarem und Trinkbarem zwangen. Auf meinem Weg über das Deck zur Cafeteria kam ich an einer Gruppe junger Männer vorbei. Einer von ihnen war der Mann, der mir geraten hatte, das Leitungswasser nicht zu trinken. Sie diskutierten laut in einer Sprache, die ich bald als Hebräisch identifizierte. Beim Näherkommen sah ich, dass sie sich mit einem Brettspiel vergnügten. Als ich an ihnen vorbeigehen wollte, wurden sie plötzlich still. Ihre Augen richteten sich auf mich. Ich wandte mich an den Mann, den ich am Vortag getroffen hatte.

»Vielen Dank für den Hinweis, den Sie mir gestern gegeben haben«, sagte ich. »Ich war noch nie auf so einem Schiff und wusste nicht, dass man das Leitungswasser nicht trinken sollte. Ich bin auf der Suche nach einer Cafeteria, um Wasser und etwas zu essen zu kaufen.« Er sah mich an und musste bemerkt haben, dass ich hungrig, durstig und müde war.

»Du bist der Deutsche, der nach Israel fährt, nicht wahr? Hier, trink was«, sagte er und gab mir eine Flasche Wasser.

»Danke, ich möchte mich nicht aufdrängen«, erwiderte ich. Er grinste und drückte mir die Wasserflasche in die Hand.

»Hör mal, der Weg nach Israel ist lang, und du bist nicht gut vorbereitet. Nimm die Flasche, und sobald wir in Piräus anlegen, füll die Flasche auf und kauf dir ein paar Flaschen Wasser, Brot, Oliven und Käse für den Rest der Reise nach Haifa. Das Essen auf dem Schiff ist schlecht und viel zu teuer.«

Ich war dankbar für seinen Rat und seine Freundlichkeit. Ich streckte meine Hand aus und fragte nach seinem Namen. Dieses Mal gab er mir die Hand und sagte auf Deutsch:

»Mein Name ist Moshe, und du bist Bernd, richtig?« Überrascht von seinem fehlerfreien Deutsch fragte ich:

»Wo hast du Deutsch gelernt?« Er sah mir in die Augen und sagte:

»Ich bin in Frankfurt geboren. Mein Leben dort endete mit der Kristallnacht, als die Nazibanden das Geschäft meines Vaters zerstörten. Kurz darauf schickte er mich nach England, dort blieb ich bei Freunden unserer Familie. Meine Angehörigen habe ich nie wiedergesehen. Alle, meine Eltern, Schwestern und Brüder, wurden in Auschwitz ermordet.«

Als er mir seine Geschichte erzählte, hielt er meine Hand, und mit jedem Wort wurde sein Griff fester. Ich bin mir sicher, dass er den Schmerz in meinem Gesicht sah, und wahrscheinlich wusste er auch, dass er nur zum Teil von seinem Händedruck herrührte. Am meisten schmerzte mich seine Geschichte, die alles, was ich gelesen hatte, so real machte. All die Dinge, die ich über das Grauen von Auschwitz und die Millionen Menschen, die dort ermordet wurden, gelesen hatte. Es waren so viele, dass die individuellen Opfer kein Gesicht mehr hatten. Jetzt saß ich jemandem gegenüber, der direkt von diesem Schrecken betroffen war. Obwohl er sicher nicht der Letzte war, würde ich dieses Treffen nie mehr vergessen.

»Ich hätte nie gedacht, dass ich noch einmal mit einem Deutschen sprechen würde«, sagte er, »aber du scheinst ein guter Kerl zu sein. Komm, ich stelle dich den anderen vor.« Seine vier Freunde waren gegangen, und Moshe brachte mich in den Speisesaal. Wir gingen zu dem Tisch, wo die anderen beim Abendessen saßen. Einer von ihnen sprach mit Moshe; durch seine Stimmlage und Gesten wurde klar, dass es in dem Gespräch um mich ging. Moshe hörte dem anderen Mann zu und wandte sich dann zu mir.

»Ich möchte dich meinen Freunden vorstellen. Sei ganz entspannt, ja? Also das sind Chaim, Rafi, Uri und Doron. Freunde, das ist Bernd. Er kommt aus Deutschland und scheint hungrig zu sein.« Keiner der Männer schien besonders erfreut, mich zu treffen, und widerwillig rutschte der Mann, der mir am nächsten war, ein kleines Stück, sodass ich mich dazusetzen konnte. Sie schienen alle zu merken, wie nervös ich war, und wieder war es Moshe, der das Schweigen brach.

»Lasst uns essen. Dieser Junge hier wirkt ziemlich ausgehungert.«

Der Mann namens Doron richtete sich auf und verschränkte seine muskulösen Arme vor der Brust. Auf seinem rechten Arm bemerkte ich eine Tätowierung mit einem Buchstaben und einer Nummer. Ich konnte meinen Blick nicht davon abwenden. Er lehnte sich nach vorn und sah mich mit stechenden Augen an. Jedes Wort, das er jetzt sagte, presste er mit Macht zwischen seinen Zähnen hervor:

»Das ist ein Geschenk, das ich in Deutschland bekommen habe. Ich war 15, als deine Leute mein Leben zerstört haben. Meine ganze Familie wurde nach Auschwitz deportiert, nur ich habe überlebt.« Er hob seinen rechten Arm und hielt ihn mir vors Gesicht.

»Diese Nummer erinnert mich jeden Tag an meine Vergangenheit. Du hast keine Ahnung, was das bedeutet, oder?« Er sank wieder in seinen Stuhl zurück. Ein gedrücktes Schweigen lag über dem Tisch, und ich fühlte mich unwohl, wütend und traurig – wütend auf meinen Vater und die Menschen, die das getan hatten. Ich konnte die Vergangenheit nicht ändern, ich war gezwungen, damit zu leben; als Deutscher musste ich diesen Preis zahlen. Mein Vater war eine ständige Erinnerung daran, wie kompliziert mein Leben durch die Folgen des Krieges geworden war. Aber ich konnte meine Situation nicht annähernd mit den Erfahrungen der Männer vergleichen, mit denen ich jetzt zusammensaß.

Gerade wollte ich aufstehen und gehen, als Moshe seine Hände auf meine Schultern legte und mich herunterdrückte. Er hatte meinen Schmerz und inneren Kampf bemerkt.

»Bernd, du bleibst hier und isst. Du bist mein Gast.«

Doron blickte ihn wütend an, aber nun mischten sich die anderen in das Gespräch ein. Der Mann neben Doron streckte seine Hand über den Tisch aus und sagte:

»Mein Name ist Chaim, der Freund hier neben mir ist Rafi, und daneben sitzt Uri. Wir kommen alle aus Haifa. Ich war noch nie in Deutschland. Einmal würde ich da gern hinreisen. Die Autos gefallen mir wirklich.« Chaim war ein kleiner, muskulöser Mann mit auffallenden Wangenknochen und schwarzem lockigem Haar, das ihm fast bis zur Schulter reichte. Seine Stimme war kehlig und heiser.

»Meine Familie kommt aus dem Jemen, und wir lieben es, gemeinsam zu essen, deshalb erkenne ich schon am Blick, wenn jemand Hunger hat. Du siehst hungrig aus. Komm, iss das.« Er nahm ein rundes, flaches Pitabrot und schnitt es mit einem Messer auf. Dann füllte er es mit brauner Creme, stopfte kleine Tomaten- und Gurkenstückchen, Salat und anderes Gemüse hinein und schmierte eine grüne Paste darauf. Er gab mir das dicke Pitabrot in einem dünnen Papier.

»Iss das«, befahl er.

Ich war zu hungrig, um lange zu überlegen, und nahm einige große Bissen. Es schmeckte fabelhaft, und ich schlang es herunter, als mich plötzlich eine heiße Welle durchströmte. Mein Gesicht lief dunkelrot an, und ich schnappte nach Luft.

»Das ist sehr scharf«, versuchte ich zu sagen, aber meine Worte ertranken in einem Meer aus Lachen. Alle fünf Männer lachten, bis ihnen die Tränen über die Backen liefen, und klopften einander auf die Schultern.

Als das Lachen leiser wurde, streckte Chaim, der sich immer noch nicht beruhigen konnte, seine beiden Hände aus und hielt mein Gesicht.

»Jetzt weißt du, was israelisches Essen ist«, sagte er, sank wieder in seinen Stuhl zurück und lachte weiter. Moshe grinste, und sogar Doron lächelte auf meine Kosten. Rafi reichte mir ein Pitabrot.

»Hier«, sagte er, »das wird dieses verrückte scharfe Zeug, das die Jemeniten machen, neutralisieren.«

Rafi war ein dünner Mann. Er hatte fast eine Glatze, ein schmales Gesicht, und eine Brille mit dünnem Rahmen saß auf seiner

Nase. Obwohl er wie die anderen lachte, schien er den Witz, den sie sich auf meine Kosten gemacht hatten, nicht gutzuheißen.

»Was ist denn das?«, fragte ich Chaim, während ich weiter nach Luft schnappte.

»Nichts Besonderes, nur ein bisschen Zhug«, sagte er. Uri grinste mich an und fügte hinzu: »Zhug ist eine scharfe Gewürzpaste aus kleinen roten Peperoni, frischem Koriander und Knoblauch. Wer es aushält, kann damit sehr scharfe Mahlzeiten zubereiten.« Uri war ungefähr 40 und fast zwei Meter groß. Moshe erklärte mir, dass Uri als sanfter Riese galt. Er hatte ein Gesicht voller Sommersprossen und rote Haare. Seine beiden Unterarme waren von verschrumpelter, vernarbter Haut bedeckt. Später erfuhr ich, dass er sich Verbrennungen zugezogen hatte, als er sich während des Jom-Kippur-Krieges aus einem brennenden Panzer befreien wollte. Moshe sagte mir, dass Uri nie über seine Verletzungen sprach und auch die chronischen Schmerzen nicht erwähnte, unter denen er jeden Tag litt.

Durch das Pitabrot wurde der brennende Geschmack in meinem Mund und meiner Speiseröhre nach und nach schwächer. Doron gab mir ein Glas kaltes Wasser, das ich dankbar annahm – als Medikament in einer beinahe akuten medizinischen Notfallsituation und als Geschenk des Himmels.

»Ich nehme an, du hast genug von dem Zeug«, sagte Moshe. Ich konnte kaum sprechen und nickte zustimmend. Er verstand mich und reichte mir einen frischen Teller mit Reis, Salat und einem kleinen Stück Fleisch.

»Hier, das ist nicht so scharf. Du kannst mir vertrauen«, sagte er lächelnd.

Ich glaubte ihm und aß.

Schließlich wollte Doron wissen, warum ich nach Israel reiste.

»Du bist kein Jude!« rief er, während er mich misstrauisch musterte.

»Ich will ein paar Freunde besuchen, die ich in Deutschland

kennengelernt habe, und möchte bei der Gelegenheit mehr über das Land erfahren«, antwortete ich. Doron schüttelte mit dem Kopf und sagte etwas auf Hebräisch, was zu einem heftigen Wortwechsel führte.

»Hab ich etwas Falsches gesagt?«, fragte ich Moshe. »Warum sind sie so wütend?« Moshe drehte sich zu mir und erklärte: »Du musst verstehen, dass unsere Geschichte ein Teil unseres Alltags ist. Unsere Kultur und Religion basieren auf Erinnerungen und Respekt für unsere Traditionen und erlittenes Leid. Jedes Jahr an Tisha B'Av betrauern wir die Zerstörung des ersten und zweiten Tempels. Der Feiertag erhielt diesen Namen, weil er am neunten Tag, oder Tisha auf Hebräisch, des jüdischen Monats Av gefeiert wird. An diesem Tag wurden beide Tempel zerstört – der erste 586 v. Chr. von den Babyloniern und der zweite 70 n. Chr. von den Römern. Das ist 2000 Jahre her. Erst vor 40 Jahren wurden Millionen Menschen unseres Volkes Opfer der Schoah.« Er benutzte das hebräische Wort Schoah für den Holocaust; wie ich später erfuhr, ist es der Begriff, den die Israelis meistens verwenden.

»Sie wurden zum Opfer der deutschen Todesmaschine«, fuhr er fort.

»Daran werden wir uns noch für Generationen erinnern, und viele von uns, einschließlich mir, sind immer noch direkt davon betroffen. Das ist eine frische Wunde in der kollektiven Erinnerung unseres Volkes. Ich gebe dir persönlich nicht die Schuld für dieses Verbrechen gegen uns, aber du musst verstehen, dass es für Leute wie Doron und mich schwer ist, mit Deutschen zusammen zu sein.«

»Vielleicht hört es sich naiv an, aber ich will mehr davon verstehen. Es ist schwierig, weil mir als Kind niemand von dem, was geschehen ist, erzählt hat«, sagte ich. »So lange habe ich versucht, selbst etwas zu erfahren, aber es gibt noch so viel zu lernen.«

Kurz überlegte ich, ob ich ihm von meinem Vater und meiner Mutter erzählen sollte, aber ich schob den Gedanken beiseite. Ich befürchtete, dass es dadurch unmöglich werden könnte, irgendwelche Brücken des Verstehens und Vertrauens zu bauen. Rückblickend denke ich, dass es die falsche Strategie war und dass die Versuche, die Vergangenheit meiner Familie zu verbergen, mehr Vertrauen kostete, als ich hätte gewinnen können, wenn ich damit offen gewesen wäre.

Moshe erzählte weiter aus der Geschichte Israels.

»Juden aus Deutschland und Osteuropa und ihre Nachfahren werden als Aschkenasim bezeichnet. Doron und ich sind Aschkenasim. Juden aus den arabischen Ländern und aus dem Mittelmeerraum werden als Sephardim bezeichnet. In Israel hatten die sephardischen Juden zu Beginn viele Schwierigkeiten und gaben den Aschkenasim die Schuld an ihrem Leiden. Die Sephardim verstehen die Wirkung der Schoah auf die Juden, identifizieren sich aber nicht wirklich damit.« In diesem Moment mischten sich Rafi und Chaim fast gleichzeitig in unser Gespräch ein.

»Das ist nicht wahr«, protestierte Chaim.

»Wir wurden auch verfolgt und wir verstehen die unglaublich tiefe Wirkung der Schoah auf unser ganzes Volk. Aber ich kann dir nicht persönlich die Schuld geben, Bernd. Du scheinst ein anderer Deutscher zu sein. Du fährst nach Israel, um zu lernen und zu verstehen. Das respektiere ich und deshalb bin ich bereit, dich zu akzeptieren.« Mich berührten Chaims emotionale Worte, und ich war noch bewegter, als Rafi zustimmend nickte.

Doron, der bisher geschwiegen hatte, sagte darauf:

»Meine Freunde haben recht, du bist anders. Du bist anders, aber du musst verstehen, dass diese Erinnerungen für niemanden von uns vergessen sind. Die Gesichter meiner Eltern erscheinen mir im Traum. Sie rufen meinen Namen. Sie erinnern mich daran, nicht zu vergessen. Du hast einen offenen Geist, und das ist gut. Ich bitte dich, das Holocaust-Museum in Israel zu besuchen. Du wirst lernen und verstehen, was der Holocaust für mich, für uns und vielleicht auch für dich bedeutet. Wir leben in den Zeiten nach der Schoah, und die Nachwirkungen sind überall zu spüren.«

Er muss die Tränen in meinen Augen gesehen haben und sah mich nun sanfter an.

»Komm, lass uns zur Cafeteria gehen. Ich kaufe uns Kaffee und Nachtisch.«

Als wir aufstanden, umarmte er mich wie seinen jüngeren Bruder oder vielleicht gar seinen Sohn. Ich war zutiefst berührt, und von diesem Moment an verbrachte ich die ganze Reise nach Haifa mit diesen Männern. Mir schien, ich begab mich schon in die israelische Gesellschaft, noch bevor ich einen Fuß in das Heilige Land gesetzt hatte.

Bald darauf erreichte die Fähre den griechischen Hafen Piräus, südlich von Athen. Nach dem Anlegen gingen wir für einige Stunden von Bord, um unsere Vorräte aufzufüllen. Ich hielt mich an den Rat von Moshe und kaufte Brot, Käse, Oliven und Wasser von einem lokalen Händler, bevor ich wieder auf das Schiff zurückkehrte.

Während der restlichen Reise verbrachten wir viele Stunden zusammen, spielten Karten und lachten. In der Nacht vor unserer Ankunft in Haifa bemerkte ich die steigende Aufregung bei meinen neuen Freunden. Doron kam auf mich zu.

»Geh heute früh schlafen und stehe schon vor dem Sonnenaufgang auf. Du wirst es nicht bereuen.« Ich wusste nicht, warum, aber ich fragte auch nicht. Ich hatte gelernt, seinen Worten zu vertrauen. Ich kroch in meinen Schlafsack, zog ihn fest zu und schlief fast sofort unter dem dunklen, sternenübersäten Himmel über dem Mittelmeer ein.

Es war noch dunkel, als Doron mich weckte, indem er mich an der Schulter schüttelte. »Steh auf, Bernd. Wir kommen bald in Eretz Israel an.« Er benutzte den biblischen Begriff, der das ganze Land Israel umfasste, einschließlich der Gebiete von Judäa und Samaria, die heute als das Westjordanland und der Gazastreifen bekannt sind. Doron war der festen Überzeugung, dass dieses Land den Juden von Gott gegeben wurde mit der Anweisung, es verantwortlich und weise zu nutzen. Da wusste ich noch nicht, wie emotional aufgeladen der Begriff Eretz Israel für einige Menschen in Israel war. Doch ich sollte es bald erfahren und benutzte den Begriff nur wohlbedacht.

Langsam stand ich auf und genoss die ersten Strahlen der Morgensonne, die den Horizont erleuchteten. Ich war erstaunt, so viele Menschen an Deck zu sehen, bis ich bemerkte, dass sie nicht nur auf den Sonnenaufgang warteten, sondern auf den ersten Blick auf Israel. Als das Heilige Land in Sicht kam, wurden alle still. Am Horizont stieg die Sonne auf, und wir sahen die Bergkette an der Küste mit dem Berg Karmel, der in orangenes Licht getaucht war. Und wir erblickten die Hafenstadt Haifa im Norden Israels, die sich an den Hügeln erstreckte. Der Blick war atemberaubend, und ich sah Tränen in den Augen vieler Menschen, jung und alt, als wir so zusammen an Deck standen. Einige beteten leise mit ihren Gebetsmänteln (Tallit) und den schwarzen Gebetsriemen aus Leder, mit zwei Gebetskapseln, die den Bund zwischen Gott und den Juden enthalten (Tefillin). Die Männer wickelten sich die Gebetsriemen und die eine Gebetskapsel um den schwächeren Arm und banden die andere Gebetskapsel mit den Riemen vor die Stirn. An der Gebetskapsel für den Kopf war außen ein hebräisches Symbol, das zusammen mit dem Buchstaben, den die Knoten der beiden Gebetsriemen bildeten, den ersten Buchstaben des hebräischen Wortes Shaddai bildete, eines der Namen Gottes. Jeder der Männer schien in innigem Gespräch mit Gott zu sein. Ich trat einen Schritt zurück, um ihnen in stiller Bewunderung zuzuschauen. Ich spürte, wie ich mich mit ihrer Hingabe an ihren Schöpfer identifizierte. Schweigend betete ich mit ihnen.

Ich verlor mein Gefühl für Ort und Zeit und wurde von Doron überrascht, der direkt neben mir stand.

»Jedes Mal, wenn ich das Glück hatte, diesen Moment zu erfahren, stelle ich mir vor, wie sich die ersten Einwanderer gefühlt haben müssen, die aus dem von Armut heimgesuchten und durch den Krieg verwüsteten Europa hier ankamen. Ich war einer von ihnen, als ich im April 1948 aus einem Lager für die sogenannten Displaced Persons in Deutschland nach Israel kam. Ich fühlte mich hilfloser und einsamer, als ich es dir jetzt beschreiben kann. Ich war erst 19, aber nachdem ich vier Jahre in Auschwitz gewesen war, fühlte ich mich wie ein alter Mann. Für mich gab es nichts mehr, für das es sich zu leben lohnte, so glaubte ich zumindest. Israel existierte nur in meiner Vorstellung. Als ich im Land meiner Vorfahren ankam, hatte ich keine Familie und wusste nicht, was von mir erwartet wurde.

Noch heute erinnere ich mich, dass es mir wie ein Traum vorkam, als ich Eretz Israel zum ersten Mal sah. Fast musste ich mir selbst in den Arm kneifen, um sicher zu sein, dass ich es endlich geschafft hatte. Es war ein bittersüßer Sieg; ich konnte ihn mit niemandem feiern. Meine Familie gab es nicht mehr. Nach meiner Ankunft wurde ich in ein Kibbuz geschickt, aber meine Zeit dort währte nicht lange. Im Mai 1948 brach der Unabhängigkeitskrieg aus, und ich war einer von vielen Tausend Männern, die sich zusammentaten, um gegen die eindringenden arabischen Armeen zu kämpfen. Wieder wurden viele meiner neuen Freunde getötet, und ich war ein weiteres Mal allein. Viele Schlachten und Kriege folgten, ich habe in fast allen gekämpft. Mir sind nur wenige Freunde geblieben, aber ich fühle mich hier in Eretz Israel zu Hause. Zumindest kann ich der Männer gedenken, die für die Verteidigung des Heiligen Landes gefallen sind.«

Doron erwartete keine Antwort von mir, aber sein Monolog berührte mich sehr. Ich hatte gehört, wie mein Vater das Wort »Ehre« viele Male gebraucht hatte, wenn er über seine Pflicht sprach, für sein Vaterland zu kämpfen. Aber Doron sprach von etwas anderem. Er kämpfte für das Überleben seines Volkes. Mein Vater hatte in einem Eroberungskrieg gekämpft, als Soldat, der die falsche Sache unterstützte. Meine Gefühle der Schuld und Scham konnte ich nur langsam überwinden. Gern hätte ich Doron die Wahrheit über mich erzählt, aber mir war klar, dass ich mich der Geschichte meiner Familie erst selbst stellen musste, bevor ich mit anderen darüber sprechen konnte.

DER ERSTE TAG

Das Schiff erreichte die Bucht von Haifa am frühen Morgen. Am Hafen glühten die Häuser im warmen Orange der Sonne. Der goldene Dom des Bahai-Tempels am Hang des Karmel verstärkte die Reflexion des Sonnenlichts und trug zu diesem überwältigenden Willkommen bei. Moshe, Doron, Uri, Rafi und Chaim standen bei mir und beobachteten meine Reaktion.

»Wenn ich es nicht besser wüsste«, meinte Rafi, »hätte ich beinahe gedacht, dass du Jude bist. Du bist genauso freudig erregt wie alle anderen. Israel wartet auf dich, Bernd. Lerne es kennen. Lerne die Menschen kennen. Es gibt viele Dinge, die dich verwirren werden. Viele Konflikte, die du lösen musst. Lass erst einmal alles auf dich zukommen und beobachte. Mit der Zeit wirst du es besser verstehen.«

»Wartet jemand auf dich?«, fragte Moshe. Er musste meine Nervosität und meinen suchenden Blick bemerkt haben, während die Fähre das Anlegemanöver beendete.

»Ich glaube, er freut sich schon auf eine Sabra«, scherzte Chaim.

»Was ist eine Sabra?«, fragte ich.

»Ah, jetzt haben wir noch Zeit für eine weitere Lektion«, rief Doron.

»Sabra ist ein hebräisches Wort, das von Tzabar stammt, dem Namen einer stachligen Kaktusfeige. Israelis werden oft mit einer dornigen Wüstenpflanze verglichen, mit einem harten Kern, der ein süßes, weicheres Inneres enthält.«

»Besonders die Frauen«, kicherte Chaim.

»Nun? Wartet eine Sabra auf dich oder nicht?«

Ich wurde rot und sagte nichts, aber es war zu spät. Sie alle spürten, dass sie auf der richtigen Fährte waren.

»Also, wer ist sie?«, fragte Rafi. »Wo hast du sie getroffen?«, fügte Moshe hinzu. Und Chaim murmelte: »Sie muss dich wirklich mögen. Aber für einen Nicht-Juden oder Gojim bist du ganz in Ordnung.«

Ich war nicht darauf vorbereitet, diesen Ansturm von Fragen zu beantworten, der von meinen neuen Freunden auf mich einprasselte. Schon bald wusste ich, dass dieses Bestehen auf Offenheit für den israelischen Charakter typisch war. Endlich legte die Fähre an. Die riesigen Tore öffneten sich und ließen Pkws, Lkws und Passagiere hinaus. Zusammen wurden wir aus dem Bauch des großen Wales gespült, und bevor ich es bemerkte, stand ich auf dem Boden Eretz Israels. Endlich war ich angekommen.

Während ich zur Passkontrolle vorwärtsgeschoben wurde, versuchte ich, bei meinen neuen Freunden zu bleiben. Ohne sie fühlte ich mich verloren und überwältigt von der Kakofonie der Stimmen mit kehlig klingenden Lauten. Es war ein kontrolliertes Chaos. Im Hebräischen benutzt man das Wort tohu vabohu, um eine Verwirrung zu beschreiben, die so groß ist, dass ein göttliches Eingreifen notwendig ist. Glücklicherweise mussten wir nicht auf ein Eingreifen von oben warten. Stattdessen brachten einige bullige und verschwitzte israelische Grenzbeamte die Situation unter Kontrolle, und bevor ich wusste, was los war, stand ich schon vor dem Schalter zur Passkontrolle. Der Beamte war im mittleren Alter, offensichtlich sephardischer Herkunft. Seine dunklen, lockigen Haare waren ziemlich kurz geschnitten, bildeten aber immer noch Wellen auf seinem Kopf. Eine Zigarette ohne Filter hing aus seinem Mundwinkel, und ein Stück Asche fiel auf den Tisch, als er einen Pass abstempelte. Er rief Kommandos in kehligem Hebräisch und verbarg nicht seinen Frust darüber, dass er schon so früh am Morgen den Schalter besetzen musste. Als ich an der Reihe war, gab ich ihm schüchtern meinen grünen deutschen Reisepass und erwartete einen Schwall von Flüchen und Schimpfworten oder zumindest eine unfreundliche Bemerkung. Aber stattdessen stellte er sein Glas mit Kaffee, das er in der Hand hielt, auf den Tisch und sah mich mit einem breiten Lächeln an.

»Du bist Deutscher! Die wissen wirklich, wie man Fußball spielt. Ich schau so gerne zu, wenn sie spielen.« Er überschüttete mich mit Lobgesängen auf den deutschen Fußball, schaute kurz in meinen Pass, öffnete eine leere Seite und stempelte ihn mit einem Visum ab. Dann nahm er meine Hand und schüttelte sie.

»Mein Name ist Yossi, willkommen in Israel.« Gelinde gesagt war ich überrascht über diesen Ausbruch von Gastfreundschaft. Moshe und Doron waren unterdessen zu mir gekommen und hatten die Begegnung mit angesehen.

»Nun weißt du«, meinte Moshe, »dass wir verrückt sind. In einem Moment sind wir arrogant und unerträglich, und im anderen liebenswert und herzlich. Da soll mal einer schlau draus werden!«

Er hatte recht, denn nur Sekunden später, als Moshe an der Reihe war, hatte sich der lächelnde Yossi in einen wild dreinblickenden, fluchenden Wüterich verwandelt.

Hinter dem Schalter zur Passkontrolle öffnete sich automatisch eine dicke Eisentür und entließ mich in den Wartebereich. Plötzlich wurde ich umarmt und mit Küssen überhäuft. Es dauerte einige Sekunden, bis ich verstand, dass Vered mich gefunden hatte.

»Endlich bist du hier. Du hast wirklich dein Versprechen gehalten«, rief sie und drückte mich fest. Sie war so wunderschön, ihre blauen Augen strahlten vor Freude, ihr sommersprossiges Gesicht lächelte und wurde von den langen blonden Haaren umflossen. Wir schauten einander in die Augen und wussten beide nicht so recht, was wir als Nächstes sagen oder tun sollten. Ich küsste sie auf die Stirn.

»Schalom«, sagte ich, »ich bin so froh, hier zu sein. Du kannst dir gar nicht vorstellen, wie viel es mir bedeutet.«

Sie nahm meine Hand und zog mich vom Ausgang weg.

»Hast du Gepäck?«, fragte sie.

»Nur meinen Rucksack«, antwortete ich.

»Dann lass uns nach Hause gehen. Ich will dir so viel zeigen.«

»Nein, warte«, bat ich, »ich muss mich erst noch von meinen Freunden verabschieden.« Ich drehte mich um und sah, wie meine fünf Freunde zum Parkplatz gingen, umringt von Frauen und Kindern.

»Danke für alles, meine Freunde«, rief ich. Doron und Moshe hörten mich, drehten sich um und winkten.

»Schalom, mein Freund«, rief Doron. »Ich werde dich vermissen.«

Ich habe sie nie mehr wiedergesehen, diese weisen Männer, die so viel mit mir geteilt und mich ins Heilige Land geführt hatten. Damals blieb keine Zeit für Wehmut, aber ich denke noch heute mit großer Zuneigung an sie. Vered übernahm die Kontrolle und zog mich mit, um ein Taxi zu bekommen.

»Wohin fahren wir?«, fragte ich.

»Ich bringe dich zu mir nach Hause, damit du meine Mutter kennenlernst«, antwortete sie.

An der Zufahrt zum Hafen hielt sie einen großen Mercedes an, in dem schon einige Mitfahrer saßen.

»Komm«, forderte sie mich auf, »lass uns in das Sherut steigen.«

Ich zögerte, weil in dem Taxi schon Leute saßen, aber Vered war bereits eingestiegen.

Schnell lernte ich, dass ein Sherut, das nach dem hebräischen Wort für »Service« benannt ist, ein Gemeinschaftstaxi bezeichnet, das feste Routen fährt und überall auf dem Weg Leute mitnimmt.

Schnell überwand ich das unangenehme Gefühl, mit mehreren

Leuten in ein Auto gequetscht zu werden – dass einer dieser Menschen Vered war, machte es mir leichter. Sie hielt meine Hand und strahlte voller Freude.

»Sieh aus dem Fenster und schau dir meine Stadt an«, forderte sie mich auf. »Ist sie nicht wunderschön, Bernd?«

Das Sherut folgte einer mäandernden Straße, die sich den Berg Karmel hinaufwand. Von dort hatte man einen atemberaubenden Blick auf die Stadt und den großen beeindruckenden Hafen.

»Sieh mal! Das ist das Hotel, in dem Sadat bei seinem Besuch in Haifa vor einem Monat übernachtet hat.«

Vered sprach über den Aufenthalt des ägyptischen Präsidenten Anwar Al-Sadat in Haifa während seines dritten und letzten Besuchs in Israel. Er und der israelische Premierminister Menachem Begin hatten versucht, ihre Differenzen in Bezug auf verschiedene Themen auszuräumen. Doch vor allem wollten sie zeigen, dass das Friedensabkommen, das im März 1979 unterzeichnet worden war, immer noch galt und von beiden Seiten umgesetzt wurde. Leider musste Sadat für seine mutigen Friedensbemühungen einen hohen Preis zahlen: Er wurde am 6. Oktober 1981 von islamischen Extremisten ermordet.

Das Sherut fuhr durch verschiedene Stadtteile mit Straßenhändlern. Laute orientalische Musik drang aus kleinen Läden, die in alten Gebäuden untergebracht waren. Sofort spürte ich eine Verbundenheit mit diesem vibrierenden Leben.

»Wie gefällt es dir?«, fragte Vered.

»Ich fühle mich wie zu Hause«, sagte ich nur. Sie wandte sich überrascht zu mir und lächelte.

»Wie kann dir dieses Chaos gefallen? Selbst mir fällt es schwer, damit zurechtzukommen.«

»Ich weiß nicht, aber irgendetwas hier kommt mir sehr bekannt vor«, erwiderte ich.

Das Sherut hielt an und ließ einige Mitfahrer aussteigen; Vered bat den Fahrer, an einer nahe gelegenen Straßenecke anzuhalten.

»Wir sind da«, sagte sie, »hier wohne ich.« Sie deutete auf ein zweigeschossiges Doppelhaus mit einem kleinen Weg zum Eingang, der hinter einer Steinmauer verborgen war. Als sie an die Tür klopfte, hörte ich eine Frauenstimme rufen:

»Rak rega, einen Moment«, und kurz darauf wurde die Tür von einer kleinen, aber beeindruckenden Frau mit dunkelblonden Haaren und einem breiten Lächeln geöffnet.

»Da bist du ja, motek, meine Kleine«, sagte ihre Mutter und umarmte und küsste Vered.

»Ima, Mutter, schau! Er ist endlich da.«

Die Frau wandte sich zu mir und sprach in holprigem Deutsch.

»Schalom, mein Name ist Bracha. Vor langer Zeit habe ich Deutsch gelernt, habe es aber seit meiner Kindheit nicht mehr gesprochen. Bitte, komm herein und fühl dich wie zu Hause. Wir haben etwas Platz gemacht, damit du hier bei uns wohnen kannst.«

Diese Gastfreundschaft hatte ich nicht erwartet; ich zögerte, das Angebot anzunehmen. Bracha schien mein Zögern zu bemerken und schob mich sanft in eine kleine Wohnung mit einem Schlafzimmer und einem spärlich möblierten Wohnzimmer. Ihr großherziges Willkommen und ihre Gastfreundschaft berührten mich.

»Hier ist dein Zimmer«, sagte Bracha. Sie nahm mich an der Hand und führte mich durch die kleine Küche. In der Ecke war ein kleiner Lagerraum, der in ein Zimmer umgewandelt worden war, in das nur ein Bett und ein Nachttisch hineinpassten. Die Wand war mit Fotos von Vered mit Freunden und Familie bedeckt.

»Das ist mein Zimmer«, sagte Vered, »und solange du bei uns bleibst, wird es dein Zimmer sein.«

»Und wo schläfst du?«, fragte ich überrascht.

»Mach dir keine Sorgen, ich werde im Schlafzimmer meiner Mutter schlafen, und sie schläft auf der Couch.«

Mich bewegten ihre aufrichtigen Anstrengungen, es mir trotz der kleinen Wohnung so angenehm wie möglich zu machen.

»Du musst hungrig sein«, sagte Bracha. »Setz dich an den Tisch, ich habe etwas zu essen für dich vorbereitet.«

Nach wenigen Minuten war der Tisch mit dampfenden Suppenschüsseln, gegrilltem Fleisch, Hummus und Tahini, Dips aus Kichererbsen und Sesammus gefüllt. Es gab außerdem frisches Brot, borekas (Teigtaschen gefüllt mit Käse, Spinat oder Pilzen), Pitabrot, Datteln, Käse und frisches Obst. Nach der langen Reise war ich hungrig und genoss das einfache und leckere Essen.

»Wie lange kannst du bleiben?«, fragte Vered.

»Genau eine Woche«, sagte ich. »Dann muss ich wieder zurück sein für mein Studium.« In ihrem Gesicht spiegelte sich Enttäuschung, aber sie erholte sich schnell wieder davon.

»Ich will dir so viel zeigen, und wir haben nur wenig Zeit. Lass uns heute früh schlafen gehen. Morgen fahren wir dann nach Tel Aviv und Haifa. Ich muss auch zurück zum Armeestützpunkt und möchte ihn dir gern zeigen.«

»Ich wusste nicht, dass du bei der Armee bist. Seit wann denn?«

»In Israel muss jeder zur Armee; ich wurde gemustert, nachdem ich vor drei Monaten die Highschool abgeschlossen hatte. Die Reise nach Deutschland war die letzte freie Zeit vor der Armee. Vor Kurzem habe ich die Grundausbildung für Mädchen beendet und wurde der Einheit Nahal in der Arava-Wüste zugeteilt.«

Sie konnte meine Frage über die Nahal voraussehen.

»Nahal ist eine hebräische Abkürzung für Noar Halutzi Lohem und bedeutet wörtlich ›Kämpfende Pionierjugend‹. Das ist eine spezielle Einheit der Armee, die den Militärdienst mit einer bestimmten Form von Zivildienst verbindet, wie die Arbeit für soziale Projekte in Stadtteilen mit sozialen Schwierigkeiten. Die Mitglieder dieser Einheit fungieren als Berater für Jugendorganisationen oder gründen und kultivieren neue landwirtschaftliche Siedlungen. Ich habe mich dafür entschieden, in einem Kibbuz in der Arava-Wüste im Süden, in der Nähe von Eilat, zu arbeiten. Es ist toll dort. Wir sind eine kleine Gruppe von Siedlern, und ich habe das Gefühl, dass ich eine Pionierin bin. Ich werde dich dorthin mitnehmen, und du wirst sehen und spüren, was ich meine. Für die nächsten Tage hat mir mein Offizier die Erlaubnis gegeben, meine Eltern zu besuchen und etwas Zeit mit dir zu verbringen.«

Ihre Aufregung und ihr Enthusiasmus waren offensichtlich, aber es fiel mir dennoch schwer, sie mir als Soldatin vorzustellen.

Bracha unterbrach sie.

»Vered ist mein einziges Kind, und glaub mir, ich mache mir große Sorgen, dass sie mit all diesen Männern in dem Kibbuz ist. Es ist ein neues Kibbuz, direkt an der jordanischen Grenze. Sie bewachen die Grenze in der Wüste gegen das Eindringen palästinensischer Terroristen, die aus Jordanien kommen.«

»Komm schon, Ima. Es ist nicht so gefährlich. Es ist eine ruhige Grenze, und in den letzten paar Jahren ist da nie etwas passiert. Wir bauen eine Gemeinschaft auf und kultivieren neues Ackerland. Das ist aufregend und macht Spaß.«

Bracha verdrehte die Augen.

»Ja, auch ich war einmal eine idealistische Zionistin. Aber im Laufe der Jahre habe ich gelernt, dass man allein vom Idealismus nicht leben kann.« Sie drehte sich zu mir.

»Ich war erst 16 Jahre alt, als ich aus Rumänien nach Israel kam, und habe die ersten Jahre und Kämpfe unseres Staates erlebt. Ich habe jung geheiratet, und wir sind hierher nach Haifa gezogen. In diesen Jahren war alles so schwierig. Es war schwer, Arbeit und einen Ort zum Leben zu finden, und manchmal hatten wir nichts mehr zu essen. Als Vered geboren wurde, war ich endlich glücklich und dachte, jetzt würde sich alles zum Guten wenden. Aber dann brach im Juni 1967 der Sechs-Tage-Krieg aus, und Vereds Vater blieb nach den Kämpfen um die Golanhöhen vermisst. Wir haben nie erfahren, was mit ihm geschehen ist. Entweder ist er gefallen, und man hat seine Leiche nie gefunden, oder er geriet in syrische Gefangenschaft und verschwand in einem Gefängnis.« Ihr Gesicht zeigte den Schmerz, den sie immer noch fühlte. Ihr kamen die Tränen, und Vered umarmte sie.

»Es ist gut, Ima. Ich bin da.«

»Oh, Vered, ich bin so stolz, dass du in der Armee bist, aber ich habe Angst, auch dich noch zu verlieren.«

Ich wusste nicht, was ich tun sollte. Ich gehörte nicht zur Familie, aber ihre Mutter teilte offen ihre Gefühle mit mir. Wie anders als in meiner Familie, dachte ich, wo Emotionen versteckt werden mussten und nie über Gefühle gesprochen wurde. Ich sah, wie sich Bracha und Vered umarmten und küssten in einer so tiefen Verbundenheit, wie ich sie nie erlebt hatte.

Bracha wandte sich zu mir und wischte die Tränen aus ihren Augen.

»Es tut mir leid. Du bist unser Gast, und ich weine, statt dich zu unterhalten. Erzähl mir von dir, Bernd. Woher kommen deine Eltern? Wie haben sie den Krieg überlebt?«

Das war die Frage, vor der ich mich am meisten gefürchtet hatte. Ich fühlte Scham davor, über mein Leben zu erzählen, und war noch nicht in der Lage, die Wahrheit zu sagen. Diese Scham brachte mich dazu, meine Gefühle zu verbergen, und hielt mich davon ab, gegenüber anderen ehrlich zu sein.

Vered rettete mich.

»Ima, ich hab es dir doch schon erzählt. Bernd ist kein Jude, er ist ein Freund Israels und will mehr über uns erfahren.«

»Du bist hier, um etwas über uns Juden zu erfahren? Was denken deine Eltern darüber?«

Wieder hatte ich keine Antwort. Sollte ich ihr die Wahrheit über meinen Vater erzählen? Ihr erklären, warum ich nach Antworten suchte? Was würde sie denken, wenn ich ihr alles über meinen Vater und seine Vergangenheit erzählte?

Ich tat mein Bestes.

»Bracha, ehrlich gesagt, weiß ich nicht so genau, warum ich hier bin. Ich habe einfach das Gefühl, dass ich es tun muss. Meine Eltern unterstützen nicht, was ich tue, aber es ist mir egal. Ich bin glücklich, hier zu sein, und ich fühle mich geehrt, Ihr Gast zu sein.«

Das schien akzeptabel, obwohl ich ihr nur ein Körnchen der Wahrheit preisgegeben hatte. Bracha kam näher und küsste mich auf die Stirn.

»Du hast ein gutes Herz. Wir werden uns um dich kümmern. Mach dir keine Sorgen.«

In diesem Moment war ich optimistisch, dass man mich danach beurteilen würde, wer ich war, und nicht nach dem Schatten meines Vaters, der über mir lag.

Vered nahm meinen Arm und zog mich von ihrer Mutter weg.

»Geh jetzt schlafen, Bernd. Morgen wird ein langer Tag. Leila tov, gute Nacht, mein Freund«, und sie küsste mich auf die Wange.

DER ZWEITE TAG

Es war noch früher Morgen, als Vered mich aufweckte.

»Steh auf, mein Freund. Wir müssen bald aufbrechen.«

Ich musste wohl mindestens zehn Stunden geschlafen haben, trotzdem war ich von der langen Reise immer noch etwas müde. Doch jetzt galt es aufzustehen und meinen ersten kompletten Tag in diesem aufregenden Land zu beginnen. Nachdem ich mich rasiert und geduscht hatte, genoss ich den starken Kaffee, den Bracha für mich aufgebrüht hatte.

Vered rief mich schon von der Tür.

»Verschwende deine kostbare Zeit nicht mit Frühstücken. Wir essen unterwegs etwas. Beeil dich, wir müssen den Bus erreichen.«

»Wohin fahren wir?«, fragte ich.

»Das sage ich dir später. Komm einfach.«

Bracha gab mir eingepackte Sandwiches und umarmte mich.

»Pass auf sie auf, sie ist die Sonne meines Lebens.«

Bevor ich antworten konnte, hatte Vered mich schon aus der Tür gezogen.

»Keine Sorge, Ima. Mir passiert nichts, und wir werden bald zurück sein.«

Wir rannten zur Bushaltestelle und kamen gerade noch rechtzeitig für den Bus zum zentralen Busbahnhof in Haifa.

»Wohin fahren wir?«, fragte ich, als der Bus losfuhr.

»Nach Tel Aviv und von dort nach Jerusalem. Ich will dir so viele verschiedene Orte zeigen, aber wir haben nur wenig Zeit. Lass uns das Beste daraus machen.«

Auf dem Weg kamen wir durch einige Dörfer, die Vered mit Namen kannte.

»Das sind arabische Dörfer. Also israelisch-arabische Dörfer. Wusstest du, dass fast 20 Prozent der israelischen Bevölkerung palästinensische Araber sind?«

»Hast du schon mal eines dieser Dörfer besucht?«

Sie drehte sich mit einem überraschten Lächeln zu mir.

»Nein, als Frau fühle ich mich nicht sicher genug, dorthin zu gehen. Besonders jetzt, da ich in der Armee bin, kann ich mich dort nicht blicken lassen.«

»Warum nicht?«

»Aus Sicherheitsgründen. Sie können dich entführen oder festhalten oder so. Ich möchte wirklich nicht darüber sprechen.«

Ich war neugierig und verwirrt, weil ich ihre ambivalente Haltung gegenüber Arabern bemerkt hatte und herausfinden wollte, was dahintersteckte.

»Was denken Israelis über die palästinensischen Araber, mit denen sie zusammenleben?«

Sie runzelte die Stirn und zögerte einige Sekunden.

»Weißt du, Bernd, ich bin hier geboren. Dies ist mein Land, und ich liebe es. In meinem kurzen Leben habe ich zwei Kriege erlebt, und mein Onkel wurde im letzten schwer verletzt.«

»Du meinst den Krieg, den ihr den Jom-Kippur-Krieg nennt. Daran kann ich mich auch erinnern.«

»Ja, der letzte war am schlimmsten. Die Araber haben uns an unserem heiligsten Tag angegriffen, am Versöhnungstag, wo alle in der Synagoge oder zu Hause feiern. Auf den Golanhöhen und im Sinai wurden unsere Truppen beinahe überrannt, aber trotz der verschwindend geringen Chancen haben sie die Stellungen gehalten. Und weißt du, ich erinnere mich daran, dass in dieser Zeit, als Syrien und Ägypten angriffen, Araber in Haifa gefeiert haben. Ich hatte immer gedacht, dass sie dankbar dafür sind, in Israel leben zu können. Im Nahen Osten gibt es keine andere Demokratie. Sie können hier wählen, sie können sich für politische Ämter bewerben und sie können sogar Repräsentanten in unser Parlament, die Knesset, wählen. Ihre Kinder, so wie Chalid, den du in Deutschland getroffen hast, gehen zur Schule und auf die Universität. Sie sollten darüber froh sein, aber ich habe den Eindruck, sie warten nur auf den richtigen Moment, um uns hinterrücks zu überfallen. Deshalb habe ich tatsächlich ein Problem damit, in ihre Dörfer zu gehen.«

»Aber warum hast du dann bei dem Friedenstreffen in Deutschland mitgemacht?«

»Weil ich das Gefühl hatte, dass es eine gute Sache ist, wenn wir mehr voneinander erfahren. Das will ich auch weiterhin, aber ich bin mir nicht sicher, wie es weitergehen wird.«

Sie drehte sich zu mir, und ich bemerkte, dass ihr Gesicht rot angelaufen war.

»Höre mir gut zu, ich tue mein Bestes, sie zu verstehen. Ich habe in der Schule Arabisch gelernt, in meiner Klasse waren palästinensische Schüler, ich habe an dem Friedenstreffen in Deutschland teilgenommen und wirklich versucht, sie zu verstehen. Aber ich habe immer das Gefühl, dass sie uns nicht verstehen wollen. Für sie ist es immer die gleiche Geschichte: Wir besetzen ihr Land. Wir töten ihre Brüder und Schwestern in den besetzten Gebieten.

Wir diskriminieren sie, und sie fühlen sich als Bürger zweiter Klasse. Ich habe den Eindruck, dass sie uns gar nicht kennenlernen wollen.«

Nach einer kurzen Pause fuhr sie fort.

»Ich war so glücklich und voller Hoffnung, als Sadat im November 1977 nach Israel kam und den Frieden anbot. Aber davon ist uns nur ein Stück Papier mit Unterschriften geblieben. Wir müssen Frieden schließen und lernen, miteinander zu leben. Aber es ist so schwer, und manchmal bin ich müde von den vielen gescheiterten Versuchen.« Sie sank in ihren Sitz zurück und schien wütend.

Ich dachte nach über das, was sie gesagt hatte. Die Kriege zwischen Israel und seinen arabischen Nachbarn hatten so viele Leben gekostet. Viele Familien hatten so viel Leid und Schmerz erfahren. Dann erinnerte ich mich an die Sätze aus der Rede von Anwar El-Sadat vor der Knesset an jenem historischen Tag, dem 20. November 1977: »Jedes Leben, das in einem Krieg ausgelöscht wird, ist ein Menschenleben, egal ob es ein Araber oder ein Israeli ist. Eine Frau, die zur Witwe wird, ist ein Mensch, der ein Recht auf eine glückliche Familie hat, egal ob sie Araberin oder Israeli ist.« Vered und andere Israelis teilten dieses Verlangen nach gegenseitigem Respekt und die Anerkennung des Lebensrechts für beide Seiten. Trotzdem schien der Weg zum Frieden lang und schwer zu sein. So viele Hindernisse standen im Weg, jedes davon schier unüberwindbar. Es schien den Versuch wert zu sein, aber wer war ich, das von meinen Gastgebern zu erwarten?

Meine Gedanken wurden unterbrochen, als der Bus in den zentralen Busbahnhof von Tel Aviv einfuhr. Als wir ausstiegen, waren wir plötzlich von Hunderten Menschen umgeben, die zu anderen Bussen eilten, darunter auch Soldaten, die ihre M16-Maschinengewehre oder Galil-Sturmgewehre trugen; sie fuhren zu ihren Armeestützpunkten oder waren von dort auf dem Weg nach Hause. Die Luft war mit den Auspuffgasen der Dieselmotoren erfüllt, und ein Inferno aus Hitze und Gerüchen stieg von dem heißen Asphalt auf. Meine Sinne wurden von lauter orientalischer Musik überschwemmt, die aus den kleinen Plattenläden kam, die den Busbahnhof umgaben. Ich fühlte mich vollkommen verloren und war froh, dass Vered mich an der Hand durch dieses Chaos führte.

»Bist du hungrig?« Bevor ich antworten konnte, hatte sie an einem der vielen Falafelstände angehalten, wo sie für uns Falafel im Pitabrot erstand.

»Nimm eins«, sagte sie; bevor ich antworten konnte, gab sie mir ein rundes Brot. »Du musst es mit dem Salat füllen.« Sie zeigte auf Dutzende Schalen voller farbiger Salate und Gemüsesorten. Da ich zögerte, füllte sie mein Pitabrot mit so vielen Zutaten, dass es einem kleinen Fußball glich.

»Was heißt Falafel?«

»Es kommt von dem arabischen Wort filfil, das heißt Pfeffer. Wir haben es in die hebräische Sprache übernommen.«

Wie ironisch, dachte ich: Die Juden übernehmen arabische Wörter und ihre Küche, aber die beiden Völker bleiben sich fremd. Das sollte eine wiederkehrende Erfahrung werden. Noch heute frage ich mich, warum beide Völker so weit voneinander entfernt sind, obwohl sie so viel gemeinsam haben.

Vered und ich hatten schnell unser Falafel aufgegessen und liefen zu einem Bus, der von Egged betrieben wurde, der größten Busgesellschaft in Israel. Der Bus nach Jerusalem war schon mit Passagieren gefüllt, die das gesamte Spektrum der israelischen Gesellschaft zu repräsentieren schienen: religiöse Juden mit schwarzen Anzügen und Hüten, arabische Frauen mit farbenfrohen Kopftüchern und Schals und junge, attraktive israelische Frauen mit engen Jeans und noch engeren T-Shirts. Mein offensichtliches Gefallen an ihnen quittierte Vered mit einem Lächeln.

»Dir scheinen die Aussichten in Israel zu gefallen. Schon bald wirst du mich nicht mehr brauchen, um dir den Weg zu zeigen.«

Sie hatte mich ertappt.

»Nein, nein. Ich hab einfach geschaut. Ich meine, ich wollte nicht absichtlich hinschauen.«

Sie war sichtlich erfreut über meine Verlegenheit.

»Komm. Das ist Israel. Halt dich nicht zurück; hab Spaß. Ich mach ja nur einen Witz.«

Jenseits dieser Scherze war ich mir nicht sicher, was ich von unserer Beziehung erwarten sollte. Ich war hin- und hergerissen zwischen der starken Anziehung, die ich zu ihr spürte, und dem Wissen, dass ich mich schon bald wieder von diesem attraktiven Mädchen trennen musste, das sicher nicht lang allein bleiben würde. Ich zwang mich, diese Gedanken zu vertreiben, und versuchte, so intensiv wie möglich das Land zu erfahren, nach dem ich mich so sehr gesehnt hatte.

Der Bus reihte sich in den Verkehr auf der Fernstraße ein, die aus dem überfüllten Tel Aviv wegführte. Der Fahrer hatte offensichtlich Erfahrung, allerdings schien mir sein Fahrstil eher für das Steuern von Panzern und nicht so sehr für den zivilen Verkehr geeignet zu sein. Er beschleunigte abrupt und trat ebenso unvermittelt auf die Bremse, als wären keine Passagiere an Bord. Aber niemanden schien es zu stören, und auch ich gewöhnte mich mit der Zeit daran.

Auf der Straße nach Jerusalem kamen wir durch die Vororte von Tel Aviv, passierten den Internationalen Flughafen und fuhren dann langsam die Berghänge hinauf, auf denen Jerusalem errichtet wurde. Ich bemerkte die Metallskelette verschiedener Fahrzeuge, die immer wieder am Straßenrand standen.

»Was ist das?«, fragte ich Vered.

»Das sind Überbleibsel des Unabhängigkeitskrieges. Einen Tag, nachdem Ben Gurion am 14. Mai 1948 die Unabhängigkeit Israels erklärt hatte, griffen die Armeen von Ägypten, Syrien, Jordanien, Irak, Saudi-Arabien und Libanon an. Die Angreifer waren in der Überzahl und besaßen moderne Waffen. Aber gegen jede Wahrscheinlichkeit konnten wir den Krieg gewinnen. Hier fand die blutige Schlacht von Latrun statt, bei der um den Zugang zu Jerusalem gekämpft wurde. Wir wollen die Erinnerung an die tapferen Männer und Frauen lebendig halten, die damals ihr Leben verloren haben. Die Jeeps und Panzer, die auf dem Schlachtfeld zurückblieben, werden als ständige Erinnerung an ihr Opfer bewahrt.«

Bevor ich etwas sagen konnte, deutete sie auf große burgähnliche Gebäude auf einem hügeligen Bergrücken, der von Weinbergen umgeben war.

»Schau, das ist das Kloster Latrun. Ist es nicht schön?«

»Was genau ist es? Und wer hat es erbaut?«

»Soweit ich weiß, wurde es von französischen Mönchen auf den Ruinen einer alten Kreuzfahrerburg erbaut. Sie produzieren dort hervorragenden Wein und Käse. Der Ort hat auch in der jüdischen Geschichte eine große Bedeutung. Hier liegt das Ayalon-Tal, wo nach der Bibel Joshua die Amoriter besiegte. Es war auch der Schauplatz vieler Schlachten während der Kreuzzüge und eben auch der Kämpfe im Unabhängigkeitskrieg 1948. Das Fort Latrun wurde von der britischen Armee als Polizeistation erbaut und von den Jordaniern eingenommen, bis wir es im Sechs-Tage-Krieg 1967 wieder zurückerobern konnten. Heute ist es ein Militärmuseum, und es werden dort Soldaten vereidigt und ausgezeichnet. Übrigens liegt gleich daneben auf dem Hügel das Dorf Neve Shalom. Erinnerst du dich? Das ist der Grund, warum ich nach Deutschland kam. Das Dorf wurde von Bruno Hussar gegründet, einem Juden, der zum Christentum konvertierte und glaubt, dass Juden und Muslime nur dann Frieden finden, wenn sie lernen, miteinander zusammenzuleben.«

»Was heißt Neve Shalom«, fragte ich.

»Wörtlich übersetzt, heißt es: ›Oase des Friedens‹. Bruno hat zusammen mit Elias, den du in Deutschland getroffen hast, diese Reisen nach Deutschland initiiert, wobei junge Juden und Araber einander ihre eigene Kultur nahebringen können.«

»Glaubst du, dass das möglich ist?«, fragte ich sie direkt.

Sie schaute aus dem Fenster und zuckte mit den Schultern.

»Ich weiß nicht. Manchmal möchte ich daran glauben, aber ich werde wütend, wenn ich von Terrorangriffen und wahllosen Morden an Juden höre. Ich bin mit israelischen Arabern in die Schule gegangen und würde gern glauben, dass sie anders sind. Wer weiß?«

Ihr kurzer Vortrag enthielt viel Gewalt und Krieg, aber auch Hoffnung. Was mir merkwürdig auffiel, war ihr unbeteiligter Ton bei der Beschreibung der Ereignisse, die mit diesem Landstrich verbunden waren.

»Denkst du manchmal an all die Menschen, die hier umgekommen sind?«, fragte ich.

»Oh, ja, das tue ich. Einer meiner Verwandten ist hier während des Unabhängigkeitskrieges gefallen. Aber so ist das Leben in Israel. Wir müssen hier nicht nur für unsere Freiheit, sondern auch für unser Überleben kämpfen.«

Das hörte sich genauso an wie die Geschichten, die mein Vater über die Kriege erzählte, in denen er, sein Vater und seine Großväter für Deutschland gekämpft hatten. Ich erinnerte mich daran, dass er einmal die ganze Familie auf eine Reise nach Frankreich mitnahm – nicht um Paris oder die sonnigen Strände der Côte d'Azur zu besuchen, sondern die Schlachtfelder von Verdun, dem Ort der längsten und blutigsten Kämpfe des Ersten Weltkriegs. Trotz des Schlachtens auf beiden Seiten und den Millionen von Opfern konnte keine Armee auf Dauer einen taktischen oder strategischen Vorteil erzielen. Mitten auf den ehemaligen Schlachtfeldern erinnerten nur noch die verstreuten Steindenkmäler, auf denen Tausende Namen eingraviert waren, als stille Mahnung an das Blutbad. Die Schreie der Verwundeten wurden vom Wind hinweggetragen, und die Erde mit den vielen Hundert Massengräbern ist heute fruchtbares Ackerland.

Mein Vater hatte damals an jedem Denkmal angehalten, nach einem Namen gesucht und schließlich gefunden, wonach er Ausschau gehalten hatte. Noch heute erinnere ich mich an seinen schmerzverzerrten Gesichtsausdruck, als er den eingravierten Namen vorsichtig berührte. Er nahm meine Hand und zog mich zu dem Denkmal. Mit zitternder Stimme sprach er langsam den Namen aus: »Oberleutnant Günther Wollschläger«. Das war der Name des Onkels meines Vaters, er fiel am 22. Februar 1916, als er seine Soldaten in den Kampf führte. Mein Vater sagte, dass er zuletzt mit erhobenem Bajonett gesehen wurde, als er aus dem Schützengraben hervorsprang und seine Männer dazu aufrief, ihm zu folgen. Er war der Erste, der in einem Kugelhagel starb.

Die Augen meines Vaters füllten sich mit Tränen, und er schwieg. Nie hatte ich ihn so emotional gesehen und ich wollte ihn umarmen und trösten. Er stieß mich aber von sich und sah mich wütend an.

»Hör mir zu«, zischte er, »Kriege müssen gekämpft werden, und Männer müssen für die Ehre ihres Landes ihr Leben lassen. Aber heute respektiert das keiner mehr. Niemand versteht es. Ich war Soldat und Offizier; ich war bereit, mich zu opfern. Heute wünsche ich, dass es mir gelungen wäre.«

Dieser Ausbruch von Wut und Frustration verletzte mich, aber ich war zu jung, um zu verstehen, was ihn dazu bewegte. Doch ich verstand, dass ich keinen Vater hätte, wenn er gefallen wäre. Mein Vater, so dachte ich, zog es also vor, für sein Land im Kampf zu sterben, anstatt sich um seinen einzigen Sohn zu kümmern. Diese Erfahrung hatte den ersten Riss in meiner Beziehung zu ihm gesetzt. Und ich hatte mir geschworen, nie so zu werden wie er: zu kämpfen und darauf zu hoffen, für etwas zu sterben.

»Träumst du?« Vered schüttelte mich an der Schulter.

»Nein, nein«, log ich und gewann meine Fassung wieder.

»Komm, lass uns nicht so viel über die Vergangenheit nachdenken. Wir sind gleich in Jerusalem. Lass uns Spaß haben.«

Jerusalem, die magische Stadt, war fast in Sicht. Plötzlich sah ich ein Schild, das die Abfahrt nach Abu Gosh anzeigte, jenem arabischen Dorf, in dem mein neuer Freund Chalid lebte.

»Sollen wir hier aussteigen und Chalid besuchen?«, fragte ich begeistert.

Sie sah mich an, als wäre ich verrückt geworden.

»Das möchte ich wirklich nicht. Habe ich dir nicht schon gesagt, dass ich mich als Frau in der Nähe dieser arabischen Männer nicht sicher fühle?«

»Aber du hast mir auch gesagt, dass du versucht hast, die Araber zu verstehen, um in Frieden mit ihnen zu leben.«

»Mit ihnen in eine Schule zu gehen und sie in ihrem Dorf zu besuchen sind zwei ganz verschiedene Dinge«, erwiderte sie verärgert. »Du kannst ihn besuchen und von mir grüßen.«

Ich sah ein, dass ich dieses Thema nicht mehr ansprechen durfte und mich mit dieser Realität langsam abfinden musste. Es würde schwierig werden, die beiden Welten, in denen meine neuen Freunde lebten, zusammenzubringen – unterschiedliche Leben in der gleichen Gesellschaft. Es war keine Formel für Frieden und Verständnis, aber hier war ich nun, ein Deutscher, den viele Juden misstrauisch beäugten und einige Araber als Repräsentanten des Volkes sahen, das es »geschafft« hatte, so viele Juden umzubringen.

Der Ausblick auf Jerusalem am Horizont gab uns die Gelegenheit, das Thema unseres Gesprächs zu wechseln. Helles Sonnenlicht verstärkte die gelbliche, fast goldene Farbe der Mauern um die Stadt.

»Ich liebe diese Stadt«, rief Vered.

»Wusstest du, dass Juden die Altstadt bis 1967 nicht betreten konnten? Jetzt können wir sie besuchen, wann immer wir wollen. Du wirst sehen, wie herrlich und wunderschön sie ist.«

Wir kamen am überfüllten Busbahnhof an. Hunderte bewaffnete Soldaten und Soldatinnen wechselten dort die Busse oder warteten auf eine Mitfahrgelegenheit zu ihren Armeestützpunkten rund um Jerusalem und in den besetzten Gebieten. Sie schienen entspannt und gingen mit Stolz, die automatischen Waffen über die Schulter gehängt. Aber ich sah auch, dass die wenigen Araber in der Menge gar nicht entspannt wirkten, sie schienen angespannt und wütend zu sein.

»Sag mal, Vered, muss jeder in der Armee dienen?«

»Ja, natürlich«, antwortete sie schnell und schaute mich neugierig an.

»Alle Bürger Israels gehen nach Abschluss der Highschool zum Militär.«

»Und was ist mit arabischen Bürgern? Junge Männer wie Chalid? Was machen sie nach dem Highschool-Abschluss?«

Offensichtlich war es ihr unangenehm, diese Frage zu beantworten.

»Ja, es ist richtig, sie sind Bürger Israels, aber wir erlauben ihnen nicht, in der Armee zu dienen, denn wir wollen nicht, dass sie in Situationen kommen, wo wir uns darauf verlassen müssen, dass sie gegen andere Araber kämpfen.«

»Aber ich habe gehört, dass Drusen und Beduinen in der Armee dienen.«

»Die sind anders«, sagte sie ungeduldig.

»Sie sind bereit zum Militärdienst und haben sogar darum gebeten, um ihre Loyalität zu zeigen. Wusstest du, dass es in den Dörfern, wo Muslime und Drusen zusammenleben, oft Kämpfe gibt, weil die Drusen ihre Söhne zur Armee schicken?«

Wieder hatte ich einen wunden Punkt berührt. So viele Konflikte, Widersprüche und Meinungsverschiedenheiten in einem so kleinen Land.

»Komm, Bernd. Wir haben wenig Zeit, und es gibt so viel zu sehen. Ich werde dir einige der herrlichen Sehenswürdigkeiten zeigen. Aber zuerst müssen wir an einem Ort anhalten, den ich und den auch du sehen musst.«

»Welchen Ort?«, fragte ich neugierig.

Sie sah mich ernst und traurig an.

»Wir gehen zurück in die Vergangenheit, um zu bezeugen und zu lernen, damit sich die Geschichte nicht wiederholt. Ich werde dir Yad Vashem zeigen.«

Trotz der Mittagshitze spürte ich, wie mir ein kalter Schauer den Rücken herunterlief. Yad Vashem, der Ort und der Name, der für die Millionen Opfer stand, denen die Würde eines jüdischen Begräbnisses verwehrt blieb; Yad Vashem, die offizielle Gedenkstätte für die Opfer des Holocaust; Yad Vashem, ein Ort, den es gab, weil die Generation meines Vaters solch abscheuliche Verbrechen gegen die Menschlichkeit begangen hatte.

Je näher der Bus an den Eingang der Gedenkstätte heranfuhr, umso schlechter fühlte ich mich. Ich wusste nicht, was mich erwartete, und Vered spürte meine Angst und Anspannung. Sie nahm meine Hand und drückte sie sanft, aber fest und schaute mich mit ihren wunderschönen Augen an.

»Ich kann mir nur vorstellen, wie du dich jetzt fühlst. Ich bringe dich nicht hierher, damit du dich schlecht fühlst. Es ist ein wichtiger Ort für mich und meine Familie, weil meine Mutter fast ihre ganze Familie in der Schoah verloren hat. Ihre Asche wurde irgendwo in Polen verstreut. Für mich ist dies der einzige Platz, wo ich ihnen meine Ehre erweisen und um sie trauern kann.«

Der Bus hielt an der Holocaust-Gedenkstätte, die auf dem Har Hazikaron, dem Berg des Gedenkens, am westlichen Stadtrand Jerusalems auf einem Kamm gelegen war. Alle Passagiere stiegen langsam und schweigend aus dem Bus.

Wir liefen eine Allee mit Baumreihen entlang.

»Diese Bäume wurden zu Ehren der mutigen Männer und Frauen gepflanzt, die während der Schoah ihr Leben riskiert haben, um Juden zu retten. Wir nennen sie ›Gerechte unter den Völkern‹ und bewahren hier ihr Andenken. Es sind mehr als 20 000 Namen.«

Ich war erstaunt. So viele Bäume, von denen jeder für einen mutigen Menschen stand. Alle waren Nicht-Juden gewesen, die Juden das Leben gerettet hatten. Eine Gedenktafel in einem kleinen Garten zog meine Aufmerksamkeit auf sich, weil darauf ein deutscher Name stand: Wilm Hosenfeld. Später fand ich heraus, dass er deutscher Wehrmachtsoffizier und Mitglied der NSDAP war, sich aber für das, was den Juden im Namen seines Landes angetan wurde, schämte und deshalb, so gut er konnte, den Juden geholfen hatte. Er wurde 1945 von russischen Soldaten gefangen genommen und in ein Lager geschickt, wo er starb. Ich fragte mich, ob auch mein Vater zu solch einem Handeln fähig gewesen wäre. Warum hatte er das unaussprechliche Leiden ignoriert? Warum vermied er weiterhin dieses Thema, das uns auseinandertrieb?

Vered hielt weiter meine Hand und führte mich zu einem Gebäude, das wie eine Kathedrale mit einem niedrigen zeltähnlichen Dach aussah.

»Das ist die Gedenkhalle«, flüsterte sie in mein Ohr.

Durch einen Korridor kamen wir in eine große Halle, die von Fackeln an den Wänden erhellt wurde. In den schwarzen Basaltboden waren die Namen von vielen Konzentrationslagern und Orten des Massenmordes in Mittel- und Osteuropa eingraviert: Auschwitz, Majdanek, Buchenwald, Dachau, Birkenau, Sobibor, Treblinka, Chelmo, Belzek. Ich musste mit dem Lesen aufhören, weil jeder Name in meine Augen zu stechen schien. Mehr als sechs Millionen Männer, Frauen und Kinder. Sechs Millionen Hoffnungen und Leben. Und was war geblieben? Eine kleine Krypta vor der Gedenkflamme, die die Asche einiger Opfer enthielt. Ich fiel auf die Knie, beugte den Kopf vor Scham und begann zu weinen. Zum ersten Mal spürte ich den körperlichen Schmerz der Trauer und des Verlustes. Vered kniete sich neben mich und umarmte mich.

Unsere Gesichter, beide tränenüberströmt, berührten sich. Ich seufzte.

»Es tut mir so leid. Es tut mir so leid.« Das war alles, was ich sagen konnte, bevor meine Stimme von meinen Tränen erstickt wurde. Wir hielten einander fest; es fühlte sich wie eine Ewigkeit an, aber es waren wohl nur wenige Minuten.

Der Sohn eines Täters und die Tochter einer Überlebenden weinten zusammen und versuchten, einander zu helfen und zu unterstützen. Schließlich fand ich die Stärke, wieder aufzustehen, und sie schaute in meine verweinten Augen.

»Du bist nicht verantwortlich für das, was geschehen ist, Bernd«, sagte sie. »Ich habe das Gefühl, dass es Dinge gibt, die du nicht mit mir teilen willst, weil du dich schämst. Aber du wirst sie mir sagen können. Irgendwann. Du bist anders, ganz anders als diejenigen, die diese Verbrechen begangen haben. Du suchst nach der Wahrheit, um dich zu heilen, Ich bin stolz, dass du den Mut hattest, hierherzukommen. Ich bin stolz, hier mit dir sein zu können. Lass uns gehen, aber nie vergessen. Nie vergessen! Ich werde dir etwas anderes zeigen.«

Wir gingen aus der Gedenkhalle durch einen Gang, in dem viele Bilder angebracht waren; sie wurden vom Sonnenlicht erhellt, das durch die Decke aus Plexiglas schien. Es waren Luftaufnahmen, die von Bombern der Alliierten während des Zweiten Weltkrieges aufgenommen wurden. Einige zeigten Auschwitz und Birkenau, was darauf hindeutete, dass die Alliierten wussten, wo sich diese Lager befanden. Tatsächlich hatten sie einige erfolgreiche Bombardierungen in der Nähe der Lager geflogen. Am 20. August 1944 warf eine Flotte von Bombern der U.S. Air Force mehr als eintausend Bomben auf den Fabrikbereich von Auschwitz ab, einige waren nur etwa acht Kilometer von den Gaskammern entfernt. Am 13. September griffen amerikanische Bomber nochmals das Fabrikgelände an. Streubomben trafen auch Baracken der SS, wobei 15 Deutsche getötet wurden. Auch eine Werkstatt mit Zwangsarbeitern wurde getroffen, dabei starben 40 Gefangene. Und eine Eisenbahnstrecke, die zu den Gaskammern führte, wurde zerstört. Bei wiederholten Bombardements der Alliierten von sieben Ölraffinerien in der Nähe von Auschwitz 1944 und 1945 wurde einmal auch das Arbeitslager Blechhammer getroffen, das 70 Kilometer vom Todeslager entfernt war. Dabei konnten 42 jüdische Zwangsarbeiter entkommen.

Vered deutete wütend auf die Fotos.

»Siehst du? Sie wussten davon, aber sie haben nichts dagegen getan. Sie hätten die Gaskammern bombardieren sollen.«

»Woher weißt du, dass ihnen klar war, was in den Lagern geschah? Auf den Fotos sieht man nur die Baracken und Fabrikgebäude.«

»Sie wussten es, Bernd«, erwiderte sie bestimmt.

»Einige Gefangene sind entkommen und wurden von amerikanischen und britischen Geheimdiensten befragt, die die Geschichten gehört und aufgenommen haben, aber ihnen nicht glauben wollten. Sie wollten es wohl nicht wahrhaben, dass die Deutschen zu so einem systematischen Massenmord fähig wären.«

Ihre Worte erinnerten mich an die Haltung meines Vaters. So etwas durfte nicht geschehen. Ein Krieg sollte ehrenvoll für das Vaterland geführt werden. Er hatte seine Augen und Ohren für alles andere verschlossen. Er führte seinen Panzerverband in den Kampf und eroberte Land, das später mit dem Blut so vieler Opfer durchtränkt und auf dem die Asche so vieler Ermordeter verstreut wurde. Nun verstand ich, warum Israel diese Gedenkstätte erbaut hatte und warum in Israel jedes Jahr ein ganzer Tag der Erinnerung an die Menschen gewidmet ist, die in der Schoah ihr Leben verloren. Niemals vergessen! Wir müssen uns an das, was geschehen ist, erinnern, oder wir werden die Fehler wiederholen.

»Komm, Bernd. Wir müssen uns beeilen, wenn ich dir noch Jerusalem zeigen soll.« Es war schon später Nachmittag, und wir planten, einen Bus in den Süden des Landes zu nehmen, wo ihre Armee-Einheit stationiert war. Wir fuhren mit dem Bus in die Altstadt von Jerusalem und kamen schließlich am Jaffator an, einem der zehn Steintore in der alten Stadtmauer. Der Name kommt von der Straße, die in früheren Zeiten zur Hafenstadt Jaffa im Norden von Tel Aviv führte. Durch das Tor gelangt man in die christlichen, armenischen, muslimischen und jüdischen Viertel Jerusalems.

Sofort nach dem Eintritt in die Altstadt war ich von zahlreichen Händlern umgeben, die ihre Waren anboten. Autos bahnten sich ihren Weg durch die enge Gasse, die an der Innenseite der Mauer durch das armenische Viertel verlief. Ich sah einen jungen Mann auf einem Esel, der mit Säcken voller Kartoffeln und Feuerholz bepackt war, wie er im Zickzack die Straße entlangritt. Die Luft war erfüllt vom Duft frisch gebrühten türkischen Kaffees und vieler Gewürze. Arabische Musik drang laut aus kleinen Läden, und die Leute schubsten einander in ihrer Eile voran. Wieder einmal waren meine Sinne einfach überwältigt von den vielfältigen Klängen, Gerüchen und Ausblicken Israels.

Vered nahm ein weiteres Mal meine Hand, weil sie bemerkte, dass ich mich verloren fühlte. Im Süden des Tores sahen wir die Davidszitadelle von Jerusalem mit dem Davidsturm und daneben ein armenisches Kloster. Vered ging eine kleine Gasse entlang, die durch den muslimischen Stadtteil führte. Auf diesem Weg kamen wir an Hunderten kleiner Läden vorbei, die alles von billigen Souvenirs bis zu wertvollem Schmuck anboten. Die Händler umzingelten mich und versuchten, mich in ihre Läden zu locken, aber Vereds ernster Blick hielt sie auf Abstand.

»Warum bist du so ernst?«, fragte ich.

»Ich will nicht, dass sie mir zu nahe kommen und mich am Arm packen oder an den Kleidern fassen, um mich in ihren Laden zu zerren. Sie respektieren mich nicht, für sie bin ich nur eine Frau.«

Plötzlich endete die Gasse, und wir bogen nach rechts in das jüdische Viertel ein. Die Wohnhäuser, Synagogen und Geschäfte waren durchwegs nach einer allgemeinen Regel gebaut, wonach alle Gebäude mit Steinen aus Jerusalem bedeckt sein mussten.

»Vor dem Sechs-Tage-Krieg durften in diesem Teil Jerusalems keine Juden wohnen«, sagte Vered wieder in ärgerlichem Ton.

»Die Jordanier haben die jüdischen Orte der Andacht entweiht und die Grabsteine von jüdischen Friedhöfen benutzt, um die Straßen zu pflastern. Den Juden war noch nicht einmal der Zugang zur Klagemauer, der HaKotel, gewährt, um zu beten.«

»Aber heute leben Juden in diesem Teil der Stadt und können sich entfalten«, bemerkte ich. »Es gibt keine Mauer, die Juden von Arabern trennt, und wir können frei von einem Teil in den anderen gehen.«

»Der Grund dafür ist, dass wir stärker sind und sie sich nicht mehr trauen, sich mit uns anzulegen«, antwortete Vered.

Angst und Stärke schienen in diesem winzigen Land über gegenseitigem Respekt und Verstehen zu stehen. Ich hoffte, bald auch eine andere Perspektive auf diesen Konflikt kennenzulernen, der inmitten einer Gesellschaft schwelte, die ich wertzuschätzen begann. Das Land und seine Widersprüche faszinierten mich.

Vered lief zu einer Treppe, die auf einen schmalen Weg zwischen einer Reihe kleiner, eng aneinandergebauter Wohnhäuser führte, und plötzlich kamen wir auf einen großen offenen Platz. Vor uns lag die Klagemauer.

Aus Büchern hatte ich erfahren, dass die Mauer ein Teil des heiligsten Ortes des Judentums ist; sie gehört zum Tempelberg, auf dem der erste und zweite Tempel Jerusalems erbaut wurden. Es wird gesagt, dass die göttliche Gegenwart über dem Gipfel des Tempelberges ruht und darüber das Tor zum Himmel ist.

Den Felsendom hat ein islamischer Herrscher im sechsten Jahrhundert auf dem vorherigen Tempelberg erbaut; er stellt eine der heiligsten Stätten im muslimischen Glauben dar. Die goldbeschichtete Kuppel ist ein bekanntes Wahrzeichen, das den Anblick Jerusalems beherrscht. Der Felsen ist sowohl den Muslimen als auch den Juden heilig. Im Islam glaubt man, dass Mohammed von diesem Ort aus in den Himmel aufgestiegen ist. Im Judentum wird es als der Ort angesehen, wo Abraham bereit war, seinen Sohn Isaak zu opfern. Ich fragte mich, warum zwei Kulturen, deren

Glaube auf ähnliche Ursprünge zurückging, in so einem bitteren Konflikt miteinander stehen konnten.

Die Klagemauer, die auf Hebräisch HaKotel HaMaaravi heißt, ist ein Überbleibsel des zweiten Tempels, der von den Römern im Jahre 70 n. Chr. niedergerissen wurde. Nach der Legende haben die Römer diese Mauer stehen lassen, um an den Ungehorsam der Juden zu erinnern. Seitdem trauern und klagen Juden an diesem Ort, obwohl der Begriff »Klagemauer« umstritten ist. Viele Menschen lehnen ihn ab, weil er abwertend und unangemessen ist, denn nicht Selbstmitleid, sondern das Gebet sollte hier im Mittelpunkt stehen.

Nach Ansicht der Gläubigen können Gebete dreimal am Tag dabei helfen, Am Israel, das Volk Israel, mit seinem Gott zu versöhnen. Als Antwort darauf wird Gott die Juden aus dem Exil wieder nach Israel zurückbringen und den dritten Tempel errichten, der den Beginn der messianischen Zeit einläutet.

Der große Platz war voller Menschen, lauter Gläubige, die trotz der Geschäftigkeit um sie herum beteten, aber auch neugierige Touristen, die ungefähr so aussahen wie wir. An der Mauer standen Hunderte frommer Juden, die in inbrünstige Gebete vertieft waren und mit ihren Händen und ihrer Stirn die Mauer berührten.

»Lass uns zur Mauer gehen und einen Zettel hineinstecken«, sagte Vered und zog mich weiter. »Das wird uns Glück bringen.«

»Was für einen Zettel?«

»Es ist Brauch, ein Gebet, das man auf ein kleines Blatt Papier geschrieben hat, in eine Mauerritze zu stecken. Die Leute schreiben alles Mögliche darauf und bitten um Gesundheit, Glück, Liebe, Reichtum.«

Ein Zaun versperrte den direkten Zugang zur Mauer, und ein weiterer Zaun trennte die Gebetsbereiche für Männer und Frauen.

»Du musst auf die andere Seite der Mauer gehen«, sagte Vered. »Die frommen Juden erlauben nicht, dass Männer und Frauen nebeneinander beten. Ich nehme an, sie haben Angst, dass Frauen, die so schön sind wie ich, andere vom Beten abhalten«, meinte sie lachend.

»Mich würde es ablenken«, entgegnete ich und errötete, als sie mich anlächelte.

Ich war mir unsicher, ob ich in den Bereich nahe an der Klagemauer eintreten sollte. Ich war kein Jude und wollte die Betenden nicht stören. Ihre Hingabe war so offensichtlich, weil sie mit ihrem Oberkörper vor und zurück wippten, entweder im Schweigen oder in laut rezitierten Gebeten. Schließlich nahm ich all meinen Mut zusammen und ging auf das kleine Tor zu. Ein Wachmann gab mir eine kleine Kopfbedeckung, die Kippa, die ich mir zum ersten Mal aufsetzte. Nach einigen Schritten, die eine Ewigkeit zu dauern schienen, stand ich vor der Mauer. Die großen rechteckigen Steine waren perfekt angeordnet, und ich sah die Spalten zwischen ihnen, die mit kleinen zusammengerollten Zetteln gefüllt waren.

Plötzlich erinnerte ich mich an den Wunsch meiner Mutter, in ihrem Namen ein Gebet auf ein Blatt Papier zu schreiben und es in die Mauer zu stecken. Jetzt folgte ich ihrer Bitte. Danach schloss ich die Augen, um für ihre Seele zu beten. Sofort vergaß ich die Welt um mich herum und stellte mir die vielen Tausend Menschen vor, die im Laufe der Jahrhunderte an diesem Ort gebetet hatten. Fast konnte ich ihre Stimmen und geflüsterten Gebete hören, ihre Anwesenheit und die rhythmischen Bewegungen ihrer Körper spüren. Plötzlich bewegte sich mein Körper mit ihnen, mein Geist fand Worte des Gebetes, meine Hände berührten die Mauer, um ihre spirituelle Energie zu spüren.

Ich verlor mein Gefühl für Zeit und Raum und betete mit einer Inbrunst, die ich noch nie gefühlt hatte. Ich weinte und spürte die Gegenwart Gottes in mir. Ich wurde eins mit denen, die um mich herum beteten.

Langsam kehrte ich in die Welt zurück und wollte wieder gehen, als mich ein alter Mann mit grauem Bart, schwarzem Hut und schwarzem Anzug ansprach.

»Shalom aleichem«, sagte er auf Hebräisch, wechselte aber schnell zu Englisch, als er bemerkte, dass ich ihn nicht verstand.

»Ich habe gesehen, wie du gebetet hast. Wie heißt du und woher kommst du?«, wollte er wissen.

Ich zögerte, weil ich befürchtete, dass ihn meine Antwort verärgern würde. Immer noch hatte ich das Gefühl, dass einige die Anwesenheit eines Nicht-Juden als eine Störung ihres privaten religiösen Lebens auffassen könnten.

»Ich komme aus Deutschland«, erwiderte ich verhalten.

»Gibt es nach allem, was geschehen ist, noch Juden in Deutschland?«, fragte er.

»Wahrscheinlich schon, aber ich gehöre nicht dazu. Mein Name ist Bernd, und es tut mir leid, dass ich Sie gestört habe.«

Ich versuchte, dieser unangenehmen Situation zu entrinnen. Aber er kam näher auf mich zu, nahm meine Hand und schaute mich direkt an. Ich sah Überraschung, Neugier und Weisheit in seinen Augen und fühlte mich zu ihm hingezogen.

»Ich habe gesehen, wie du gebetet hast«, sagte er. »So kann nur ein Jude beten. Wenn du kein Jude bist, wie du sagst, dann hast du vielleicht die Seele eines Juden.« Er schloss die Augen und drückte meine Hand auf sein Herz.

»Eine einsame Neschamah, die ein Zuhause sucht, hat dich vielleicht gefunden, und du trägst diese Neschamah in dir, ohne es zu wissen.«

»Was ist eine Neschamah?«, fragte ich ihn.

»Oh, mein junger Freund«, er öffnete weit seine Augen und lachte. »Die Kabbala lehrt uns, dass die menschliche Seele verschiedene Ebenen hat. Im Kern unseres Wesens haben wir eine Neschamah, die immer mit der Gegenwart Gottes verbunden ist. Es ist schwer zu sagen, wo diese göttliche Gegenwart aufhört und die Person beginnt. Diese Neschamah ist mit unserer Ruach, unserem spirituellen Wesen, verbunden, das wiederum mit unserer Nefesh verbunden ist, der Lebenskraft, die in uns brennt und uns antreibt. Wir Menschen leben im Konflikt zwischen den groben Lebenskräften, der Nefesh, und dem Gewahrsein unserer Spiritualität, unserer Ruach. Dieser Konflikt schafft in unserem Innern eine Verwirrung darüber, wer und was wir sind. Das ist die Quelle unserer Sünden und Verfehlungen. Dieses Dilemma ist aber auch der Hintergrund für die Ausübung unseres freien Willens. Das Erreichen der Ebene von Neschamah bildet die höchste Verwirklichung unserer Spiritualität. Oft wissen wir nicht, dass in uns eine Neschamah ist. Auch du weißt es nicht, aber du bist hierhergekommen, um sie zu finden. Du wurdest von einer unbekannten Kraft angetrieben. Deshalb bist du hier. Deshalb haben wir uns getroffen. Deshalb rede ich mit dir und mache dich darauf aufmerksam.«

Ich war sprachlos. Dieser Mann schien die Tür zu meinem innersten Wesen zu öffnen. Plötzlich erkannte ich, dass mein Hiersein einen Sinn hatte; ich suchte nach Antworten auf die Fragen über die Vergangenheit meines Vaters und über mich selbst. »Sagen Sie, wer sind Sie?«, fragte ich.

Er ließ meine Hand los und ging einen Schritt zurück.

»Das ist unwichtig, frag nicht nach mir. Finde selbst die Antworten. Suche, und du wirst finden.« Er drehte sich um, und bevor ich reagieren konnte, war er in der Menge der orthodoxen Männer verschwunden, die alle die gleiche schwarze Kleidung und einen schwarzen Hut trugen. Wer war er? Warum war er auf mich zugekommen?

In einem traumgleichen Zustand taumelte ich durch das Tor, als Vered mich an der Schulter fasste.

»Was ist mit dir passiert? Du warst ja eine Ewigkeit weg. Worüber hast du mit dem Dossi gesprochen? Sei vorsichtig, die wollen nur dein Geld. Sie arbeiten nicht, müssen aber eine große Familie ernähren.«

»Was ist ein Dossi?«, wollte ich wissen.

»So nennen wir die religiösen Leute. Die sagen uns, wie wir leben sollen: dass wir am Sabbat nicht Auto fahren dürfen, wen wir heiraten sollen und so weiter. Sie müssen nicht zur Armee, aber wir müssen sie beschützen. Die mag ich wirklich nicht.«

Noch etwas, das ich lernen musste: die Feindseligkeit unter den Juden. Ich kannte den schwelenden Konflikt zwischen Aschkenasim und Sephardim, aber bis jetzt wusste ich wenig über die Anfeindungen zwischen säkularen und religiösen Israelis.

»Er wollte kein Geld, er wollte nur mit mir reden.«

»Worüber denn?«, fragte sie.

»Er hat über die Neschamah gesprochen.«

Sie lachte und schlug mir auf die Brust.

»Wach auf! Du bist auf dieses Kabbala-Geschwätz reingefallen. Ich glaub's ja nicht. Ich dachte, du wärst ein intelligenter Kerl.«

Ich war wütend und beschämt gleichzeitig und versuchte, ihre Reaktion zu verstehen.

»Was ist denn so schlimm daran? Und was bedeutet Kabbala?«

»Na ja, ich bin keine Expertin, aber soweit ich mich an unseren Religionsunterricht erinnere, den ich in der Highschool besuchen musste und todlangweilig fand, ist die Kabbala eine jüdische Form der Mystik. Sie beschäftigt sich mit Gott, dem Schicksal der Menschen und ihrer Seelen, und all das ist hinter einem Schleier der Geheimniskrämerei verborgen. Aber warum sollten wir uns um dieses Zeug kümmern? Lass uns Spaß haben!«

Mir war klar, dass weitere Fragen nichts bringen würden, trotzdem nahm ich mir aber vor, später andere nach der Kabbala zu fragen.

Vered zeigte auf die Mauer, die die Altstadt von Jerusalem umgibt; sie wurde 1556 von einem osmanischen Herrscher errichtet. »Lass uns den Sonnenuntergang anschauen«, sagte sie. Wir ließen die Klagemauer und den geheimnisvollen weisen Juden, der meine Seele berührt und die Tore meiner Identität geöffnet hatte, hinter uns. Wir gingen am Jaffator die Stufen hinauf und folgten einem kleinen Weg zu einem Ort, von dem aus man einen atemberaubenden Blick auf das darunterliegende Tal hatte.

»Hier können wir uns setzen«, sagte sie. »Siehst du das arabische Dorf im Tal und die Häuser an den Abhängen der Hügel? Weiter am Horizont kannst du die Außenbezirke von Bethlehem erkennen. Für einen Christen wie dich ist das ein wichtiger Ort, dort wurde Jesus geboren. Für die Juden ist es der Ort, wo Rachels Grab liegt.«

»Warum denkst du, dass ich Christ bin?«, fragte ich.

Sie schaute mich verblüfft an. »Du bist doch in Deutschland geboren, deshalb dachte ich, dass du Christ sein musst.«

»Ich bin getauft worden, und in meiner Geburtsurkunde steht, dass ich katholisch bin, aber ich habe diese Religion nie ausgeübt. Ehrlich gesagt, weiß ich nicht genau, wo ich hingehöre.«

»Woher kommt dieser verärgerte und abwehrende Ton in deiner Stimme?«, fragte sie.

»Vielleicht weil ich nicht wirklich weiß, warum ich hier in Israel bin. Eigentlich kam ich hierher, um Antworten auf die Schoah zu finden, auf die Verbrechen, die die Deutschen gegen dein Volk verübt haben. Und auch wegen der Rolle, die mein Vater in dieser Zeit der deutschen Geschichte gespielt hat. Nun habe ich das Gefühl, dass es noch andere Dinge gibt, die ich herausfinden muss. Warum zieht mich dieses Land so sehr an? Warum fühle ich mich hier zu Hause? Warum scheinen der jüdische Glaube und seine Gebete etwas Tiefes in mir zu berühren? Jetzt suche ich nach mir selbst. Seit wir hier in Jerusalem sind, habe ich das Gefühl, dass ich kurz davor bin, es zu erfahren, aber ich weiß es immer noch nicht.«

»Hast du deshalb mit dem Dossi gesprochen?«

»Ja, ich nehme an, das ist einer der Gründe.« Von meiner spirituellen Erfahrung wollte ich ihr nicht erzählen, denn nach dem, was sie vorher gesagt hatte, glaubte ich nicht, dass sie es verstehen würde.

»Wie dem auch sei, wer du bist und was du sein willst, liegt in deiner Hand. Ich hoffe nur, dass du mit dir selbst ins Reine kommst und dein Glück findest.« Sie lächelte und umarmte mich. »Lass uns den Sonnenuntergang anschauen.«

Wir saßen schweigend nebeneinander und blickten ins Tal. Die Häuser an den Hügeln und die Stadt Bethlehem waren in ein orangefarbenes Leuchten getaucht. Die Stimme eines Muezzins rief zum Gebet. Im Hintergrund läuteten Glocken, und wenn wir uns umdrehten, konnten wir noch Juden an der Klagemauer beten sehen. Drei Glaubensrichtungen gingen gleichzeitig ihrer spiruellen Praxis nach. Jerusalem ist ein Symbol für die Begegnung von drei Weltreligionen, und in diesem Moment war eine Harmonie spürbar. Allerdings hatte ich auch die Reibung zwischen den Kulturen mitbekommen und war darauf gefasst, noch mehr davon zu erleben. Wir mussten weiter, nur widerwillig beendeten wir diesen Moment der Harmonie und liefen zum Bus, der uns zum zentralen Busbahnhof brachte. Vor uns lag eine nächtliche Fahrt in den Süden Israels. Unser Ziel war ein kleines, relativ neues Kibbuz mit dem Namen Yahel im Arava-Tal, etwa 60 Kilometer nördlich von Eilat, der südlichsten Stadt Israels, die gegenüber der jordanischen Hafenstadt Aqaba lag.

Wir stiegen gerade noch rechtzeitig in den Bus ein. Er war bis auf den letzten Platz gefüllt – mit Touristen, Soldaten auf dem Weg zu ihren Einheiten und Leuten, die in Kibbuzim und Moshavim, landwirtschaftliche Kooperativen in der Wüste, zurückkehrten. Vered diente in einer Nahal-Einheit, die mit einem Kibbuz verbunden war, der direkt an der Grenze zu Jordanien lag. Diese Grenze musste militärisch geschützt werden, weil sie ständig durch palästinensische Terroristen bedroht wurde; schon seit der Gründung Israels 1948 versuchten sie, in dieses Gebiet einzudringen.

Es war schon dunkel, als der Bus Jerusalem verließ; Vered und ich waren erschöpft von den Eindrücken des Tages. Wir beide brauchten einen erholsamen Schlaf, aber ich war mir unsicher, ob das in einem Bus möglich sein würde. Vered sah mich an. »Du bist genauso müde wie ich. Lass uns schlafen.« Sie legte ihren Kopf auf meine Schulter und schlang ihre Arme um mich. »Gute Nacht, mein verwirrter Freund«, murmelte sie.

»Gute Nacht, meine hervorragende Reiseführerin«, erwiderte ich. Die rhythmischen Bewegungen des Busses und ihr weicher, warmer Körper ließen mich entspannen und in einen tiefen Schlaf sinken.

DER DRITTE TAG

Helles Sonnenlicht schien in meine Augen und weckte mich auf. Ich musste mindestens sechs Stunden geschlafen haben, fühlte mich ausgeruht und voller Energie. Beim Blick aus dem Fenster sah ich nichts als felsige Wüste mit verstreuten, meist vertrockneten Bäumen und Büschen und am Horizont die Silhouette einer Bergkette. Vered öffnete langsam ihre Augen.

»Boker tov, mein Freund«, sagte sie gähnend.

»Guten Morgen, meine Blume«, antwortete ich, und sie erwiderte es mit einem breiten Lächeln.

»Die Leute denken wahrscheinlich, wir sind ein Paar.«

»Na ja«, sagte ich, »die Typen hinter uns glauben es wohl.« Ich deutete auf zwei junge israelische Soldaten, die grinsten und auf Hebräisch Witze machten.

»Achte nicht auf die. Israelische Männer sind für ihren groben Humor bekannt. Die reden viel. Egal, ich hab Hunger und Durst und bin mir fast sicher, dass der Bus gleich an einer Tankstelle hält.«

Tatsächlich bog der Bus einige Minuten später ab und hielt an einer Tankstelle, die an der Schnellstraße in der Arava-Wüste lag. Alle Passagiere verließen ungeduldig den Bus.

»Riechst du die frische und trockene Wüstenluft?«, fragte Vered und atmete tief. »Sie ist so anders als die Luft in den überfüllten Städten des Nordens. Ich liebe die Wüste und ich verspreche dir, dass du sie auch lieben wirst.«

Sie hatte recht, die Wüste übte eine magische Anziehung aus, aber ich hatte nicht die kühle Morgenluft erwartet, sondern mit intensiver trockener Hitze gerechnet.

»Warum ist es so kühl?«, wollte ich wissen.

»Weil wir nicht in den Tropen sind. Die Wüste hier speichert die Hitze nicht. Nachts kann es sehr kalt sein, und während des Tages ist der Asphalt glühend heiß. Du wirst dich daran gewöhnen.«

Eine halbe Stunde später setzten wir unsere Reise fort; jetzt waren wir hellwach und fühlten uns erfrischt.

»Schau nach links, Bernd. Das ist Jordanien. Wir sind nur etwa hundert Meter vom Grenzzaun entfernt. Es ist ein einfacher Stacheldrahtzaun, seit vielen Jahren haben wir eine friedliche Beziehung zu Jordanien; dank König Hussein, der heimlich nach Jerusalem gereist ist, um sich mit unserer Regierung zu treffen. Bald werden wir Frieden mit Jordanien schließen, und dann können wir zusammen hinfahren.«

Sie sollte recht behalten, allerdings sollte es noch etwas dauern, bis es so weit war. Viele Jahre später und nach reichlichem Blutvergießen unterzeichnete Jordanien einen Friedensvertrag mit Israel. Rückblickend frage ich mich, ob ihr jugendlicher Enthusiasmus über den Frieden mit den Nachbarn Israels von anderen Israelis geteilt wurde.

Nach mehr als einer Stunde hielt der Bus an einer Haltestelle irgendwo in der Wüste.

»Hier müssen wir raus«, sagte Vered. »Komm.«

»Wohin?«, fragte ich skeptisch. Ich sah nur eine kleine unbefestigte Straße, die von der Hauptstraße in die Wüstendünen führte.

»Der Kibbuz liegt in der Nähe der Dünen. Es sind dreißig Minuten Fußweg, aber vielleicht haben wir Glück und jemand nimmt uns mit.« Wir luden unsere Rucksäcke auf den Rücken und liefen los. »Hör mal, Bernd. Wenn dich jemand fragt, wer du bist, dann sag nicht gleich, dass du aus Deutschland kommst. Mit dem Kibbuz ist eine Nahal-Einheit verbunden, deshalb sind einige Bereiche Militärgelände, wo du eigentlich nicht hinein dürftest. Sag ihnen, dass du mein jüdischer Cousin aus Europa bist.«

Damit fühlte ich mich nicht gut, aber schließlich stimmte ich ihrem Plan zu, damit ich überall bei ihr sein konnte.

»Okay, mach ich, aber das hättest du mir vorher sagen können. Ich tue mein Bestes.« Sie lächelte und gab mir einen Kuss auf die Wange.

Nachdem wir zwanzig Minuten gelaufen waren, schwitzte ich. Glücklicherweise verdunstete der Schweiß sofort in der trockenen Luft. Aber ich freute mich trotzdem, als ich das Geräusch eines herannahenden Autos hörte. Ein kleiner ramponierter Pick-up-Truck hielt neben uns, und ein junger Mann in den Zwanzigern winkte.

»Schalom, Motek«, sagte er zu Vered in typisch israelischer Machomanier. »Was machst du denn hier allein in der Wüste?«, fragte er und ignorierte mich.

Sie sah ihn verärgert an und erwiderte schnippisch:

»Ich bin von der Nahal-Einheit, und wir gehen zum Kibbuz.«

»Oh ja, du bist die Neue. Frischfleisch für die Truppen«, lachte er.

Ihr wutentbrannter Blick schien ihm zu imponieren, und er winkte uns zur Ladefläche des Wagens.

»Komm, ich hab ja nur einen Witz gemacht. Wir nehmen die Dinge hier nicht so ernst. Das Leben ist schon schwer genug.«

Wir kletterten auf die Ladefläche des Autos, und er fuhr uns direkt zu unserem Ziel. Der Kibbuz war ziemlich neu und bestand aus Fertighäusern, die einen Teich und einen Speisesaal umgaben. Mich erstaunte, wie sehr mich das Ganze an eine Oase erinnerte, die hier inmitten dieser kargen Wüste lag; ich erkannte Palmen, Gras und Blumenbüsche.

Ein junger muskulöser Mann in einem Militäranzug und einem offenen Kaki-Shirt begrüßte uns.

»Bleib bei deiner Geschichte«, flüsterte mir Vered ins Ohr. »Das ist Ariel, der Kommandant unserer Nahal-Einheit, und er wird misstrauisch sein.«

In der Tat beäugte mich Ariel bereits gründlich und fragte Vered etwas auf Hebräisch. Dann kam er schnell mit ausgestreckter Hand und einem leichten Lächeln auf mich zu.

»Du bist also der Cousin aus Europa«, sagte er. »Wenn ich richtig verstehe, möchtest du in Israel Aliyah beantragen.«

Mein leerer Blick verriet mein Unwissen.

»Aliyah bedeutet die Immigration nach Israel, um hier zu leben«, fügte er hinzu. Vered hatte den Grund meines Besuches so stark übertrieben, um Ariel davon zu überzeugen, dass ich mehr über einen Kibbuz und die Nahal wissen musste. Dabei hatte sie sogar mehr oder weniger recht, auch wenn wir beide damals noch nicht wussten, dass ich sieben Jahre später genau das tun und nach Israel kommen würde, um dort zu leben. Jetzt sah ich Vereds flehenden Blick, spielte mit und nickte.

»Ja, das ist richtig, ich will Aliyah beantragen und deshalb mehr über Israel wissen.«

Meine Antwort schien ihn zu erfreuen, und mit einem breiten Grinsen legte er seinen Arm um meine Schulter.

»Ich werde dir zeigen, was wir hier tun. Es ist jetzt 9:30 Uhr, und wir machen uns gerade fertig, um nach der Frühstückspause wieder auf die Felder zu gehen.« Ich erfuhr, dass das Leben in einem Kibbuz bedeutete, vor dem Morgengrauen aufzustehen, um auf den Feldern zu arbeiten und so die sengende Mittagshitze zu meiden.

»Wächst denn hier überhaupt etwas?«, fragte ich.

Vered und Ariel schauten einander an und lächelten.

»Du wirst gleich eine große Überraschung erleben«, bemerkte Ariel.

»Aber zuerst zeige ich dir, wo du übernachten wirst«, sagte Vered. Sie führte mich zu einem Gebäude, das wie ein Frachtcontainer mit Fenstern aussah. Ich betrat einen spärlich möblierten Raum mit einem kleinen Bad und einer Kochnische. »Hier wohne ich, und hier kannst du übernachten. Im Bad sind ein paar alte Sachen und Schuhe. Ich lass dich allein, zieh dich schnell um und komm zu uns auf die Felder.«

Obwohl mir gesagt worden war, dass israelische Frauen sehr direkt sein können, fühlte ich mich nicht wohl dabei, dieses Zimmer mit ihr zu teilen. Doch ich schüttelte den Gedanken ab und versuchte, mich auf die kurze Zeit, die wir miteinander hatten, zu konzentrieren. Ich wusste, dass ich schon bald nach Haifa zurückkehren musste, um das Schiff nach Europa zu erreichen. Deshalb wollte ich den Schmerz, den ich spürte, weil ich sie bald verlassen musste, möglichst frühzeitig verarbeiten. Ich musste mir eingestehen, dass wir eine tiefe emotionale Verbindung hatten, aber viel zu wenig Zeit, damit sie sich entfalten konnte.

Ich zog die übergroßen Hosen und ein langärmeliges Hemd an und setzte den Sonnenhut auf. Als ich herauskam, standen Ariel und Vered schon bereit. Die Morgensonne brannte bereits ziemlich heiß, und ich schwitzte sofort, obwohl ich mich gar nicht bewegte.

Ariel stand neben einem Militärjeep mit einer großen Antenne auf der Ladefläche. Ein Galil-Sturmgewehr hing über seiner rechten Schulter, ein volles Magazin schaute seitlich hervor.

»Bernd ist dein Name? Richtig?«, fragte er.

Ohne auf eine Antwort zu warten, fuhr er fort:

»Unsere Felder liegen entlang der jordanischen Grenze, und in den letzten Monaten hatten wir mehrere Übertritte von Terroristen. Meistens prüfen sie nur unsere Reaktion und ziehen sich rasch wieder zurück, aber es kann auch gefährlich werden. Einige von uns sind bewaffnet und patrouillieren an den Feldern, damit ihr arbeiten könnt. Kannst du damit umgehen?«

Ich nickte.

»Ein anderer Feind ist die Sonne und die damit verbundene Hitze. Jede Stunde musst du mindestens eine Flasche Wasser trinken, ich werde dich im Auge behalten. Viele Leute unterschätzen, wie viel Flüssigkeit sie brauchen, und dehydrieren schnell in der trockenen Hitze.«

Ariel erklärte noch ein paar andere Regeln, und einige Minuten später rumpelten Vered und ich mit einigen anderen jungen Bewohnern des Kibbuz auf der Ladefläche des Jeeps die Straße entlang, die zum Feld führte. Zehn Minuten später erreichten wir üppige grüne Felder, auf denen die Kibbuzniks Obst und Gemüse anbauten, darunter Datteln, Pampelmusen, Zwiebeln, Honigmelonen, Wassermelonen und Paprika.

»Wie kann all das hier in der Wüste wachsen?«, fragte ich Vered.

»Man braucht nur genügend Wasser. Schon ein paar Tropfen können hier viel ausrichten. Der Wüstensand ist voller Mineralien, aber Wasser ist für unsere Wirtschaft so kostbar wie Erde für eure. Wir versuchen, den Wasserverbrauch zu reduzieren und jede Verschwendung zu vermeiden. Dafür nutzen wir Tröpfchenbewässerung, die mithilfe von Rohren im flachen Sand funktioniert. Die vergrabenen Systeme werden durch ein spezielles Material namens Tarplan vor dem Eindringen von kleinen Wurzeln geschützt. Luftventile öffnen sich, wenn das Wasser abgedreht wird, und so kann Luft in die Leitung gelangen. Das verhindert, dass von außen Schmutz in den Tropfer gesogen wird. Wir nutzen verschiedene Tropfer. Sobald die Leitungen für die Tröpfchenbewässerung verlegt sind, pflanzen wir die Gemüse direkt daneben ein, damit die Wurzeln ständig kleine Tropfen Wasser bekommen – nur so viel, dass sie wachsen können.«

Mit wie viel Begeisterung sie die Einzelheiten der landwirtschaftlichen Projekte beschrieb!

»Wegen der fruchtbaren Erde und dem ganzjährigen Sonnenschein können wir zwei oder drei Mal im Jahr ernten. Wir sind so erfolgreich, dass wir jetzt schon einen kleinen Profit erwirtschaften. Wenn du sehen willst, wie die Wüste ohne Tröpfchenbewässerung aussieht, musst du nur über die Grenze schauen. Die Araber kennen sich mit Landwirtschaft nicht aus.«

Wieder überraschte mich ihre Abneigung gegen die Araber.

»Wenn Israel so erfolgreich in der landwirtschaftlichen Arbeit und Forschung ist, warum exportiert ihr dann euer Know-how nicht in die arabischen Länder?«, fragte ich. »Solch ein Austausch könnte zu Frieden und gegenseitigem Verstehen beitragen.«

»In der Tat ist das ein Teil des Friedensabkommens mit Ägypten«, erwiderte sie. »Wir werden sehen, wie es funktioniert.«

Jahre später erfuhr ich, dass es wirklich solche Projekte zur Weitergabe dieses Wissens gab. Eines hieß Cooperative Arid Land Agricultural Research Program, aber es verlief sich irgendwann, entweder aus Mangel an finanzieller Unterstützung oder wegen einer ambivalenten Haltung der ägyptischen Regierung gegenüber einer Kooperation mit Israel.

Vered lief nun auf ein karges Feld mit Steinen und Sand zu, wo flache, enge Gräben einige Hundert Meter parallel zueinander verliefen. Ich erkannte, dass darin schon dünne schwarze Plastikrohre verlegt waren.

»Lass uns an die Arbeit gehen!«, rief sie.

»Was machen wir?«

»Wir müssen die Plastikrohre vorsichtig mit Erde bedecken. Später werden wir Samen von Tomaten und Wassermelonen aussäen. «

»Mir ist aufgefallen, dass einige Felder für die Landwirtschaft reserviert sind, aber nicht genutzt werden.«

»Ich bin keine Expertin in jüdischem Recht, aber ich weiß, dass ein Feld nach sieben Jahren der Nutzung mindestens ein Jahr ruhen sollte. In der Tora gibt es Gesetze, die uns das befehlen. Man nennt es das Shemitah-Jahr oder den Sabbat des Landes.«

Und mit einem Achselzucken erklärte sie:

»Selbst einer säkularen Jüdin wie mir erscheint das sinnvoll, weil wir nicht sämtliche Nährstoffe aus der Erde herausziehen wollen. Die Gründer des Kibbuz gehören der jüdischen Reformbewegung an, aber selbst sie bestehen darauf, diese Tradition zu befolgen. Deshalb rotieren wir immer mit einigen Feldern.« Wieder verstand ich etwas mehr, wie sehr die jüdische Kultur und die jüdische Religion miteinander verwoben sind.

Schließlich gingen wir an die Arbeit. Nach einer Weile stellte ich fest, dass unsere Tätigkeit an sich körperlich nicht so anstrengend war, aber die sengende Hitze machte es fast unmöglich, länger als 30 Minuten am Stück zu arbeiten.

»Vergiss nicht, genügend Wasser zu trinken.«

Daran hielt ich mich gern und genoss jeden Schluck des kalten frischen Wassers aus den großen gelben Wasserkanistern, die entlang der Felder standen. Wir arbeiteten schweigend fast fünf Stunden lang. Schließlich kam Ariel wieder, um uns mit dem Jeep abzuholen. Ich war mit staubigem Sand bedeckt, mein Gesicht von der Sonne gebräunt.

»Ich sehe, dass ihr Spaß hattet«, witzelte er. »Lasst uns zurück in den Kibbuz fahren. Das ist genug für einen Tag, und ich nehme an, ihr seid hungrig und müde.«

Im Kibbuz nahm ich eine lange und willkommene Dusche und zog mir saubere Sachen an, während Vered auf mich wartete. Still sah sie zu, wie ich mich anzog, dann zog sie sich aus und ging ins Bad, um ebenfalls zu duschen.

»Warte nicht auf mich«, rief sie und übertönte das Rauschen des Wassers. »Geh in den Speisesaal und beginn schon mal mit dem Essen.«

»Soll ich dir einen Platz reservieren?«

Sie lachte und steckte ihren Kopf aus der Dusche.

»Das ist kein Restaurant wie in Deutschland. Wir sind hier sehr informell und kommen einfach zum Essen zusammen. Setz dich irgendwo hin. Wir treffen uns dort.«

Sobald ich den großen Speisesaal betreten hatte, wusste ich, was sie meinte. Viele Dutzend junge Kibbuzniks und Soldaten saßen an langen Tischen, aßen und redeten lautstark miteinander. Ariel sah mich und winkte.

»Nimm dir etwas zu essen und setz dich hier hin.« Er deutete auf eine Reihe mit Behältern, die mit verschiedenen Gerichten aus Fleisch und Milchprodukten gefüllt waren – das zeigte, dass die jüdischen Speisegebote, die auch als Kaschrut bezeichnet werden und eine Trennung von Gerichten aus Fleisch und Milchprodukten festlegen, hier nicht befolgt wurden. Nachdem ich mir etwas zu essen geholt hatte, setzte ich mich an seinen Tisch neben einen anderen muskulösen Soldaten mit langen, lockigen Haaren.

»Das ist Avner«, sagte Ariel.

»Avner, Bernd ist ein Verwandter von Vered aus Europa und interessiert sich dafür, in Israel zu leben.«

Avner nickte schweigend und aß weiter.

»Avner ist kein Mann der vielen Worte, er handelt lieber. Er ist verantwortlich für die Bewachung des Grenzzauns. Wie du heute wahrscheinlich bemerkt hast, kann der Zaun allein unsere Felder nicht vor den Terroristen schützen. Avner arbeitet mit lokalen Beduinen zusammen, um sie aufzuspüren.«

»Arbeiten auch Beduinen mit der Armee zusammen?«

Avner brach sein Schweigen.

»Die lokalen Beduinenstämme leben seit Hunderten von Jahren hier in der Wüste und im Negev. Sie sind immer noch Nomaden und wollen sich nicht fest ansiedeln. Ihre Männer sind hervorragende Fährtenleser, allein von einem Fußabdruck im Sand können sie die Größe, das Gewicht und das Geschlecht eines Menschen erkennen. Wir integrieren sie in unsere Spezialeinheiten der Armee, und sie werden für ihre Erfahrung und ihr Wissen respektiert.«

Ariel wandte sich zu mir.

»Vered hat mir erzählt, dass du aus Deutschland kommst. Was

haben deine Eltern während des Krieges gemacht. Du bist doch Jude, oder?«

Ich wusste, dass Vereds Lüge nicht lange unentdeckt bleiben würde, aber ich wusste auch, dass ich sie schützen musste.

»Meine Eltern sind nach dem Krieg nach Deutschland gekommen, und mein Vater ist kein Jude. Ich bin dort geboren, aufgewachsen und lebe heute dort. Momentan studiere ich Zahnmedizin.«

Diese Antwort schien seine Neugier zu befriedigen, und die Erwähnung meines Studiums schien mein Ansehen bei ihm zu steigern. Ich fühlte mich schrecklich bei dieser Lüge. Es war offensichtlich, wie schwer es mir fiel, über meine Herkunft und Nationalität zu sprechen. Scham und Verleugnung waren in mein Leben eingedrungen. Jetzt war es wohl leichter, unehrlich zu sein und nicht die Wahrheit zu sagen. Aber als sich später meine neue Identität entwickelte, stellte sich das als der falsche Ansatz heraus.

Schließlich kam Vered in den Speisesaal; sie setzte sich jedoch an einen anderen Tisch und unterhielt sich mit Freunden. Meine Enttäuschung muss deutlich gewesen sein, und Ariel legte seine Hand auf meine Schulter.

»Eines musst du in diesem neuen Kibbuz lernen. Wir teilen alles miteinander. Ich meine alles. Verstehst du?«, grinste er.

Nein, ich verstand es nicht. Ich musste mir eingestehen, dass meine Gefühle für sie über eine bloße Verliebtheit hinausgingen. Aber ich wusste auch, dass ich sie am nächsten Morgen verlassen und wieder nach Hause fahren musste. Um diese Gedanken abzuschütteln, stand ich auf und verließ den Speisesaal. Draußen lief ich zur Straße und genoss einen atemberaubenden Blick auf die Bergketten auf der jordanischen Seite der Wüste. Die untergehende Sonne tauchte die Gipfel in ein intensives Orange, und ich stand dort einige Minuten versunken in diesen Anblick.

Plötzlich bemerkte ich, dass Vered neben mich getreten war.

»Nun weißt du, warum ich die Wüste so liebe. Ich könnte hier für immer leben. Weit weg von der überfüllten und lauten Stadt. Weit weg von den politischen Konflikten und all den Schwierigkeiten. Einfach nur die unendliche, offene Weite. Würdest du hier leben wollen?«

»Ich weiß nicht. Vielleicht eine Zeit lang«, erwiderte ich.

»Es tut mir wirklich leid, dass wir nur so wenig Zeit miteinander haben. Du weißt, ich bin in der Armee und muss hier bleiben. Ich würde dir gern mehr von meinem Land zeigen und hoffe, dass du dich zurechtfindest, wenn du morgen zurückfährst.«

»Ja, mach dir keine Sorgen um mich. Ich komm schon klar«, log ich, und gestand mir im Stillen ein, dass sie einer der Hauptgründe gewesen war, nach Israel zu kommen.

Die Sonne war schon fast untergegangen, und es wurde schnell dunkel und kälter.

»Ich bin müde«, sagte sie. »Lass uns zurück in mein Zimmer gehen.«

Sie nahm meine Hand, und wir gingen schweigend zurück. Nachdem wir eingetreten waren, umarmte sie mich.

»Du bist ein guter Freund. Israelische Männer wollen mich immer nur ausnutzen.«

Eine Ewigkeit lang standen wir in einer sanften Umarmung in der Dunkelheit, und ich spürte, dass wir erst noch herausfinden mussten, wie tief unsere Beziehung reichen könnte. Sie berührte schließlich mein Gesicht, und wir sahen einander an; beide hatten wir Tränen in den Augen.

»Ich weiß nicht, ob wir uns jemals wiedersehen werden«, sagte sie, »und ich hoffe, dass du den Frieden findest, den du suchst.«

Ich wusste nicht, was ich darauf sagen sollte, aber sie erwartete keine Antwort. Wir legten uns auf ihr Bett und streichelten einander die ganze Nacht, in dem Wissen, dass wir uns in ein paar Stunden trennen mussten. Schließlich schliefen wir ein, bis uns die Morgensonne weckte.

»Du musst dich fertig machen. Der Bus nach Jerusalem kommt bald.« Widerwillig stand ich auf und wandte mich ihr zu. Sie zwang sich ein Lächeln ab, Strähnen ihres goldenen Haares bedeckten einen Teil ihres Gesichts.

»Ich mache mich schnell fertig und bringe dich zur Bushaltestelle.«

Schweigend zogen wir uns an und verließen den Raum, jeder von uns beiden erfüllt von seinen eigenen Wünschen und Träumen. Ariel wartete mit seinem Jeep und lächelte trocken angesichts unserer traurigen Mienen. Er brachte uns zur Hauptstraße, und als ich den Jeep verließ, rief er:

»Du bist ein interessanter Kerl, Bernd. Komm wieder und bleib länger in diesem Land. Ich bin mir sicher, dass du bleiben wirst.«

»Vielleicht, irgendwann. Vielleicht. Danke für alles – Schalom.« Ich wusste damals nicht, dass diese Vorhersage schließlich wahr werden würde.

Auf dem Weg zur Bushaltestelle drückte Vered fest meine Hand. Als der Bus kam, umarmten wir uns ein letztes Mal. Ich streichelte ihr Gesicht und küsste sie sanft auf die Lippen. Tränen liefen an ihren Wangen hinab, als sie mich umarmte.

»Schalom, ich hoffe, wir sehen uns wieder.«

Sie nickte still, aber wir beide wussten, dass die Zukunft unvorhersehbar war. Ich bestieg den Bus und setzte mich ans Fenster. Sie drückte ihre Hand gegen das Glas, und ich erwiderte ihre Geste, bis der Bus langsam anfuhr und uns trennte. Ich drehte mich um, sie winkte mir zu; ihr blondes Haar glänzte golden in der Sonne, bis ich sie nicht mehr sehen konnte.

»Schalom, meine Wüstenblume. Ich werde dich nie vergessen«, flüsterte ich.

Damals wusste ich nicht, dass ich sie nie wiedersehen würde.

DER VIERTE TAG

An Bord des Busses fühlte ich mich wie betäubt, bis wir am frühen Nachmittag Jerusalem erreichten. Ohne Vereds Anwesenheit hatte ich den Sinn meiner Reise verloren. Ich musste mich fragen, ob ich ihretwegen hier war oder meinetwegen. Hatten die Gefühle und die Liebe, die ich für sie empfand, meine Entschlossenheit, nach der Wahrheit zu suchen, geschwächt?

Ja, ich musste mir eingestehen, dass sie in mir den Wunsch, nach Israel zu kommen, ausgelöst hatte, aber ich wusste auch, dass es bei dieser Reise um mehr ging als um körperliche und emotionale Intimität. Mit wenig Erfolg versuchte ich, nach vorn zu schauen und mich an den Wunsch zu erinnern, meine spirituelle Innenwelt zu erforschen.

Nachdem ich in Jerusalem angekommen war, stand ich vor einem Dilemma. Ich kämpfte mich aus dem überfüllten Busbahnhof heraus, rang aber auch mit dem Drang, den nächsten Bus wieder zurück zum Kibbuz zu nehmen. Bevor ich aber diesem Impuls folgen konnte, besorgte ich mir ein paar Telefonmünzen oder asimonims und rief meinen Freund Chalid im nahe gelegenen arabischen Dorf Abu Gosh an. Ein Mann nahm den Hörer ab, und ich konnte genug der hebräischen Wörter, die ich mittlerweile gelernt hatte, zusammenbringen, um nach Chalid zu fragen.

»Einen Moment«, antwortete der Mann, und einige Sekunden später hörte ich Chalids Stimme.

»Wo bist du, mein Freund? Ich habe auf deinen Anruf gehofft.«

»Entschuldige, Chalid, ich hab ein paar Tage mit Vered verbracht.« Ich konnte mir vorstellen, wie er die Augen verdrehte.

»Wusste ich's doch. Sie hat dich bezaubert, und nun bist du allein und leckst deine Wunden.«

»Nein«, log ich. »Sie hat mir einfach das Land gezeigt, und nun will ich dich besuchen.«

»Schon gut. Wo bist du?«

»Am Busbahnhof in Jerusalem.«

»Warte draußen, ich hol dich dort ab.«

Eine Stunde später kam ein ramponierter weißer Jeep an den Gehsteig gefahren, und ich erkannte Chalid auf dem Beifahrersitz. Er sprang heraus und kam mit einem breiten Grinsen auf mich zu. Er umarmte mich und küsste mich auf beide Wangen. Ich fühlte mich komisch, aber ich hatte schon gelernt, dass Männer im Nahen Osten einander so ihre Freundschaft zeigten.

»Salam aleikum, mein Freund. Endlich gibst du mir die Ehre, mein Gast zu sein. Komm, gib mir deinen Rucksack und steig ein.«

Ich kletterte auf den vollgepackten Rücksitz des Jeeps und saß plötzlich neben einem jungen, etwas übergewichtigen Mann mit einem breiten, freundlichen Gesicht.

»Keef halak, wie geht es dir?«, fragte er mich.

»Mein Name ist Mahmoud. Chalid und ich sind Schulfreunde, und er hat mir viel von dir erzählt. Ich möchte nach Deutschland gehen und Ingenieurwesen studieren und diese deutschen Mädchen treffen. Du weißt, was ich meine.«

Deutschland und die Deutschen wurden von vielen Palästinensern verehrt. Später erfuhr ich von den manchmal fragwürdigen Gründen für ihre Zuneigung, zu denen beispielsweise unser gutes Fußballspiel zählte.

Der Fahrer war ein dünner, aber muskulöser Mann mit grauem Haar und rauem Gesichtsausdruck.

»Das ist mein Onkel Mustafa«, sagte Chalid. »Er spricht kein Englisch. Er hat uns auf dem Rückweg von einer Baustelle nach Jerusalem mitgenommen. Die meisten in meiner Familie arbeiten auf dem Bau. Leider dürfen sie nicht in anderen arabischen Ländern wie Kuwait arbeiten, wo sie mehr Geld verdienen könnten.«

»Warum nicht?«, fragte ich und zeigte ein weiteres Mal meine Naivität.

»Weil wir einen israelischen Pass haben und es uns verboten ist, in ein arabisches Land zu reisen, mit Ausnahme von Ägypten. Ich wünschte, wir hätten einen jordanischen Pass wie unsere Brüder in den besetzten Gebieten. Aber Inshallah, so Gott will, wird es einmal anders sein. Lass uns nach Hause fahren. Ich will dir mein Dorf Abu Gosh zeigen.«

Aus seinem Gesichtsausdruck und seinen begeisterten Worten entnahm ich, dass er mit Stolz über sein Dorf sprach. »Abu Gosh wurde im 16. Jahrhundert gegründet, lange bevor die Juden den Staat Israel gründeten. Wir haben gelernt, dass die ersten Siedler im Dorf Tscherkessen waren, die aus dem Kaukasus kamen, und Mamluken, ehemalige Sklavensoldaten, die zum Islam konvertierten und später eigene Reiche gründeten. Du siehst, dieses Dorf hat eine lange Geschichte und Tradition.«

Was er mir erzählte, interessierte mich. Das moderne Israel war von vielen Millionen Juden aufgebaut worden, die aus der ganzen Welt in die Heimat ihrer Vorfahren zurückkehrten, so wie Chalids Vorfahren aus Eurasien immigriert waren, um auf dem gleichen Land zu siedeln.

»Mir scheint, dein Volk hat viel mit den Juden gemeinsam«, sagte ich und bereute es sofort. Chalids Kopf drehte sich abrupt zu mir, so als hätte ihn ein Insekt gestochen, seine Augen waren wutentbrannt.

»Hör zu, ich bin Palästinenser. Wir leiden unter der israelischen Besatzung. Wir waren hier, bevor die Juden kamen, und nun beanspruchen die Juden das ganze Land für sich.«

Mahmoud, der bisher still gewesen war, stieg sofort ins Gespräch mit ein.

»Bernd, du verstehst nicht. Wir sind Palästinenser mit einem israelischen Pass. Wir sind Israelis auf dem Papier, aber wir werden nicht wirklich so behandelt, als würden wir hierher gehören. Chalid und ich sind einige der wenigen jungen Araber, die auf eine jüdische Highschool in Jerusalem gehen. Und das machen wir nur, um unsere Bagrut zu bestehen, unsere Immatrikulation, mit der wir an der Hebräischen Universität studieren können. Aber wir wissen, dass wir nur eine kleine Chance haben, dort oder an anderen Universitäten in Israel angenommen zu werden, weil wir Araber sind.«

»Warum solltet ihr nicht die gleichen Chancen wie andere Israelis haben?«, fragte ich.

Chalid sah mich an.

»Sei nicht so naiv. So ist es nun mal. Die Juden zuerst.«

Mahmoud unterbrach ihn wieder.

»Nein, es ist noch komplizierter. Du musst verstehen, dass die israelischen Männer und Frauen nach der Highschool zur Armee gehen. Nach zwei oder drei Jahren kommen sie zurück und beginnen ihr Studium. Deshalb reservieren die Universitäten Plätze für sie, oder sie werden zumindest bevorzugt behandelt.«

»Aber ihr seid doch auch Israelis. Müsst ihr nicht auch zur Armee?«

Chalid und Mahmoud sahen einander an, und wieder antwortete Mahmoud für sie:

»Wir sind Palästinenser. Wir gehen nicht zur Armee und lernen, unsere muslimischen Brüder und Schwestern zu töten. Drusen, Beduinen und Tscherkessen gehen zur Armee, aber das sind keine echten Moslems. Wir können unsere Leute nicht verraten.«

Ich versuchte, meine nächste Frage vorsichtiger zu formulieren.

»Heißt das nicht, dass ihr auch die Konsequenzen akzeptieren müsst, wenn ihr nicht zur Armee geht?«

Das ärgerte Chalid, und er antwortete ungeduldig:

»Mann, du hast keine Ahnung, was hier in diesem Land los ist. Du bist zum ersten Mal hier. Du hast zu viel Zeit mit dem jüdischen Mädchen verbracht, und nun kannst du nicht mehr klar denken.«

Er hatte recht. Ich musste lernen, mich zurückzuhalten, bis ich mehr wusste. Ich war ja nur ein Besucher und Beobachter.

Mustafa hatte offenbar bemerkt, dass das Gespräch kontrovers wurde, und sprach Chalid auf Arabisch an. Chalid respektierte die Autorität seines Onkels und wechselte das Thema.

»Schon bald kommen wir ins Dorf. Siehst du die Schilder?«

Wir fuhren immer noch auf der Schnellstraße zwischen Jerusalem und Tel Aviv, und ich sah ein Schild, das in Hebräisch, Englisch und Arabisch die Ausfahrt nach Abu Gosh anzeigte. Die Ausfahrt mündete in eine kleine zweispurige Straße, die uns ins Dorf brachte. Auf beiden Seiten der Straße standen mehrstöckige Häuser, die ähnlich gebaut waren. Dicke Blöcke aus Steinen aus Jerusalem formten die Mauern, und fast alle Häuser hatten ein flaches Dach mit einigen Solarzellen, um Wasser zu erhitzen. Manche Häuser hatten ein zweites, manche gar ein drittes Geschoss, jedes davon in anderer Bauweise, was darauf hindeutete, dass sie später hinzugefügt worden waren.

»Warum sehen diese Häuser so unterschiedlich aus?«, fragte ich.

»Du meinst die hinzugefügten Stockwerke?«, antwortete Chalid lächelnd.

»Weißt du, es ist schwierig, in unserem Dorf eine Baugenehmigung zu bekommen, und deshalb bauen junge Paare ihr Haus einfach auf das Haus ihrer Eltern.«

Das Auto hielt in der Mitte des Dorfes an, und eine Gruppe neugieriger Kinder umringte uns. Mustafa schrie sie an, damit sie weggingen, aber sie wichen nur einen Meter zurück. Als ich aus dem Auto stieg, kamen mehrere Jungen und Mädchen auf mich zu, berührten meine Hand und riefen: »Almani, Almani!«

»Almani heißt Deutscher«, erklärte Chalid. »Ich habe ihnen erzählt, dass du Deutscher bist, und Deutsche sind unter Palästinensern sehr beliebt.«

»Warum?«

»Ihr habt großartige Fußballer, Deutschland ist ein schönes Land, und wir haben gehört, dass deutsche Mädchen Palästinenser mögen. Ich zeige dir mein Zuhause. Es ist gleich dort am Beginn des Abhangs.« Er deutete auf ein zweigeschossiges Gebäude, und wir liefen auf einer kleinen, nicht asphaltierten Straße darauf zu. Eine Mauer umgab das Haus. Durch ein Metalltor gelangten wir in den kleinen Hof. Eine Frau im mittleren Alter, die ein Kopftuch trug, empfing uns. Ihr Gesicht war vom Leben und von der harten Arbeit gezeichnet und wies zahlreiche Falten auf, aber ihre dunklen Augen strahlten Kraft und Wärme aus, als sie meine Hand schüttelte und schnell auf Arabisch sprach.

»Das ist meine Mutter«, sagte Chalid lächelnd. »Sie bittet mich, dir zu sagen, dass dieses Haus dein Zuhause ist und dass du als mein Freund ein Teil der Familie bist.«

Wir gingen in ein spärlich möbliertes Wohnzimmer mit mehreren Sofas und einem ovalen Tisch in der Mitte. Einige verblichene Fotos mit einem gut aussehenden Paar hingen an der Wand. Gegenüber vom Eingang war ein Poster des Tempelberges sichtbar.

Seine Mutter zeigte ungeduldig auf die Couch, ich verstand schließlich und setzte mich. Kurz darauf kamen einige jüngere Frauen herein; sie trugen große Teller voll mit frischen Trauben, Äpfeln, Orangen, Datteln und anderen Früchten, die ich nicht kannte. Sie brachten auch kleine Schüsseln mit Mandeln, Nüssen und einzeln verpackten Schokoladenstückchen. Sie kicherten und sahen mich neugierig an, verließen aber gleich wieder den Raum, nachdem sie die Teller abgestellt hatten.

»Das sind meine Schwestern«, erklärte mir Chalid.

»Wie viele Geschwister hast du?«

»Fünf Brüder und sechs Schwestern, und wir leben alle in diesem Haus, zusammen mit meinem Großvater und meinem Onkel. Wir Araber haben große Familien, weil die Kinder sich um die Eltern kümmern. Die Eltern wollen sichergehen, dass sich jemand um sie kümmert, wenn sie alt und krank sind. In die Regierung haben wir kein großes Vertrauen. Die meisten Familien gehören zu einem Clan, und wir kennen uns alle und helfen einander. So ist das hier in meinem Dorf.«

Ich hatte nicht bemerkt, dass mir ein Teller mit Früchten und Datteln angeboten wurde, und Chalid schälte und schnitt mir schon einen Apfel.

»Hier bist du unser Gast. Wir kümmern uns um dich. Entspann dich einfach und iss.«

Diese ehrliche Gastfreundschaft genoss ich sehr. Später erfuhr ich, dass sie für dieses Dorf und die palästinensische Gesellschaft typisch ist. Sobald ich als Freund der Familie galt, gehörte ich dazu.

Bald kam die kleine Armee kichernder Mädchen wieder zurück und servierte nun süßen, dampfenden Tee. Kurze Zeit später war der Raum vom angenehmen Duft von nana oder Minze erfüllt.

»Komm, iss auf. Sonst denkt meine Mutter, dass es dir nicht schmeckt«, drängte Chalid. Ich versuchte, höflich abzulehnen, aber meiner Bitte wurde nicht entsprochen, und sogleich war mein Teller wieder prall gefüllt.

Ein dünner Mann mittleren Alters kam in den Raum, eine Zigarette hing ihm aus dem Mundwinkel. Er trug einen blauen Overall und eine Baseballmütze, die mit Tropfen getrockneter Farbe bedeckt war. Markante Wangenknochen umrahmten sein Gesicht, seine Haut war faltig und trocken. Er schien erschöpft und müde, warf aber seinem Sohn ein Lächeln zu. Chalid stand sofort auf und küsste ihn zwei Mal auf die rechte und linke Wange.

»Salam aleikum«, sagte der Vater, nachdem mich Chalid vorgestellt hatte. In gebrochenem Englisch entschuldigte er sich für sein Aussehen und bat mich, wieder Platz zu nehmen.

Zu Chalid gewandt sprach er weiter auf Arabisch und bat seinen Sohn zu übersetzen.

»Mein Vater möchte dich in seinem Haus willkommen heißen. Er freut sich, dass du seinem Haus mit deinem Besuch die Ehre erweist, und möchte, dass du dich als Teil der Familie fühlst. Als Bauarbeiter und Bauunternehmer schätzt er Deutschland und die Deutschen sehr, aufgrund ihrer Leistungen beim Bau und bei der

Gestaltung moderner Architektur.« Zu mir gewandt fügte er grinsend hinzu:

»Mercedes, Nummer eins.«

Wieder wurde ich gebeten, etwas zu essen, und wieder erschienen die kichernden Mädchen; dieses Mal servierten sie süßen und starken Kaffee mit Nussgeschmack.

»Der Kaffee schmeckt ganz besonders. Was ist das?«, fragte ich.

Chalid lächelte. »Wir Palästinenser bereiten den Kaffee mit einem Gewürz namens Kardamom zu. Ich werde meine Mutter bitten, dir etwas davon einzupacken, damit du es mit nach Deutschland nehmen kannst. Lass uns den Kaffee austrinken, und dann stelle ich dich meinen Freunden und anderen Familienmitgliedern vor, aber zuerst müssen wir meinen Großvater Yusuf begrüßen.«

Wir gingen nach unten ins Erdgeschoss. Vor der Tür saß ein alter Mann in einem traditionellen arabischen Gewand, das von einem einfachen Gürtel um die Taille gehalten wurde. Er trug eine rot-weiß karierte kufiya, ein Kopftuch für Männer, das von einem Ring aus schwarzem Seil fixiert war. Er sah mich mit seinen dunklen Augen neugierig an. In seiner rechten Hand hielt er eine Gebetskette aus Holz, die Perlen der Kette bewegten sich zwischen seinen Fingern ständig weiter. Chalid sprach kurz in einem respektvollen Ton mit ihm, und sofort erschien auf seinem Gesicht ein breites Grinsen. Er lächelte mit seinem zahnlosen Mund, sagte ein paar kurze Sätze auf Arabisch und gestikulierte mit den Händen.

»Er möchte, dass du näher kommst, weil er kaum mehr etwas sieht.«

»Wie alt ist er?«, fragte ich.

»Das weiß niemand genau. Er wurde geboren, als die Türken in Palästina herrschten, und damals hat man die Geburten nicht dokumentiert. Ich nehme an, er ist mindestens in den Achtzigern.«

Ich näherte mich dem alten Mann, der nun mein Gesicht berühren konnte und fest meine Hand hielt. Er redete aufgeregt, und Chalid bemühte sich, jedes Wort zu übersetzen.

»Er sagt, er ist stolz, einen Deutschen zu sehen, und heißt dich als seinen Gast willkommen. Er besteht darauf, dass du in diesem Haus wohnst und uns erlaubst, deine Gastgeber zu sein.«

Ich nickte, um meinen Dank auszudrücken.

»Er sagt auch, dass er in der türkischen Armee und später in der britischen Armee gedient hat. Während des Unabhängigkeitskrieges 1948 führte er eine Gruppe von Dorfbewohnern an, die Abu Gosh gegen die angreifenden arabischen Armeen verteidigten und den jüdischen Widerstand unterstützten.«

Ich war überrascht über diese Geschichte, weil ich angenommen hatte, dass die Palästinenser, die damals in Israel lebten, entweder das Land verlassen mussten oder sich den anrückenden israelischen Einheiten ergaben.

»Könntest du ihn fragen, warum er das getan hat?«

Chalid schaute mich widerwillig an.

»Warum zögerst du?

»Weil ich es selbst nicht verstehe. Ich hätte gegen die Zionisten gekämpft. Vielleicht wäre jetzt alles anders, wenn er es getan hätte.« Aber schließlich stellte er seinem Großvater die Frage. Nachdem der alte Mann die Frage verstanden hatte, legte er seine linke Hand auf meinen Unterarm und sah mir in die Augen. Er zeigte mit dem Ringfinger seiner rechten Hand zum Himmel und sprach langsam auf Arabisch.

»Was sagt er?«, wollte ich von Chalid wissen.

Chalid hörte genau zu und übersetzte.

»Wir sind alle Kinder Abrahams. Es gibt keine Unterschiede zwischen Juden und Arabern. Wir beten alle zum selben Gott, nur in verschiedenen Sprachen. Unser Dorf wurde auf den Ruinen einer biblischen jüdischen Stadt erbaut, und nach den jüdischen Schriften wurden die heiligen Steintafeln hier zwanzig Jahre lang aufbewahrt, bevor sie vom jüdischen König in den Tempel von

Jerusalem gebracht wurden. Wenn dieser Boden die Ehre hatte, ihren heiligen Steintafeln ein vorübergehendes Zuhause zu sein, dann sollten wir Palästinenser Gottes Willen respektieren und unser Dorf als Zuhause für Juden und Araber erhalten. Wir heißen unsere jüdischen Nachbarn immer willkommen. Ich bin jetzt ein alter Mann, aber solange ich lebe, möchte ich meine Kinder, Enkel und Urenkel lehren, unsere Nachbarn und die Juden im Allgemeinen zu respektieren. Wir haben nie in ihrer Armee gedient, damit wir nicht gegen unsere arabischen Brüder kämpfen müssen, aber wir waren bereit, unsere Heimat gegen jeden zu verteidigen, der den Frieden zwischen uns und den Juden – und letztendlich den Frieden zwischen uns und Gott – stören wollte.«

Er hielt mir die Gebetskette vor die Augen.

»Auf dieser Kette sind 99 Perlen, damit wir nach jedem Gebet den Namen Allahs 99-mal rezitieren können. 33-mal sagen wir subhan'Allah, 33-mal alhamdou'LillAh und 33-mal Allahou Akbar. Diese Gebete werden den Bund zwischen den Muslimen und Allah stärken. Ich respektiere diesen Bund und verstehe den Bund und die Hingabe, die die Juden für ihren Gott empfinden. Wenn wir danach handeln, wird es Frieden geben. Inshallah, so Gott will.«

Der alte Mann schloss langsam die Augen, während er weiter die Lippen in stillem Gebet bewegte. Er ließ meine Hand los und sank in seinen Stuhl zurück.

»Lass uns gehen«, sagte Chalid. Ich stand noch vor dem alten Mann, dessen Glaube und Einsatz für Frieden und gegenseitiges Verstehen mich tief berührten. Offensichtlich hatte er ein erfülltes Leben gelebt und die tief greifenden Veränderungen erlebt, die sich in diesem Land ereignet hatten. Seine Botschaft hallte klar in meinem Geist wider: Glaube an Gott, Respekt für Gott – das ist die Basis für Frieden, Verständnis und Respekt für andere Menschen.

Später prüfte ich seine Geschichte über die Steintafeln, die einmal an diesem Ort aufgebahrt gewesen sein sollen. Er sprach von der biblischen Stadt Kiryat Yearim, die Stadt der Wälder. Laut den Schriften war diese Stadt zwanzig Jahre lang der Ort der Bundeslade, bevor sie von König David nach Jerusalem und später von Salomon in den Tempel gebracht wurde.

Den jüdischen Schriften entsprechend enthielt die Bundeslade die beiden Steintafeln, die den Bund Gottes mit dem jüdischen Volk besiegelten. Seit der Zerstörung des Tempels weiß niemand, was mit der Bundeslade geschehen ist. Einige behaupten, sie wurde unter dem Tempelberg versteckt; andere gehen davon aus, dass sie nach Äthiopien gebracht wurde.

Chalid wurde ungeduldig.

»Komm, lass uns gehen. Mein Großvater braucht jetzt seine Ruhe.«

Ich bemerkte den Ärger und die Anspannung in seiner Stimme.

»Warum bist du verärgert?«, fragte ich ihn, als wir losliefen.

»Die Alten reden immer über Mäßigung und Frieden. Sie haben sich daran gewöhnt, mit den Juden zu leben, weil sie im Dorf ihre Angelegenheiten selbst regeln können. Aber wenn man das Dorf verlässt, wie ich es jeden Tag tue, und auf eine jüdische Highschool geht oder einfach nur nach Tel Aviv oder Haifa fährt, dann wird man ständig daran erinnert, dass wir Bürger zweiter Klasse sind.«

»Was meinst du damit? Ich dachte, israelische Araber haben den gleichen Ausweis wie andere Israelis und haben einen israelischen Pass?«

Er lachte verbittert.

»Mann, du bist so naiv. Natürlich scheinen wir auf dem Papier die gleichen Rechte zu haben. Aber wenn du unter die Oberfläche schaust, sieht es ganz anders aus, dann siehst du die hässliche Realität. Die Juden vertrauen uns nicht. In der Schule laden mich meine jüdischen Klassenkameraden nur selten zu sich nach Hause ein, stellen mich ihren Eltern vor oder bitten mich zum Abendessen. Mehrere Male habe ich sie hierher eingeladen, einige sind auch gekommen und wurden hier gut behandelt.

Aber wenn ich auf der großen Dizengoff-Straße in Tel Aviv laufe, habe ich immer das Gefühl, dass die Leute mich argwöhnisch anschauen. Ich spüre die Anspannung, so als würde ich dort nicht hingehören. Wenn ich dann nach Nablus oder Ramallah in den besetzten Gebieten reise, dann schauen mich meine palästinensischen Brüder misstrauisch an, weil ich in Israel lebe und als Israeli gelte. Einige nennen uns Verräter, nur weil unsere Großeltern oder Eltern sich entschlossen haben, nach dem Unabhängigkeitskrieg in ihren Dörfern zu bleiben. Manchmal frage ich mich, wer ich bin und wo ich leben soll, um wirklich unabhängig zu sein.«

Ich wusste, dass er das nicht aus Hass, sondern aus Frustration sagte. Er versuchte, hier zu leben, aber er musste erst noch seinen Platz in dieser Gesellschaft finden, wenn es überhaupt einen Platz für ihn gab. Nun wechselte er das Thema:

»Sag mir, mein Freund, wie ist es dir ergangen? Ich habe bemerkt, wie aufmerksam du den religiösen Worten meines Großvaters zugehört hast. In Deutschland hatte ich den Eindruck, dass du nach etwas mehr in deinem Leben suchst. Und was gibt's Neues von Vered?«

Ich zögerte mit meiner Antwort, weil ich nicht zugeben wollte, dass er den Finger in eine offene Wunde gelegt hatte.

»Ich hab etwas Zeit mit ihr verbracht, sie ist dann aber in dem Kibbuz geblieben, wo sie bei der Armee stationiert ist. Ich weiß nicht genau, was ich sagen soll. Ja, ich mag sie. Nein, das stimmt nicht. Ich habe wirklich tiefe Gefühle für sie. Aber ich weiß auch, dass ich mich nicht in sie verlieben darf, weil solch eine Beziehung nicht funktionieren würde. Ich lebe und studiere in Deutschland. Sie lebt hier in Israel und ist in der Armee, wo sie von vielen Männern umgeben ist. Du hast recht. Sie hat mir den Kopf verdreht, und nun muss ich damit klarkommen.«

Chalid sah mich verständnisvoll an.

»Das wird schon. Ich habe dir ja gesagt, dass die jüdischen Mädchen so sind. Aber erzähl mir von deinen spirituellen Plänen. Du hast doch etwas vor.«

Ich atmete tief durch und seufzte.

»Ich gehöre keiner organisierten Religion an, obwohl ich katholisch getauft bin. Der jüdische Glaube berührt mich tief, und ich will ihn noch besser kennenlernen. Mehr weiß ich momentan nicht.«

Chalid hörte mir aufmerksam zu und legte seine Hand auf meine Schulter.

»Weißt du, was die Ironie an der Sache ist? Aber nimm es nicht persönlich. Wenn du Jude geworden bist, kannst du hier leben, erhältst automatisch die Staatsbürgerschaft und bekommst alle Rechte und Vorteile eines neuen Immigranten. Ich dagegen wurde hier geboren und bin hier aufgewachsen und werde immer ein Bürger zweiter Klasse sein. Das akzeptiere ich nicht. Das macht mich und viele meiner Freunde wütend. Unser Leben liegt vor uns, und wir wollen uns eine Karriere aufbauen. Wir wollen vielleicht nicht in diesem Dorf bleiben, sondern in Tel Aviv oder Haifa oder an einem anderen Ort unserer Wahl leben, aber das können wir nicht. Hör dir bitte alle Seiten an und versuche, die Vielschichtigkeit des Lebens in diesem kleinen Land zu verstehen.«

Während wir liefen, vergaßen wir fast, wohin wir gingen. Plötzlich hielt Chalid an und zeigte auf ein Haus, das dem seinen glich.

»Hier treffen wir meine Freunde. Rede aber bitte nicht über religiöse Dinge. Sie können es vielleicht nicht verstehen und werden nicht versuchen, es zu verstehen, so wie ich es tue. Versprochen?«

Widerwillig stimmte ich zu, denn ich verstand, dass ich meinen Freund respektieren und unvoreingenommen sein musste. Wir gingen in den Hof des Hauses seines Freundes und wurden wieder von der ganzen Familie begrüßt, die sich über den Besuch des »Almani«, wie ich im Dorf hieß, freute. Die Nachricht von meiner Ankunft hatte sich in Windeseile herumgesprochen.

Langsam gewöhnte ich mich an das gleiche Tee- oder Kaffeeritual als Ausdruck einer großzügigen und bedingungslosen Gastfreundschaft, die für alle palästinensischen Familien, die ich getroffen habe, typisch ist. Dann trafen wir eine Gruppe junger Männer, die alle ein passables Englisch sprachen. Die meisten gingen auf eine israelische Highschool, sie konnten also auch fließend Hebräisch. Chalid stellte mir Abed, Saiid und Rami vor.

Auch Mahmoud war Teil der Gruppe. Er fiel als ein stiller Mann auf, der immer lächelte, aber eine darunterliegende Traurigkeit ausstrahlte. Später sagte mir Chalid, dass Mahmoud unter Stimmungsschwankungen litt und oft gar nicht seinen Alltag bewältigen konnte. Selbst als junger Medizinstudent konnte ich sehen, dass er entweder eine Depression oder eine bipolare Störung hatte. Leider begab er sich nie in eine spezielle medizinische Behandlung; das lag an den kulturellen Hindernissen der Gesellschaft, in der er lebte, und ihren althergebrachten Stereotypen über psychische Erkrankungen. Tragischerweise wurde Mahmouds Leiche einige Jahre später in der Nähe des Dorfes an einem Olivenbaum hängend gefunden. Er wurde schnell in einem flachen Grab beerdigt, und die anderen Dorfbewohner mieden die Familie, als wären sie leprakrank.

Wir setzten uns hin, tranken Kaffee und aßen das süße arabische Gebäck namens Baklava, das aus gemahlenen Nüssen besteht und mit Zucker oder Honigsirup bedeckt ist. Während wir gemeinsam scherzten, fragten mich meine palästinensischen Gastgeber nach den deutschen Frauen, die hier für ihre Zuneigung für arabische Männer bekannt waren. Nach so vielen Fragen über deutsche Frauen musste ich schließlich fragen:

»Warum sucht ihr euch keine Frau aus eurem Dorf?«

»Du verstehst die arabische Kultur nicht«, meinte Abed. »Du kannst dich hier nicht einfach mit einer Frau verabreden und eine lockere Beziehung haben. Das passiert zwar, aber wenn es die Familie des Mädchens oder der Frau herausfindet, dann betrachten sie es als Entehrung ihrer Familie. Um die Ehre wiederherzustellen, muss die Frau von einem Familienmitglied getötet werden.«

»Ihr macht Witze«, sagte ich ungläubig.

»Nein, das ist hier im Dorf schon ein paarmal passiert. Die israelische Polizei nahm dann den Vater oder den Bruder fest, der als Täter galt, dabei haben sie nur nach unserer Tradition gehandelt. Wenn du einer Frau nahekommen willst, dann musst du sie entweder heiraten oder dein Glück außerhalb des Dorfes mit Touristinnen oder israelischen Mädchen versuchen. Natürlich kannst du auch heiraten, aber das ist nicht so einfach, dafür brauchst du eine Menge Geld. Du bezahlst die Ausrichtung der Hochzeit, damit die Familie die Braut aus dem Haus der Eltern freigibt, und um die Zeremonie abzuhalten. Wenn du keine Arbeit oder keine wohlhabende Familie hast, kannst du nicht heiraten. Wir stecken also fest zwischen dem Befolgen der Traditionen, die unsere Identität definieren, und der Flucht aus diesen Traditionen, die unser Leben einengen.«

Plötzlich meldete sich Rami zu Wort.

»Erzähl mir mehr über Deutschland. Ich bewundere sehr, was die Deutschen getan haben, besonders Hitler.«

Ich erstickte fast an einem Bissen des süßen Baklava. Langsam schluckte ich es herunter und spülte mit einem Glas Wasser die klebrige Süße aus dem Mund; dabei dachte ich darüber nach, was ich antworten sollte.

»Was meinst du?«, fragte ich und versuchte, meine Wut zu unterdrücken und etwas Zeit zu gewinnen.

Chalid verstand meine Reaktion sofort, aber bevor er etwas sagen konnte und ohne Rami die Zeit für eine Antwort zu geben, entschloss ich mich, ehrlich zu sein.

»Im Namen Deutschlands und auf Befehl von solchen Männern wie Hitler sind grausame Verbrechen verübt worden.«

»Aber er hat versucht, die Juden umzubringen«, protestierte Rami. »Wenn er nur etwas mehr Zeit gehabt hätte, würde es uns Palästinensern nicht so schlecht gehen.«

»Du meinst, wenn er es geschafft hätte, alle Juden in Vernichtungslagern wie Auschwitz zu ermorden?«

»Ja, genau«, nickte Rami zustimmend.

»Ich will dir eines sagen: Als Deutscher schäme ich mich für das, was den Juden angetan wurde.«

Und ich fuhr fort und testete damit die Grenzen ihrer Gastfreundschaft: »Mich schockiert es auch, dass die Palästinenser, die ich eigentlich für intelligente Leute gehalten hatte, solch schreckliche Verbrechen gutheißen. Ich verstehe eure Wut und Frustration, aber mit der Zustimmung zu Hitlers Politik des Massenmords erntet ihr in Deutschland keine Unterstützung.«

Meine Gastgeber waren von meiner Offenheit überrascht, aber ich war noch nicht fertig. »Übrigens, ihr wisst doch, dass Hitler und die Unterstützer der Nazis Antisemiten waren?«

Rami sah Chalid, Abed und Saiid an, und alle vier antworteten fast gleichzeitig: »Ja, klar wissen wir das.«

»Wenn ihr das wisst, dann wisst ihr wahrscheinlich auch, dass das Wort Semit auf Sem zurückgeht, einen der drei Söhne Noahs. Zu den Nachfahren von Sem zählen die Aramäer, Assyrer, Babylonier, Chaldäer, Sabäer und Hebräer. Somit seid auch ihr Semiten, ebenso wie die Juden. Hitlers Ziel war, alle semitischen Volksgruppen auszulöschen, auch die Sinti und Roma und andere Völker, die nach der Nazi-Ideologie zu den sogenannten ›niederen Rassen‹ gehörten. Hitler hätte also nicht bei der Auslöschung der Juden haltgemacht. Früher oder später wären auch die Palästinenser dran gewesen.«

Chalid und seine Freunde sahen mich mit weit aufgerissenen Augen an. Natürlich hatte ich die Tatsachen sehr vereinfacht, um sie mit der Pointe zu den Palästinensern zu treffen. Aber ich war so wütend, dass ich ihnen einfach meine Meinung sagen wollte.

Chalid erholte sich als Erster von diesem überraschenden Argument.

»Das wusste ich nicht«, erklärte er, und die anderen nickten zustimmend. »Entschuldige, wenn wir dich verärgert haben.«

»Eigentlich bin ich froh, dass ihr mir diese Frage gestellt habt. Das gibt mir die Gelegenheit, euch zu sagen, dass die Deutschen mit dem Wunsch der Palästinenser nach mehr Rechten und nach einem eigenen Staat sympathisieren, aber sie lehnen jede Gewalt zum Erreichen dieses Zieles ab. Wir in Deutschland mussten unsere eigenen Erfahrungen mit Terrorismus machen, als die Rote-Armee-Fraktion das Land tyrannisieren wollte, aber sie wurden später getötet, kamen ins Gefängnis oder verübten Selbstmord. Auch den palästinensischen Terrorangriff auf die Israelis bei den Olympischen Spielen in München fanden viele Deutsche widerlich.«

»Aber dadurch hört uns die Welt zu«, protestierte Rami.

»Vielleicht hört man euch, aber man wird euch kaum unterstützen wollen, weil der Eindruck entsteht, dass die Palästinenser unberechenbar sind und wieder Gewalt anwenden werden, wenn sie politisch nicht weiterkommen.«

Rami gefiel meine Beschreibung der palästinensischen Politik gar nicht.

»Ich habe gehört, dass der Kampf der Palästinenser von vielen jungen Deutschen, die die öffentliche Meinung beeinflussen, unterstützt wird.«

Er hatte recht. Die Palästinenser waren bei vielen jungen Deutschen beliebt, besonders bei Studenten, die sich mit dem Status der Palästinenser als Flüchtlinge und scheinbaren Opfer der Israelis identifizierten. Einige linke Gruppen und Studentenorganisationen luden regelmäßig palästinensische Aktivisten ein, um bei Treffen zu sprechen. Diese Sprecher waren gut ausgebildet, um die Palästinenser als die wahren Opfer des Holocaust darzustellen. Immerhin hatte der Holocaust zur Gründung des Staates Israel und zur Vertreibung der Palästinenser von ihrem Land geführt. Einige Deutsche nutzten diese Gelegenheit, um ihr eigenes Gefühl von Schuld und Scham für die unbeschreiblichen Verbrechen

Nazideutschlands gegen die Juden zu richten. Bereitwillig gaben sie den Juden die Schuld an einem angeglichen »neuen Holocaust« gegen die Palästinenser. Mein Vater war einer von ihnen, weil er sich dadurch, wie mir später klar wurde, von seiner eigenen Verantwortung ablenken konnte.

Chalid bemerkte, dass unser Gespräch immer schwieriger wurde.

»Chalas, genug«, ermahnte er seine Freunde. »Er ist unser Gast und muss jetzt hungrig sein. Lasst uns etwas essen. Morgen will ich ihm die Al-aqsa zeigen.

»Aber er kann nicht dorthin gehen!«, protestierte Saiid.

»Warum nicht«, fragte ich.

»Weil du kein Moslem bist. Nur Moslems dürfen ihren Fuß auf diesen heiligen Boden setzen. Für uns ist es einer der heiligsten Orte.«

Chalid ließ sich nicht abschrecken.

»Dann machen wir ihn zum Moslem. Ich will, dass er unsere heiligen Orte sieht. Er hat die jüdischen Heiligtümer gesehen und jetzt soll er auch unsere kennenlernen.«

Während dieses Gesprächs fühlte ich mich unwohl, so wie vorher, als Vered versucht hatte, mich als ihren »jüdischen Cousin« auszugeben. »Ich muss nicht hingehen«, mischte ich mich ein. »Ich respektiere eure religiösen Gefühle und will sie nicht verletzen.«

Chalid ließ sich nicht davon abbringen, aber Saiid sagte, dass er nicht mitkommen würde, und Abed und Rami nickten zustimmend.

»Okay, dann fahren ich und Mahmoud«, meinte Chalid trocken. »Wie dem auch sei, lasst uns unseren Gast zum Essen einladen.«

Dieser Vorschlag bekam keine Gegenstimmen, und Rami ging aus dem Raum, um seine Mutter zu bitten, das Essen zu bringen.

Innerhalb weniger Minuten wurden Teller mit dampfendem Reis, Gemüse, gefüllten Weinblättern, Lamm, Hühnchen, Falafel

und verschiedenen ebenso leckeren wie undefinierbaren Fleisch-
und Reisgerichten serviert. Es war tatsächlich ein Festessen. Zu
allem wurde frisch gebackenes Pitabrot in kleine Stücke zerteilt,
um damit all die vielen Gerichte probieren zu können.

»Lass es dir schmecken, auf deine Gesundheit, sahtin«, Abed
zeigte auf das Essen.

»Vielen Dank, shukran und sahtin für dich, mein Freund.«

Das war der Moment, um unsere Meinungsverschiedenheiten
außen vor zu lassen und zusammen zu essen. Danach wurden
Kaffee, Früchte und Baklava serviert. Nach dem Essen wurde ich
müde, und Chalid bemerkte, dass es Zeit war zu gehen. Abed,
Rami, Mahmoud und Saiid umarmten und küssten mich zweimal
auf die Wange, was ich anfangs nur zögernd erwiderte. Trotz unserer unterschiedlichen Meinungen war ihre aufrichtige Gastfreundschaft überwältigend und berührte mich zutiefst.

Chalid brachte mich zurück zu seinem Haus, wo ich die Nacht
verbringen sollte. Es war schon dunkel, aber das Dorf vibrierte
immer noch von Geschäftigkeit. Eine stetige kühle Brise sank ins
Tal und brachte den Duft der Pinienbäume mit sich, die das Dorf
umgaben. In jedem Haus schien das Radio auf volle Lautstärke
aufgedreht zu sein, der ganze Ort wurde dadurch mit arabischer
Musik durchflutet. Einige Lieder hatten einen schnellen Rhyth-
mus, andere langsame, klagende Melodien, die Traurigkeit aus-
drückten. Streunende Hunde folgten uns, und Kinder winkten vor
den Eingängen der Häuser.

»Ich mag dein Dorf«, bemerkte ich.

»Ja, aber manchmal wünsche ich mir, hier rauszukommen«,
brummte Chalid. »Versteh mich nicht falsch, ich liebe mein Dorf
und meine Leute, aber das ist eine kleine Welt, und ich bin ein
junger Mann. Sieh dich an. Du kannst überall in der Welt hinreisen. Ich stecke hier fest – mit wenig Geld, ohne echte Zukunft in
Israel und mit einem israelischen Pass, mit dem ich nicht in arabische Länder reisen kann. Ich stecke hier fest!« Seine Wut und

Frustration waren deutlich zu spüren, als er fortfuhr: »Ich will hier raus. Ich denke darüber nach, ein Stipendium anzunehmen, das eine der arabischen politischen Parteien in Israel anbietet, damit junge arabische Männer im Ausland studieren können. Ich will Zahnmedizin studieren, und wenn ich fertig bin, vielleicht zurückkommen.« Er sah sich zum Dorf um und atmete tief. »Oder vielleicht auch nicht.«

Wir hatten sein Haus erreicht. Chalid führte mich in ein Zimmer mit einem Bett, das für mich vorbereitet war.

»Wir sehen uns morgen früh, mein Freund. Leila Sa'eeda, gute Nacht.« Schnell schloss ich meine Augen und brauchte nicht lang, bis ich in einen tiefen Schlaf sank. Ich sehnte mich immer noch nach Vereds Umarmung und vermisste sie sehr.

»Leila Tov, gute Nacht, mein Freund.«

DER FÜNFTE TAG

Langsam erwachte ich, geweckt vom Ruf des Muezzins zum Morgengebet. Ich öffnete den Vorhang. Das Fenster gab den Blick auf das ganze Dorf frei, das von Pinienbäumen und gelb blühenden Büschen umgeben war.

In der Mitte des Dorfes stand ein Kloster, das die friedliche Koexistenz zwischen Christen und Muslimen bezeugte. Fast zweitausend Jahre zuvor war an diesem Ort eine Kirche gebaut worden, um die herum später das Dorf Abu Gosh entstand. Die Kirche wurde während der persischen Invasion 614 zerstört, später wurde auf den Überresten ein Kloster errichtet. Es wurde mehrere weitere Male zerstört und wieder aufgebaut und schließlich 1875 von Napoleon IV. restauriert. Die Geschichte war in und um Jerusalem so gegenwärtig, dass es mich immer wieder von Neuem beeindruckte.

Ein Klopfen an der Tür brachte meine Aufmerksamkeit wieder in die Gegenwart zurück. Ich öffnete die Tür und fand eine Tasse mit dampfendem Minztee, ein frisches Handtuch und ein Stück Seife. Ich trank den Tee, duschte, zog mich an und ging nach unten, wo Chalid und Mahmoud schon im Wohnzimmer saßen.

»Sabah alkahir – guten Morgen, mein Freund. Hast du gut geschlafen?«

»Sabah alnur«, versuchte ich auf Arabisch. »Euch auch einen guten Morgen.«

Chalid lächelte über meinen Versuch, arabische Sätze zu lernen.

»Schon bald wirst du Arabisch sprechen. Wir zeigen es dir. Jetzt setz dich zum Frühstück.«

Das Essen war einfach, aber schmackhaft und erfrischend. Es bestand aus Labna, Joghurtkäse, Olivenöl und Brot. Chalid zeigte mir, dass ich das Brot erst in das Öl und in den wilden Thymian, der zata'ar genannt wird, und dann in das Labna eintauchen sollte. Es war ein simples und leckeres Frühstück, das ich manchmal heute noch esse.

»Okay, jetzt können wir unser Abenteuer in Jerusalem starten. Heute mache ich dich zum Moslem.«

Chalid grinste, aber ich hatte meine Zweifel.

»Chalid, lass uns noch mal darüber reden. Ich will dich nicht in Schwierigkeiten bringen.«

»Mach dir keine Sorgen«, sagte er lächelnd, »du weißt noch nicht, wie gut ich andere überreden kann.«

Mahmoud lächelte mich an und sagte:

»Ich habe von Chalid gehört, dass du die Juden so sehr magst, dass du selbst einer werden willst.«

»Ich will nur so viel wie möglich über sie lernen, um dann später darüber nachdenken zu können«, erwiderte ich ausweichend. Ich wusste immer noch nicht, was ich tun oder erwarten sollte. Die vielen neuen Eindrücke riefen konfliktreiche Gefühle in mir hervor. Ich brauchte Zeit, um damit klarzukommen!

Mahmoud fragte nicht weiter nach, und Chalid drängte uns zum Aufbruch.

»Wir haben heute viel vor. Lasst uns keine Zeit verschwenden.«

Wir drei nahmen einen Bus zum zentralen Busbahnhof in Jerusalem. Chalid deutete auf die separate Haltestelle für arabische Passagiere, die in die besetzten Gebiete reisten oder von dort kamen.

»Siehst du, sie trennen die Araber von den Juden. Sie vertrauen uns nicht. Wie kann es Frieden geben, wenn wir nicht lernen, wie wir uns im Alltag vertrauen können?«

Er klang wütend und verbittert, aber mittlerweile konnte ich seine Haltung verstehen. Mein Eindruck war, dass ich mich als Außenstehender nicht auf eine Seite stellen sollte, aber es war schwierig, bei so vielen offensichtlichen Ungerechtigkeiten unparteiisch zu bleiben.

Ein Taxi ließ uns am Jaffator heraus. Der Ort erinnerte mich schmerzvoll an Vered. Ich vermisste sie, aber ich konnte nicht stehen bleiben und musste weiter. Dieses Mal erlebte ich den Gang durch das arabische Viertel der Altstadt völlig anders. Mahmoud und Chalid unterhielten sich mit den Händlern, scherzten und lächelten. Viele luden uns in ihre kleinen Läden ein, die von außen wie Löcher in der Mauer aussahen. Im Innern waren sie jedoch mit einer überwältigenden Auswahl von Waren gefüllt, die von billigen Touristenartikeln bis zu wunderschönen handgemachten Vasen, Ornamenten, Silberschmuck und traditionellen arabischen Kleidungsstücken reichten. In jedem Laden wurden uns Kaffee und Tee angeboten, und ich begann, mich unter den palästinensischen Arabern wohlzufühlen.

Chalid zeigte auf Poster der Al-Aqsa-Moschee, die in jedem Laden, in den wir eintraten, gut sichtbar angebracht waren.

»Al-Aqsa ist das Herz von Al-Quds«, sagte er und nannte Jerusalem bei seinem arabischen Namen. »Es ist das Symbol für unsere ständige Anwesenheit, die die Juden nicht einfach verdrängen können. Wir alle wollen hier beten, um unsere Solidarität mit Al-Quds zum Ausdruck zu bringen.«

Beinahe wollte ich der Versuchung nachgeben und ihn darauf hinweisen, dass die Muslime in den vergangenen Jahrhunderten immer Zugang zur Al-Aqsa-Moschee hatten, wohingegen den Juden der Zugang zur Klagemauer verweigert worden war, bis sie 1967 ihren Sieg errungen hatten. Aber weil ich mich unter palästinensischen Arabern inmitten des arabischen Viertels befand, sagte ich lieber nichts.

»Nun ist es Zeit, den Al-Haram al-Qudsi al-Sharif zu besuchen«, sagte Chalid und verwendete den arabischen Namen für den Tempelberg. Wir liefen die engen Gassen der Altstadt entlang, durchquerten das jüdische Viertel und kamen zum Platz vor der Klagemauer. Nur wenige Tage zuvor hatte ich an diesem Ort gebetet und den geheimnisvollen alten Mann getroffen, der so tief in meine Seele geschaut hatte. Heute hielt ich vergeblich nach ihm Ausschau.

Direkt neben der Mauer ging ein Weg zum Tempelberg hinauf, aber auf halbem Wege versperrte ein Wachhäuschen den direkten Zugang. Mehrere Polizisten inspizierten jede Person, die den Tempelberg betreten wollte.

»Chalid, sollen wir das wirklich machen?«

»Klar. Keine Sorge. Ich kenne einen Polizisten, der mit einem meiner Cousins verwandt ist. Kein Problem. Das geht klar.«

Mich überzeugte er damit nicht, und als wir an das Kontrolltor kamen, wurde ich immer nervöser. Ich wollte den Tempelberg sehen, aber ich wusste, dass es Juden verboten war, die heiligen Stätten der Araber zu besuchen. Ich wusste auch, dass 1969 ein christlicher Fundamentalist aus Australien die Al-Aqsa-Moschee in Brand gesetzt hatte. Seitdem hatte die muslimische Verwaltung, die waqf, die für den Al-Haram-al-Sharif in Jerusalem verantwortlich ist, allen Nicht-Muslimen, die einige als infidels, Ungläubige, bezeichneten, den Zutritt verboten. Das wurde eindeutig durch ein großes und gut sichtbares Schild mit einem Hinweis auf

Englisch, Arabisch und Hebräisch angezeigt, das auch vom Oberrabbinat von Israel unterzeichnet war.

Einer der Wachleute kam schon auf mich zu, umkehren war nicht mehr möglich. Es war ein Mann mittleren Alters mit einem großen Schnauzbart und einem ernsten Gesichtsausdruck.

»Shismak? Wie heißt du?«, fragte er auf Arabisch. Ich wusste nicht, was ich sagen sollte, und murmelte die paar arabischen Wörter, die ich konnte.

»Ana Almani, ich bin Deutscher.«

Er lächelte und sprach auf Englisch weiter.

»Mein Bruder lebt in Deutschland. Er studiert Ingenieurwesen in Hannover. Aber was machst du hier? Du solltest doch wissen, dass ich dich hier nur hereinlassen kann, wenn du Moslem bist.«

In diesem Moment hatte sich Chalid schon durch die Gruppe wartender Moslems hindurchgedrängelt.

»As-salam alaykum, er ist ein Freund aus Deutschland. Ich will ihm den Tempelberg zeigen, damit er unsere Kultur besser versteht.«

Ich war erleichtert, dass er die Idee fallen gelassen hatte, mich als Moslem auszugeben. Der Wachmann zögerte und sah mich an.

»Ich lasse dich durch, aber du darfst die Moschee nicht während der Gebetszeiten betreten. Verstehst du mich?« Ich nickte, und bevor ich wusste, wie mir geschah, wurde ich mit der Menge weitergeschoben. Chalid und Mahmoud grinsten mich an.

»Siehst du?«, rief Chalid. »So einfach war das. Nun wirst du sehen, warum wir so stolz auf unsere Moschee sind.«

Nachdem wir durchs Tor gegangen waren, kamen wir auf den abgeflachten Bereich des Tempelberges, der groß genug war, um Zehntausende Menschen im Gebet zu versammeln. Dieser Platz war von einer durchgehenden Mauer umgeben, in der es mehrere Tore gab; eines davon wird das Goldene Tor genannt. Nach jüdischem Glauben würde der Messias Jerusalem durch dieses Tor betreten. Die Al-Aqsa-Moschee liegt im südlichsten Teil des Tempelberges und besteht aus mehreren Sälen, die mit einem silbernen Dom bedeckt sind. Auf der anderen Seite befindet sich der Felsendom.

»Lass uns den Felsendom anschauen«, meinte Chalid, »weil du während des Freitagsgebets nicht in die Moschee gehen darfst.« Wir eilten zu dem achteckigen Gebäude mit der strahlenden, goldüberzogenen Kuppel und den mit Porzellanfliesen bedeckten Außenwänden. Im Innenraum überwältigte mich die erstaunliche Fülle byzantinischer Fliesen, die bemalten Fenster und Türen sowie die arabischen Texte aus dem Koran, die an den Wänden angebracht waren.

»Das musst du sehen«, sagte Chalid und deutete auf einen eingezäunten Bereich, der von Teppichen umgeben war. Darin stand ein großer, flacher Stein mit vielen Markierungen. »Hier ist unser Prophet auf seinem Pferd Buraq in den Himmel aufgestiegen.«

»Das ist nicht ganz richtig«, bemerkte Mahmoud. »Unser Prophet ist hier zur Erde zurückgekehrt, nachdem er in Mekka aufgestiegen ist. Er hat sich mit Moses beraten, und ihm wurden die islamischen Gebete offenbart, bevor er zur Erde zurückkehrte. Der Engel Gabriel begleitete ihn auf seiner Reise. Deshalb ist dieser Ort eines der wichtigsten Heiligtümer im Islam.«

»Ist es nicht erstaunlich, dass drei große Weltreligionen von diesem Ort, genau von diesem Felsen, ihren Ausgang nahmen?«, rief ich.

»Was meinst du damit?«, fragte Mahmoud, und Chalid sah mich neugierig an.

»Nach den christlichen Schriften und der jüdischen Tora ist dieser Stein der Ort, an dem Abraham befohlen wurde, seinen Sohn Isaak zu opfern; er wollte diesem Gebot folgen, dann aber griff Gott ein und verhinderte es. Für die Muslime ist es der heilige Ort, wo der Prophet zur Erde zurückgekehrt ist, nachdem er von Gott die heiligen Gebete erhalten hat. Diese Religionen haben so viel gemeinsam. Warum bekämpfen sie sich dann gegenseitig?«

Chalid sah mich an und antwortete ruhig: »Weil die Juden nicht verstehen, dass der Islam die Fortsetzung der göttlichen Offenbarung für die Menschen ist. Erst offenbarte sich Gott den Juden durch Abraham und Moses, dann den Christen durch Jesus und schließlich durch unseren Propheten. Eigentlich sollten die Juden den Islam als den modernen Ausdruck von Gottes Willen anerkennen. Wenn das geschieht, wird es Frieden geben.«

»Heißt das, dass die Muslime den Juden und Christen nicht das Recht auf eine eigene Religion zugestehen?«

»Nein, nein«, warf Mahmoud ein. »Das verstehst du falsch. Wir erkennen sie an und respektieren sie. Vergiss nicht, dass der große Saladin, der Jerusalem 1187 von den Kreuzfahrern befreit hat, alle Christen und Juden, die damals noch in der Stadt waren, wie seine Gäste behandelte und sie keineswegs umbrachte – ganz anders als die Kreuzfahrer 88 Jahre zuvor, als sie Jerusalem eroberten. Der Islam ist die Religion des Friedens. Christen und Juden können immer mit Muslimen zusammenleben, aber sie müssen unsere besondere Beziehung mit dem Allmächtigen anerkennen.«

Ich konnte meine Fragen nicht zurückhalten, weil diese Erklärung meine Neugier noch nicht befriedigte.

»Ich verstehe es immer noch nicht ganz. Was du mir gerade erzählt hast, wirkt etwas selbstgerecht, wie ein Versuch, die dominante Rolle des Islam zu erklären. Es hört sich so an, als ob eigentlich jeder zum Islam konvertieren muss, um Gottes Willen wirklich zu verstehen. Ist das so?«

Mahmoud und Chalid schauten sich vorsichtig um.

»Bitte«, sagte Chalid fast flehend, »sprich nicht so laut. Diese Wände haben viele Ohren, und es gibt hier Leute, die die Dinge anders sehen als du.« Er schien fast Angst zu haben.

»Lasst uns gehen«, schlug ich vor. »Dieser Ort weckt zu viele Emotionen.«

Wir traten aus der Moschee, als die Sonne langsam im Westen unterging und den Felsendom mit einem orangefarbenen Leuchten erhellte. Aus der nahe gelegenen Al-Aqsa-Moschee hörte man die Stimmen der Menschen im Gebet, und von der Klagemauer drang das kollektive Murmeln der jüdischen Gebete herauf. Sie schienen sich zu einer raunenden Symphonie des Flehens an der Schwelle zum Allmächtigen zu vermischen.

Schweigend gingen wir zum Ausgang, den Weg hinunter und über den großen Platz vor der Klagemauer, der nun in Flutlicht getaucht war.

»Lasst uns ein Taxi zum Busbahnhof nehmen und von dort den Bus ins Dorf«, sagte Chalid. »Morgen musst du früh raus, um nach Haifa zu fahren und deine Fähre nach Hause zu nehmen.«

Ich bemerkte, dass ich die ganzen fünf Tage über meine baldige Rückkehr nach Deutschland fast vergessen hatte – diese fünf Tage erschienen mir wie ein ganzes Leben. Meine Erfahrungen waren so intensiv, dass ich wusste, ich musste zurückkommen.

Wir erreichten das Dorf am späten Abend, und Chalids Mutter kam und bereitete uns einen heißen Tee zu und servierte uns arabisches Gebäck. Kurz darauf ging ich ins Bett und fiel sofort in tiefen Schlaf, überwältigt von den Eindrücken der letzten Tage.

DIE ABREISE

Es war noch früh am Morgen, als mich Chalid weckte.

»Sabah ala-kheir, guten Morgen, mein Freund. Du musst aufstehen und dich fertig machen. Mein Onkel und ich werden dich in einer halben Stunde nach Haifa fahren.« Dieses Angebot überraschte mich, denn selbst bei idealen Bedingungen würde die Fahrt nach Haifa mindestens drei Stunden dauern.

»Keine Sorge. Ich will nicht, dass du dich unterwegs verirrst, und so haben wir noch etwas mehr Zeit miteinander.«

Ich beeilte mich und hatte nur noch Zeit für einen der leckeren arabischen Kaffees, bevor wir losfuhren. Ich wollte mich von allen verabschieden, aber nur Chalids Mutter, seine Schwestern und jüngeren Brüder waren zu Hause. Seine Mutter schüttelte meine Hand und sprach schnell auf Arabisch, was Chalid zu übersetzen versuchte.

»Sie möchte, dass du weißt, sie und die ganze Familie würden sich sehr freuen, wenn du uns wieder besuchst. Du gehörst nun zur Familie. Möge Allah mit dir sein und dir Frieden und Wohlergehen schenken.«

Seine Mutter weinte, als ich ging und in das wartende Auto stieg. Eine große Gruppe Kinder rannte rufend hinter dem Auto her.

»Almani, Almani, maa salama; auf Wiedersehen, Deutscher, auf Wiedersehen.«

Ich lehnte mich in den Rücksitz, neben mir saß Chalid.

»Ich konnte mich gar nicht von Mahmoud verabschieden. Wo ist er?«

Chalid sah mich traurig an.

»Du weißt ja, dass Mahmoud manchmal schlechte Tage hat, dann schließt er sich in seiner Wohnung ein. Wenn ich ihm nur helfen könnte. Seit wir zusammen die Highschool beendet haben, kommen diese Episoden öfter. Ich nehme an, er sieht keine Zukunft für sich, und das macht ihn depressiv und frustriert. Versteh mich nicht falsch. Wir leben in einem schönen Land, und ich habe von dem Bildungssystem profitiert. Aber trotzdem habe ich nicht das Gefühl, dass ich hierher gehöre, und Mahmoud teilt dieses Gefühl.«

Er schaute aus dem Fenster, während wir an israelischen Dörfern und kleinen Städten vorbeifuhren; man sah kleine gepflegte Häuser, Obstgärten voller Orangen. Dahinter erstreckten sich endlose Baumwollfelder.

»Siehst du, die Juden haben dieses Land verändert. Zum Besseren, muss ich gestehen. Aber wir bleiben außen vor und machen die Drecksarbeit. Als ich mit meinem Vater auf dem Bau gearbeitet habe, nannten mich die Juden Ahmed.«

»Warum nannten sie dich Ahmed?«

»Weil das wohl der einzige arabische Name war, den sie kannten. Sie nannten jeden Araber auf der Baustelle Ahmed. Das hat mich wütend gemacht. Und es ärgerte mich, wenn ich meinen Vater in dieser Position eines Dieners sah, so als würde er auf die Krümel warten, die vom Tisch fielen. Nein, ich denke, ich kann hier nicht bleiben, wenn sich nicht wirklich etwas verändert. Ich will Medizin oder Zahnmedizin in einem osteuropäischen Land studieren und wie du Arzt werden. Vielleicht werde ich zurückkommen, vielleicht aber auch nicht.«

»Kommst du mit deinem Vater gut zurecht?«

»Ja, natürlich, in unserer Gesellschaft respektieren wir unsere Eltern und helfen ihnen, wenn sie uns brauchen. Ich weiß, dass mein Vater alles dafür getan hat, dass wir einen Highschool- und Universitätsabschluss machen können. Er selbst kann kaum lesen und schreiben, aber er ist ein willensstarker und kluger Mann. Seine Unterwürfigkeit gegenüber den Juden kommt von der Tatsache, dass er die Arbeit braucht, die sie ihm anbieten.«

Chalid wandte sich mit einem fragenden Blick zu mir.

»Du hast mir kaum etwas über deinen Vater erzählt. Warum?«

Ich zögerte. Gefühle der Scham und Schuld wogten in mir hin und her. Doch Chalid durchschaute mich.

»Ich weiß, du redest nicht gern über ihn. Das hat mit der deutschen Vergangenheit zu tun und wie dein Vater daran beteiligt war. Nun verstehe ich auch deine Faszination für die Juden und dein Interesse an ihrer Kultur besser. Du fühlst dich schuldig und möchtest das, was dein Vater getan hat, wiedergutmachen, stimmt's? Das respektiere ich, aber ich muss dir auch sagen, dass du dabei etwas vergisst. Wenn ihr Deutschen nicht diese schrecklichen Verbrechen begangen hättet, würde es uns Palästinensern besser gehen.«

Ich wusste nicht, was ich darauf antworten sollte, zum Teil, weil ich sein Denken verstehen konnte und mein Vater unabsichtlich eine wichtige Rolle bei meinem erwachenden Interesse für das Judentum, das jüdische Volk und seinen Glauben gespielt hatte. Obwohl ich natürlich wusste, dass ich nicht persönlich für die Ereignisse, die zum Holocaust geführt hatten, verantwortlich war, konnte ich – und sollte ich auch nicht – der kollektiven Verantwortung entkommen, die alle Deutschen haben. Aber trotzdem hatten diese Ereignisse zur Schaffung eines jüdischen Staates geführt, der nach Chalids Ansicht ihn und und sein Volk unterdrückte.

»Du hast recht, mein Freund. Mein Vater hat mein Interesse am Judentum angestoßen, aber ich habe eine persönliche Entscheidung getroffen, diesem Thema nachzugehen. Das beruhte nicht auf Schuldgefühlen.«

»Solange du dir dessen sicher bist, kann ich es verstehen«, erwiderte Chalid. »Aber ich hoffe, du hast nun auch die andere Seite dieser Gesellschaft kennengelernt. Wir leben immer noch im Schatten des Holocaust, und mein Volk hat Mitgefühl für das Leiden der Juden. Aber gerade die Juden sollten doch gelernt haben, dass ihr Leiden nicht das Leiden anderer Menschen rechtfertigt.«

»Warum siehst du dich als Opfer der Geschichte? Mir scheint, dass die Palästinenser ihre eigenen Entscheidungen treffen können und ähnliche Rechte haben wie alle israelischen Bürger«, bemerkte ich.

Chalid seufzte. »Mein Freund, das mag ja teilweise stimmen, aber wir sind ein stolzes Volk, und unsere Identität sollte anerkannt werden. Für mich ist es schwer, mich als Israeli zu fühlen, wenn die Nationalität Israels auf Zionismus und religiösem Idealismus basiert. Bisher ist der Begriff ›Israeli‹ gleichbedeutend mit dem jüdischen Glauben und der jüdischen Geschichte. Sobald sie diesen Knoten lösen und die israelische Nationalität säkularisieren, fühle ich mich vielleicht wohler oder sogar zu Hause hier. Aber bis dahin lebe ich mit einer gespaltenen Persönlichkeit: als Israeli und Palästinenser. Ich hoffe, du verstehst mich. Oder?«

Ich nickte zustimmend, während ich mir widerwillig eingestand, dass ich es nur teilweise verstehen konnte. Mir fiel es immer noch schwer, seine Wut und Feindseligkeit nachzuvollziehen. Später in meinem Leben, als ich selbst zu mir gefunden hatte, konnte ich Chalids Identitätskonflikt besser verstehen.

In der Zwischenzeit waren wir in Haifa angekommen und näherten uns dem Hafen. Dieses Mal freute ich mich nicht darauf, die Fähre zu besteigen; ich wusste, dass ich das Land verlassen musste, das ich so wertschätzte, und ebenso die Menschen, die ich respektieren und lieben gelernt hatte. Das Auto hielt am Pier in der Nähe des Zollgebäudes an.

»Hier müssen wir uns verabschieden«, sagte Chalid. »Vergiss mich nicht, vergiss nicht, was du hier erfahren und gelernt hast. Die lange Reise wird dir viel Zeit geben, über dein Leben nachzudenken. Wofür du dich auch entscheidest, ich werde dein Freund sein.« Er gab mir eine große Tasche mit Brot, Käse und Früchten.

»Meine Mutter hat das für dich zubereitet. Sie weiß, dass du eine lange Reise vor dir hast; darin sind all deine Lieblingsspeisen.«

Ich war sprachlos, und mir kamen die Tränen.

»Lass uns Auf Wiedersehen sagen, ma'a salama, mein Freund.« Er umarmte mich und küsste mich auf die Wangen, und dieses Mal konnte ich die Küsse erwidern.

Er ging zum wartenden Auto zurück. Ich winkte, bis das Auto nicht mehr zu sehen war. Ich sah mich am Pier um; törichterweise wartete ich darauf, dass Vered kam, um mich zu verabschieden, aber sie war natürlich weit weg. Ich vermisste sie schmerzlich und sehnte mich nach einer letzten Umarmung. Schließlich ging ich langsam durch den Eingang zum Pier und bestieg die Fähre. Dieses Mal sicherte ich mir einen der überdachten Plätze auf Deck. Ich erhaschte einen letzten Blick auf Haifa, eine magische Stadt in diesem Land, das mein Herz gewonnen hatte. Schalom Israel, Schalom meine Freunde. Ich werde euch nie vergessen. Ich werde wiederkommen.

Die lange Reise nach Hause verbrachte ich wie im Traum. Nichts und niemand um mich herum erschien mir wichtig; ich verlor mein Zeitgefühl. Ich aß nur, was Chalids Mutter mir eingepackt hatte. Vered vermisste ich schrecklich. Die sozialen Konflikte, die ich beobachtet hatte, verwirrten mich, aber vor allem spürte ich das Erwachen einer tiefen spirituellen Sehnsucht. Die lange und einsame Reise verbrachte ich wie im Taumel mit unklaren Reflexionen über mein erst so kurzes Leben, meine Familie und meine Zukunft.

Ich war nie ein religiöser Mensch gewesen; als Junge hatte ich nur wenig theologische Grundlagen und religiöse Bildung erhalten. Natürlich hat mich meine Mutter in einen katholischen Kindergarten gehen lassen, aber die Erfahrung hatte eher mit emotionaler Dürre als mit spiritueller Erziehung zu tun gehabt. Meine Mutter bestand auch darauf, dass ich die heilige Kommunion empfing und Ministrant wurde, aber keines dieser Erlebnisse eröffnete mir irgendeine spirituelle Erfahrung oder Erfüllung.

Immer wieder dachte ich über mein Heranwachsen nach, die Bedingungen, die meine Kindheit geformt hatten. Mir war klar, dass ich einen starken sozialen Gerechtigkeitssinn hatte und mit den Normen, die meine Eltern akzeptierten, nicht konform gehen konnte. 1966, in der Frühphase der Studentenrevolte in Westdeutschland, hatte ich in Bamberg einmal voller Bewunderung eine Demonstration von Studenten gesehen. »Die sollten alle in Lager gesteckt werden«, schimpfte ein Beobachter, der neben meinem Vater stand. »Unter Hitler wäre so etwas nie toleriert worden.« Mein Vater ballte die Fäuste und blieb still, entweder weil er das Verhalten der Demonstranten ablehnte oder ihn die Bemerkung seines Nebenmannes ärgerte. Er blieb still und sagte nichts. Ich war zu jung, um zu verstehen, was passierte, aber alt genug, um seine Wut zu spüren; allerdings hatte ich damals noch nicht den Mut, ihm direkte Fragen zu stellen. An eines jedoch erinnere ich mich: Es überraschte mich, dass mein Vater, der für mich ein Held war, nichts sagte. Er war spürbar verärgert, aber sein Schweigen schien die Bemerkungen zu billigen. Das war das erste Mal, dass mein Vater mich enttäuscht hatte.

Viele Jahre später, während meiner Zeit auf dem Gymnasium, besuchte ich Kurse über Politik, Philosophie und Religion außerhalb der Schule. Naiv bewunderte ich kommunistische und sozialistische Ideologien und las glorifizierende Propagandaliteratur aus China, der Sowjetunion und der DDR. Mir wurde erklärt, dass diese Länder es geschafft hatten, auf die Bedürfnisse der Menschen einzugehen und gerechte Gesellschaften zu schaffen.

Ich wurde Mitglied der damals regierenden SPD, gründete eine progressive Studentengruppe an meiner Schule und veröffentlichte ein politisches Magazin, das allerdings nur eine kurze Lebensdauer hatte. Bald danach wurde ich zum Schulsprecher gewählt, was zu endlosen Konflikten und Reibungen mit der Schulleitung führte und fast meinen Ausschluss aus der Schule zur Folge gehabt hätte. Mein Vater konnte mit dem Direktor sprechen und die Emotionen etwas beruhigen. Sicher waren auch meine hervorragenden schulischen Leistungen von Vorteil.

In dieser Zeit war mir die Religion als die Antithese zu sozialem Fortschritt und Gerechtigkeit erschienen. Ich war der Überzeugung, dass Glaube und Religion dazu dienten, die Menschen zu betäuben, damit sie ihr miserables Leben vergessen. Auf der Suche nach der Wahrheit und nach einer Versöhnung mit der Welt las ich Bücher von Karl Marx, Erich Fromm, Mao und anderen.

All diese Aktivitäten stießen natürlich bei meinen Eltern auf Ablehnung und machten ihnen Sorgen. Meine Mutter nahm sogar politische Bücher aus meinem Regal und zeigte sie meinem Vater. Eines Abends kam er unangekündigt in mein Zimmer; er war aufgeregt und wütend. »Deine Mutter und ich machen uns große Sorgen um dich und dein Leben«, erklärte er. »Du bringst Bücher in unser Haus, die uns und unser ganzes Leben verletzen. Wir haben die Kommunisten am eigenen Leib erlebt. Deine Mutter ist mit einer Pistole in der Hand von zu Hause geflohen – einer Pistole, die ich ihr gegeben hatte, damit sie sich gegen marodierende Sowjetsoldaten wehren konnte. Wir wussten, dass sie deutsche Frauen vergewaltigen und töten. Du weißt gar nicht, was die Kommunisten Deutschland angetan haben.«

Seine vorhersehbare Ansprache nervte mich mehr als sein Eindringen in mein Zimmer. Mein Zimmer war meine Welt. Ich hatte die Wände mit linken Propagandapostern dekoriert, nur zu dem Zweck, meine Eltern davon abzuhalten, hereinzukommen und in meinen Sachen zu schnüffeln. Sofort antwortete ich: »Ich schätze, die Kommunisten hatten ihre Chance verdient, auch mal zu plündern, nach dem, was die Deutschen ihrem Land und den Menschen angetan hatten. Ihr habt Millionen von ihnen ermordet und es nie zugegeben.« Mir tat sofort leid, was ich gesagt hatte, aber ich war zu stolz, es zuzugeben.

Er stürmte auf mich zu, sein Gesicht lief rot an, und der Zeigefinger seiner rechten Hand war direkt auf mich gerichtet. »Du verdammter Bastard! Ich schäme mich dafür, dich meinen Sohn nennen zu müssen.« Selbst in diesem Wutanfall konnte ich in seiner

Stimme einen leisen Schrei des Schmerzes hören. »Ich habe dir beizubringen versucht, deine Eltern zu respektieren, dein Land zu respektieren und ein gesetzestreuer Bürger zu werden. Und was ist aus dir geworden? Ein Kommunist! Eine Schande für die Ehre unserer Familie! Du solltest dich schämen für das, was du gerade gesagt hast.«

Als ich meinem Vater direkt gegenüberstand, in seine roten, blutunterlaufenen Augen schaute und die dampfende Mixtur aus Alkohol und Wut in seinem Atem roch, bedauerte ich die Situation. Doch meine Dickköpfigkeit hinderte mich daran, den einfachen Satz »Es tut mir leid« auszusprechen.

»Vielleicht bin ich wie Onkel Karl«, sagte ich. »Er stand zumindest für etwas und hat gegen die Nazis gekämpft.«

Mein Vater schauderte, als er den Namen seines Bruders hörte. »Ich möchte, dass du seinen Namen in diesem Haus nie mehr erwähnst. Für mich existiert er nicht mehr.«

»Aber er lebt, und ich habe das Recht, mehr über ihn zu wissen. Er kann mir vielleicht mehr über dich sagen als du selbst.«

Statt einer Antwort auf meinen Wunsch, mehr über seinen Bruder zu erfahren, beendete mein Vater unsere hitzige Auseinandersetzung. »Aus einem Gespräch mit ihm würde nichts Gutes kommen. Sein Verstand wurde vergiftet, und er wird dich nur noch verwirrter machen, als du schon bist. Aber ich kann dich nicht davon abhalten, ihn aufzuspüren.«

Dieser Diskussion folgten wochenlange Anspannung und Schweigen. Mehrere Monate später, im Mai 1977, bot mir mein Vater unerwartet die Gelegenheit, mit einer Gruppe von Schülern nach Westberlin zu reisen. Die Reise wurde vom deutschen Innenministerium organisiert, um Schülern eine politische Perspektive auf das geteilte Deutschland zu bieten. Die Gründe für die Großzügigkeit meines Vaters waren mir nicht klar, aber ich nahm an, dass er zwei Motive gehabt haben könnte: Erstens gestand er mir das Recht zu, ein Familienmitglied kennenzulernen, dem ich nie begegnet war, denn Onkel Karl lebte in Westberlin. Und zweitens wollte er wohl, dass ich mit eigenen Augen sehen sollte, was die Kommunisten in Wahrheit getan hatten.

Beim zweiten Punkt sollte er recht behalten. Ich nahm sein Angebot sehr gern an und nutzte auch die Gelegenheit, mir Ostberlin anzusehen. Nachdem ich von einem Grenzpolizisten mit versteinerter Miene untersucht worden war, passierte ich den Grenzübergang. Im Ostteil der Stadt erwartete ich das gelobte Land. Stattdessen begegneten mir grimmig dreinblickende Menschen, leere Regale in Lebensmittelläden und Buchhandlungen, in denen es keine Bücher gab, die dieses »Arbeiterparadies« auch nur entfernt kritisierten.

Beim Schlendern durch die Stadt bemerkte ich, dass mir einige Polizisten in Zivil überallhin folgten. Jahre später erfuhr ich, wie der Staatssicherheitsdienst, die Stasi, jeden Besucher und vor allem auch viele Bürger der DDR überwacht und selbst Familienmitglieder zu Spitzeln gemacht hatte. Ich bemerkte auch, dass die Häuser in der Nähe der Grenze modern aussahen und in gutem Zustand waren; aber abseits davon waren viele Gebäude baufällig. Auf der Suche nach einem warmen Essen ging ich in ein Restaurant, fand hier aber nur Missachtung und Feindseligkeit, sobald man mich als Besucher aus dem Westen erkannt hatte. Eine Frau schaute mich missbilligend vom Nebentisch an. Ich nickte ihr freundlich zu, und sie stand sofort auf. »Ihr Westler vergiftet unsere Gesellschaft«, rief sie laut. »Macht, dass ihr hier rauskommt.« Ihr Verhalten war eindeutig für die Polizisten in Zivil gedacht, die im hinteren Teil des Restaurants saßen und ihrem »patriotischen« Verhalten sicher zustimmten.

Ich bezahlte eine Mahlzeit, die ich nicht essen konnte, und eilte zurück zum Grenzübergang. Offensichtlich war es dem Kommunismus nicht gelungen, das autoritäre Denken aus der Gesellschaft zu verbannen – oder er brauchte selbst dieses Denken, um zu überleben. In dieser Gesellschaft konnte ich nichts Fortschrittliches finden, das es notwendig machte, die Bürger durch eine Mauer vom Westen – und von allen Einflüssen, die zum Zweifel an dem autoritären System führten – zu trennen. Ironischerweise war es ein System, das den gleichen totalitären Prinzipien folgte, die auch Hitler vertreten hatte.

In meinem Hotel wählte ich die Nummer meines Onkels. Eine jugendlich klingende Stimme meldete sich: »Ja, bitte?«

»Mein Name ist Bernd. Bernd Wollschläger. Ich bin Arthurs Sohn.«

Einem langen Schweigen folgte ein noch längerer Seufzer. »Wie geht es meinem Bruder? Ich habe nur durch deine Mutter von ihm gehört, sie schickt mir Briefe und Postkarten.«

»Ich weiß nicht, was ich sagen soll«, erwiderte ich. »Ich kenne ihn nicht besonders gut.«

»Also hat sich in all den Jahren nichts verändert. Komm zu mir, es gibt so viel zu erzählen.«

Ich zögerte nicht, seine Einladung anzunehmen, und eine Stunde später stand ich vor einem großen Wohnkomplex und durchsuchte die endlose Reihe von Namen auf dem Klingelschild. Da war es, das Apartment 35, Karl Wollschläger, mein Onkel. Ich klingelte an der Haustür, und kurz darauf ertönte das Summen des Türöffners. Der Eingang mündete in einen Flur, der zu einer Reihe von Aufzügen führte. Nach einer scheinbar endlosen Fahrt mit dem Aufzug stand ich vor seiner Wohnung und klopfte an die Tür. Sie wurde von einem älteren Mann geöffnet, dessen Ähnlichkeit mit meinem Vater nicht zu übersehen war. Seine Augen waren aber anders – strahlend und jugendlich, sie leuchteten vor Optimismus und Freude.

»Komm rein, Junge, mein Junge«, sagte er und umarmte mich. »Lass dich ansehen.« Er hielt mich an den Schultern und betrachtete sorgfältig mein Gesicht. »Du siehst aus wie dein Vater, wie sein Ebenbild. Bist du auch so stolz und so dickköpfig wie er? Ich hoffe, du lernst aus seinen Fehlern. Komm und setz dich.« Er führte mich in sein spärlich möbliertes, aber trotzdem gemütliches Wohnzimmer und bot mir einen Kaffee an.

»Er hat mir nie von seinen Fehlern erzählt, und ich habe gehofft, dass du mir helfen könntest, ihn besser zu verstehen«, antwortete ich.

Karl sah mich aufmerksam an. »Natürlich hat er darüber nicht gesprochen. Er schämt sich zu sehr, um zuzugeben, dass er Fehler gemacht hat und dass er mit allem, was er getan hat, der falschen Sache diente.«

»Er hat mir erzählt, dass du ein Kommunist warst und in Dachau inhaftiert wurdest.«

Karl zog überrascht die Augenbrauen hoch. »Das hat er dir erzählt? Ich dachte, er wollte diese Angelegenheit begraben und vergessen.« Er lehnte sich in seinem Sessel zurück und schloss die Augen, wahrscheinlich musste er an diese dunklen Tage denken, die er natürlich vergessen wollte. Er setzte sich wieder auf und sah mir in die Augen.

»Ja, dein Vater und ich waren sehr verschieden. Arthur hat immer versucht, der Familientradition zu folgen, indem er als Soldat dem glorreichen Vaterland dient. Ich hingegen glaubte, dass wir als Kanonenfutter für die Großindustriellen benutzt wurden, die Kriege brauchten, um sich zu bereichern. Ich weigerte mich, in der neu gebildeten deutschen Armee zu dienen. Gleichzeitig wurde ich Mitglied der Sozialdemokratischen Partei und später der Kommunistischen Partei, um für ein anderes Deutschland einzutreten. Leider gewannen die Demagogen und Nationalisten – und Hitler kam an die Macht. Dein Vater wurde von der Nazi-Ideologie geblendet und marschierte nach ihrer Musik. Wir haben uns dagegen aufgelehnt, aber wir haben verloren. Viele meiner Kameraden verschwanden in Konzentrationslagern. Nachdem ich jahrelang auf der Flucht war, nahm die Gestapo schließlich auch mich fest. Ein Jahr lang war ich im Gefängnis, wurde gefoltert, aber verriet nichts. Später brachten sie mich nach Dachau, wo der Tod auf mich wartete. Du kannst dir meine Überraschung vorstellen, als dein Vater auftauchte, um mich herauszuholen. Arthur, der Kriegsheld, und ich, der verurteilte Verräter. Natürlich hat sich dein Vater danach sehr schnell von mir distanziert. Den Rest des Krieges habe ich in einer Sondereinheit der Wehrmacht verbracht, die aus verurteilten Soldaten bestand. Unsere Aufgabe bestand darin, Minenfelder zu räumen. Viele von uns wurden von explodierenden Minen in Stücke gerissen. Vielleicht dachte dein Vater, dass mein Tod auf dem Schlachtfeld ehrenhafter sein würde als mein Dahinsiechen in einem Konzentrationslager. Wie du siehst, habe ich überlebt und dein Vater auch. Nach dem Krieg freute ich mich darauf, Deutschland nach meinem Ideal der Gerechtigkeit wieder aufzubauen. Doch während des Kalten Krieges wurden Sozialisten wie ich als nicht vertrauenswürdig eingestuft, und ich erhielt nicht die Erlaubnis, in bestimmten Bereichen zu arbeiten. Ich wusste, dass dein Vater als hochdekorierter Offizier über ein Jahr lang in amerikanischer Gefangenschaft war und nach seiner Freilassung nur begrenzte Karrierechancen besaß. Das Einzige, was er je gelernt hatte, war, ein guter Soldat und Offizier zu sein. Er trat ein für Ehre und Vaterland, aber beides war zerstört. Die Leute, an die er geglaubt hatte, waren nach Südamerika geflüchtet, gefallen oder hatten Selbstmord begangen. Hitlers Selbstmord ärgerte ihn am meisten, denn er konnte nicht glauben, dass sein Führer Deutschland im Stich gelassen und diesen einfachen Ausweg gewählt hatte, um sich aus seiner Verantwortung zu stehlen. Deinem Vater blieb nichts als sein leeres Gefühl der Ehre, aber von Ehre kann man nicht leben und auch keine Familie ernähren. Deshalb musste er ungeliebte Arbeiten annehmen, und das hat ihn zu einem verbitterten Mann gemacht. Wir hatten beide verloren, jeder auf seine Weise. Deutschland war besiegt worden, es war vollkommen zerstört, und die meisten Deutschen lebten in einem Nebel der Hoffnungslosigkeit.

Ich zog in den Osten Deutschlands, um eine wahrhaft sozialistische Gesellschaft mit aufzubauen, stellte aber sehr bald fest, dass die Russen an eine wörtliche Interpretation der Diktatur des Proletariats glaubten. Sie errichteten eine autoritäre Herrschaft. Leute wie ich mussten entweder ihre Loyalität gegenüber einer Kommunistischen Partei nach sowjetischem Vorbild bekunden, oder sie riskierten die Inhaftierung. Deshalb kehrte ich nach Westdeutschland zurück, kurz bevor der Eiserne Vorhang auf Europa niederfiel. Mir wurde klar, dass die Zeit des Idealismus vorbei war und ich das akzeptieren musste. Dein Vater war nicht in der Lage oder nicht bereit, diese Lektion zu lernen, deshalb fanden wir als Brüder nicht mehr zueinander.«

Sichtbar erschöpft sank er in seinen Sessel zurück und schloss die Augen. Es bewegte mich sehr, als ich erkannte, dass ich einer der wenigen Menschen war, denen er seine Geschichte erzählen konnte, in dem Vertrauen, dass ich etwas daraus lernte.

»Bernd«, sagte er und öffnete die Augen, »sag mir, was dich dazu gebracht hat, mich hier in Berlin zu besuchen. Ich weiß, dass dein Vater dich zu mir geschickt hat, aber wonach suchst du?«

Seine Direktheit erstaunte mich, aber ich war nicht überrascht von seinem Interesse an meinem Leben.

»Ich suche nach der Wahrheit über meinen Vater, meine Familie, die Vergangenheit meines Landes. Ich kann nicht akzeptieren, dass Schweigen der einzig mögliche Umgang mit der Vergangenheit sein soll.«

»Du meinst das Naziregime und all den Schrecken, den es für Deutschland gebracht hat?«

»Ja, ich will alles darüber wissen.«

Er sah mich mit einer Mischung aus Neugier und Traurigkeit an.

»Ich kann dir in wenigen Worten beschreiben, was geschehen ist. Zu viele Menschen haben weggeschaut. Ja, es gab aufrechte Deutsche, die Widerstand geleistet haben, aber viele von ihnen flohen oder wurden in die Konzentrationslager geworfen. Hast du schon mal etwas von Dietrich Bonhoeffer gehört?

»Nicht wirklich«, musste ich zugeben.

»Er war ein evangelischer Theologe, der den Nazis Widerstand leistete. Er wurde inhaftiert und nur wenige Tage vor Ende des Krieges hingerichtet. Es dauerte einige Zeit, bis sich Bonhoeffer aktiv dem Widerstand anschloss, aber von da an war er Teil eines Kreises, der ein Attentat auf Hitler versuchte, das leider fehlschlug. Von Martin Niemöller, einem Theologen, der nach anfänglicher Unterstützung der Nazis in den Widerstand ging, stammen diese Sätze: ›Als die Nazis die Kommunisten holten, habe ich geschwiegen; ich war ja kein Kommunist. Als sie die Sozialdemokraten einsperrten, habe ich geschwiegen; ich war ja kein Sozialdemokrat. Als sie die Gewerkschafter holten, habe ich nicht protestiert; ich war ja kein Gewerkschafter. Als sie die Juden holten, habe ich nicht protestiert; ich war ja kein Jude. Als sie mich holten, gab es keinen mehr, der hätte protestieren können.‹«

Aufmerksam hörte ich jedem seiner Worte zu. Mein Onkel erschien mir wie das Gegenteil meines Vaters.

»Sag mir«, fragte ich, »Warum ist mein Vater so anders als du?«

Er lächelte. »Weil ich, wie er, meinem Vater zugehört habe, aber anders als er habe ich aufgehört zu glauben, was mein Vater mich zu lehren versucht hat: Vertrauen, Ehre und Liebe gegenüber dem Vaterland. Das sind alles sehr gute Werte, aber nur dann, wenn man sie auf das eigene Leben anwendet. Ein rücksichtsloser Führer kann aber diese sogenannten Werte manipulieren und dadurch Menschen missbrauchen, und genau das ist in Deutschland geschehen. Dein Vater hat an diese falschen Ideale geglaubt, und unser Land hat den schrecklichen Preis bezahlt. Er ging in die NAPOLA, diese Zuchtfabrik für angehende Naziführer, und entschied sich dann für eine Karriere beim Militär. Er war ein hundertprozentiger Anhänger, obwohl er nie in die NSDAP eingetreten ist, und sah sich als Teil einer unbestechlichen Elite von Offizieren. Sie standen über der Politik, über allen profanen Angelegenheiten, über der realen Welt. Und doch wurden sie von den Politikern benutzt und missbraucht. Er kämpfte in einem Krieg, von dem er dachte, er beruhe auf Ehre und Respekt, und als er die Grausamkeit und das barbarische Verhalten der Nazis bemerkte, sah er weg. Ganz sicher wusste er von den Massentötungen im Osten, aber er schwieg.«

Er legte eine Hand auf meine Schulter und hielt mit der anderen mein Kinn. »Du bist ein neugieriger und kluger junger Mann. Richte dich in deinem Leben nach den Prinzipien Toleranz, Kompromissbereitschaft und Vernunft. Lass dich von keiner Ideologie verführen; misstraue auch der Kirche und dem Glauben. Lebe einfach dein Leben. Es ist zu kurz, um es zu vergeuden oder jemand anderem zu übergeben.«

Er brachte mich zur Tür, umarmte mich und verabschiedete sich. Ich sah meinen Onkel nie wieder, aber seine Worte prägten sich tief in meinen Geist ein.

» «

Während der langen Rückreise aus Israel kamen mir diese Worte wieder in den Sinn. Ich dachte immer wieder über sie nach. War ich denn letzten Endes so anders als mein Vater? Zugegebenermaßen war auch ich von Ideologien und Glaubenssystemen beeindruckt, die versprachen, eine Herrschaft der Menschen über die Herrschaft eines Gottes zu setzen. Ich erinnerte mich daran, wie zielstrebig Ideologien die Menschheit in Katastrophen geführt hatten: Stalins Kampagne der Zwangsumsiedelung, der Hunger und die Massentötungen von Millionen Russen, Ukrainern und anderen Nationalitäten; Mao Zedongs fanatische »Kulturrevolution«, die zum Tod von Millionen unschuldiger Opfer führte; Pol Pots Plan, sein Land rückwärts in einen kommunistischen Agrarstaat zu katapultieren, der so viele Hunderttausende tot auf den Killing Fields zurückließ. Mein Onkel hatte recht: Blinder Gehorsam beginnt damit, dass man Menschen ihre Rechte vorenthält und ihnen schließlich Leiden und Tod bringt.

Was allerdings noch wichtiger war – mir wurde plötzlich ein anderer Zusammenhang klar: Wenn wir Gott aus der Position der höchsten Instanz für Recht, Gerechtigkeit und Verantwortung verstoßen, dann verringern wir nicht nur die Bedeutung dieser Werte, sondern interpretieren sie auch nach unserem Belieben. Wenn die Menschen allein die letzte Instanz sind, kann wahlloses Töten als ein notwendiges Nebenprodukt des Fortschritts oder einer Revolution gesehen werden; Genozid kann gerechtfertigt werden, um eine selbst ernannte überlegene Rasse zu schützen.

Mir war bewusst, dass das Judentum Antworten auf viele der Fragen bot, die mein Gewissen umtrieben, und ich wollte mich deshalb noch intensiver damit beschäftigen. Aber ich musste mich auch davor hüten, irgendein Glaubenssystem zu idealisieren – selbst mein geliebtes Judentum – oder die Verheißung einer besseren Welt unter Herrschaft einer höheren Macht unkritisch anzunehmen. Ganz im Gegenteil, das Judentum selbst forderte die Juden doch dazu auf, durch ethisches und moralisches Verhalten zu zeigen, dass sie die Gebote Gottes verstehen und abstrakte Anweisungen in mitfühlendes, persönliches Handeln verwandeln können.

Bis jetzt war ich weder ein religiöser noch ein spiritueller Mensch gewesen. Angetrieben von der Arroganz und Hybris meiner Jugend, hatte ich Religionen als metaphysische Verirrungen betrachtet und Gläubige als verblendete Götzenanbeter verunglimpft. Beim Aufwachsen in einer Stadt, die vor allem von konservativen Katholiken geprägt war, hatte ich gesehen, wie die religiösen Rituale wie das jährliche Gedenken an die Kreuzigung Jesu zu emotionalen Ausbrüchen führen konnten, bei denen die Juden für seinen Tod verantwortlich gemacht wurden. Warum zog mich nun eine andere der großen Weltreligionen so sehr an, und warum gerade das Judentum? War es die persönliche Verbindung mit einer höheren Macht, die ich an der Klagemauer gespürt hatte? Oder waren es, wie viele Leute meinten, meine Gefühle der Schuld und Scham als Deutscher?

Diese Gedanken gingen mir auf der langen Reise mit der Fähre von Israel nach Ancona durch den Kopf. Immer noch in einer ernsten und nachdenklichen Stimmung fand ich den Weg zum Bahnhof, um die letzte Etappe meiner Heimreise anzutreten, und kam schließlich am späten Nachmittag eines grauen Herbsttages wieder zu Hause an. Ich wusste nicht, was mich erwarten würde, als ich die Klingel unserer Haustür läutete. Meine Mutter öffnete, begrüßte mich und umarmte mich sofort.

»Ich bin so froh, dich wiederzusehen. Du bist schlanker geworden. Hast du alles gemacht, was du wolltest? Hast du Jerusalem gesehen?« Sie hörte nicht auf, mir Fragen zu stellen, mich zu umarmen und zu küssen. »Komm und begrüße jetzt deinen Vater.«

Auf diese Begegnung freute ich mich nicht. Als ich in sein Arbeitszimmer eintrat, saß er in einem Ledersessel und las die Zeitung. Er sah müde aus, und die fast leere Flasche Wein deutete darauf hin, dass er schon früh am Tag mit dem Trinken begonnen hatte. Um einen möglichen Streit zu vermeiden, entschloss ich mich, nur eine kurze Beschreibung meiner Reise zu geben und jedes provozierende Thema zu vermeiden.

Er sah mich kurz an.

»Du hast abgenommen«, kommentierte er trocken. Ich erwartete seine Art des direkten Nachfragens, aber er sagte nichts weiter; offensichtlich hatte er beschlossen, dass ich das Gespräch beginnen sollte. Innerlich kämpfte ich mit dem Wunsch, ihm die lebensverändernde Bedeutung meiner Reise nach Israel zu offenbaren. Er würde es nicht verstehen, aber ich hatte eine leise Hoffnung, dass er es vielleicht doch nachvollziehen könnte.

Schließlich entschloss ich mich, ihm zu sagen, was ich über meine Reise nach Israel dachte.

»Ich habe gefunden, wonach ich gesucht habe.«

»Und was hast du gefunden?«

»Antworten auf Fragen, die ich hatte, und die Wahrheit über viele Dinge, von denen ich schon angenommen hatte, dass sie wahr sind.«

Sein Kopf wurde dunkelrot, und er schrie mich an:

»Die Wahrheit! Was weißt du schon über die Wahrheit?«

Ganz sicher war mein Vorhaben, keine provokativen Themen anzuschneiden, grandios gescheitert. Nach einem tiefen Atemzug versuchte ich einen anderen Weg. »Ich weiß mehr darüber, als du mir zugestehst. Ich habe zum Beispiel gelernt, dass Menschen trotz Schmerz und Leiden einander vergeben können. Ich habe erfahren, dass die Juden ein Volk sind, das mit Konflikten in der Gesellschaft zu tun hat und natürlich auch mit den arabischen Nachbarländern. Und ich habe erlebt, dass ich als Deutscher, als Repräsentant eines Landes, das so viel Leid über das jüdische Volk gebracht hat, die Schuld in Pflugscharen verwandeln und zu Hoffnung und Frieden beitragen kann.«

Mein Vater starrte mich mit verwirrtem Blick an. Er wiederholte das Mantra, das ich schon so oft gehört hatte: »Warum musst du dich schämen? Ich habe nichts Schlimmes getan. Wir Deutschen wussten bis zum Ende des Krieges nicht, was mit den Juden geschehen ist. Aber so ist der Krieg. Im Krieg sterben nun mal Menschen. Auch viele Deutsche kamen um. Hast du das vergessen?«

Für ihn schien sich nichts verändert zu haben, während sich für mich alles verändert hatte.

»Vater, bei diesem Thema werden wir immer anderer Meinung sein. Nur wenn wir Verantwortung übernehmen, werden wir je das Verleugnen überwinden. Was den Juden angetan wurde, gab es so in der Geschichte der Menschheit noch nicht. Ein geplanter Massenmord mit industriellen Mitteln, bei dem Todesfabriken mit definierten Todesraten pro Tag eingesetzt wurden. Ich habe das Endergebnis gesehen: riesige Haufen mit Brillen, Zahnprothesen, Goldzähnen, Bildern und all die anderen Beweise. Es ist wirklich geschehen.«

»Das ist nicht geschehen!«, schrie mein Vater und klopfte mit der Faust auf den Tisch. »Das ist alles Propaganda. Die Juden haben sich das ausgedacht, und du bist darauf reingefallen.«

Durch den Lärm kam meine Mutter ins Zimmer. Sie schien verzweifelt, weil sie wusste, dass mein Vater so reagieren würde.

»Halt ein«, flehte sie ihn an. »Bernd ist gerade erst nach Hause gekommen. Lass ihn essen und schlafen, und morgen können wir reden.«

»Es gibt nichts mehr zu reden«, brummte mein Vater. »Sein Geist ist vergiftet; er kann nicht mehr klar denken.«

Meine Mutter drückte mich aus dem Zimmer in den Flur.

»Bitte rege deinen Vater nicht auf«, bat sie mich. »Du weißt doch, dass er seit seiner Kopfverletzung im Krieg diese Wutanfälle hat.«

Mir war, als müsste auch ich mit der Faust auf den Tisch hauen. »Mutter, warum verteidigst du ihn immer? Die Geschichte von der Kopfverletzung ist doch nur ein Vorwand, den ihr beide benutzt, um jedes echte Gespräch zu vermeiden. Es ist Zeit, sich der Wahrheit zu stellen und darüber zu reden. Ich kann nicht verstehen, warum ihr beide versucht, die Vergangenheit vor mir zu verstecken.«

»Wie kannst du so mit deinen Eltern sprechen?«, weinte sie. »Hast du denn gar keinen Respekt?«

In diesem Moment kam mein Vater aus seinem Arbeitszimmer. »Nun hast du also auch noch deine Mutter aus der Fassung gebracht. Was ist bloß mit dir los?«

Ich starrte meine Eltern ungläubig an. Direkt nach der Rückkehr von der wichtigsten Reise meines Lebens konnte ich es kaum erwarten, meine Erfahrungen mit ihnen zu teilen, aber ich hatte das Gefühl, dass wir nicht einmal die gleiche Sprache sprachen. Jeder weitere Versuch würde die Wut meines Vaters nur noch weiter anheizen, deshalb kehrte ich in mein Zimmer zurück und schloss die Tür. Ich fiel auf mein Bett, erschöpft von der Reise, und schlief ein. Ich träumte von Vered und den Freunden, die mir zumindest zugehört hatten, auch wenn sie anderer Meinung waren.

DIE ENTSCHEIDUNG

Die Tage und Wochen nach meiner Rückkehr vergingen langsam, während ich mich dazu zwang, mein Studium weiterzuführen. Meine Leistungen im Bereich der Zahnmedizin ließen einiges zu wünschen übrig. Nachdem ich einen Monat als Pflegehelfer in einem lokalen Krankenhaus gearbeitet hatte, entschloss ich mich, Allgemeinmedizin zu studieren. Ich bewarb mich für den Wechsel an eine andere Universität im Süden Deutschlands, näher an meinem Geburtsort Bamberg. Die heitere und positive bayerische Lebenshaltung und die unerschöpflichen Freizeitangebote in der Natur, die es dort gab, waren immer sehr anziehend für mich. Meine Anfrage wurde bestätigt, und ich bereitete mich auf den Wechsel an die Universität Erlangen vor, nicht weit von Nürnberg, der berüchtigten Stadt der Reichsparteitage, die die Nazis mit Pracht und Perfidität gefeiert hatten. Zum großen Kummer meiner Mutter zog ich aus dem Haus meiner Eltern aus. Es war schwierig für sie, mich gehen zu lassen, weil ich ihre Hoffnung für die Zukunft und vielleicht die einzige männliche Person in ihrem Leben war, die eine positive Lebenseinstellung hatte.

Nur einige Wochen vor meinem Umzug gab mir meine Mutter einen blauen Umschlag mit farbigen Briefmarken, auf denen Bilder von Jerusalem waren.

»Ich habe den Brief vor deinem Vater versteckt. Wenn er ihn gefunden hätte, hätte er ihn gelesen und zerrissen.«

Ich erkannte Vereds Handschrift und wartete, bis meine Mutter das Zimmer verlassen hatte. Dann öffnete ich den Brief mit zitternden Händen. Mein Gesicht wurde rot, als ich zu lesen begann, und bei den folgenden Sätzen musste ich mich setzen:

»Mein lieber Freund, es sind einige Monate vergangen, seitdem du Israel verlassen hast, und ich hoffe, dir geht es gut. Ich erinnere mich an die kurze Zeit, die wir miteinander hatten, und habe dich nach deiner Abreise sehr vermisst. Meine Mutter schickt dir herzliche Grüße und freut sich darauf, dich wiederzusehen. Ich bin immer noch in der Armee und habe einen netten Mann namens Shai getroffen. Er erinnert mich an dich, und wir wollen zusammenbleiben ...«

Hier musste ich mit dem Lesen aufhören, weil ich vor Wut und Ärger aufgewühlt war. Ich wusste, dass unsere kurze und intensive Beziehung nicht halten würde, hatte aber flüchtige Hoffnungen, dass wir wieder zusammenkommen könnten. Nun wusste ich, dass ich sie wirklich für immer verloren hatte, und Tränen rannen mir über das Gesicht. Ich hätte auf meinen Freund Chalid hören sollen, aber jetzt war es zu spät. Als sich mein Zorn beruhigte, spürte ich, dass es besser war, die ganze Wahrheit zu wissen. Vered hatte den Mut aufgebracht, mir zu schreiben, und ich war es unserer Freundschaft schuldig, weiterzulesen.

» ... die Erinnerung an unsere kurze gemeinsame Zeit wird immer in meinem Herzen und in meinen Gedanken sein. Ich hoffe und bete, dass auch du Glück in deinem Leben findest. Ich weiß es. Ich werde immer die Stärke deiner Überzeugungen bewundern und fühle mich geehrt, dass du deine Gedanken mit mir geteilt hast. Ich habe das Gefühl, dass wir uns eines Tages in Israel wiedersehen werden. Vielleicht dann, wenn du die Wahrheit in dir gefunden hast. In Liebe. Deine Freundin, für immer, Vered.«

Seit meiner Rückkehr aus Israel hatten mich meine alltäglichen Aktivitäten und mein voller Terminkalender davon abgehalten, über die Fragen nachzudenken, die mich während meiner Reise so tief berührt hatten. Glaube, Liebe, Ergriffenheit, Religion, Spiritualität – dies alles hatte für mich eine Bedeutung bekommen und offenbarte einen Teil von mir, den ich zuvor nie beachtet hatte: meine Seele. Mir schien, ich hatte Angst, die Tore meines verborgenen inneren Selbst zu öffnen, und zögerte, dessen Verletzlichkeit zuzulassen. Aber ich wusste auch, dass meine Ängste wahrscheinlich aus Unsicherheit und Unreife kamen. Vereds Brief hatte diese Fragen wieder an die Oberfläche gebracht.

Obwohl ihr Brief den Wunsch weckte, so schnell wie möglich nach Israel zurückzukehren, würde die tiefere Antwort darin liegen, mein inneres Selbst zu suchen, die wahre Motivation und den Sinn in meinem Leben. Ich entschloss mich, diesen tieferen Aspekten nachzugehen, obwohl ich keine Idee hatte, wo ich eigentlich suchen sollte oder was ich finden würde. Die katholische Religion, in die ich hineingeboren wurde, hatte ich zwar nie praktiziert. Wenn ich in meiner Geburtsstadt nun in eine andere Religion eintreten würde, wäre ich dennoch ein Außenseiter.

Bevor ich mein neues Studium begann, wollte ich nach Bamberg zurückkehren, um die Orte meiner Kindheit zu besuchen und über meine nächsten Schritte nachzudenken. Als ich mit dem Zug von Bonn ankam, ging ich den ganzen Weg vom Bahnhof bis zu dem grauen Gebäude, in dem die lokale jüdische Gemeinde untergebracht war. Es stand noch dort, so als wäre es in der Zeit erstarrt. Ich sah auch unser Haus und die alte Garage, in der ich oft die Einsamkeit gesucht hatte, die farblosen Fensterläden hingen immer noch an verwitterten Metallhaken. Die Kindheitserinnerungen waren so intensiv, dass ich den Eindruck hatte, ich könnte hören, wie mich die Stimme meiner Mutter zum Abendessen rief und wie das Auto meines Vaters in die Einfahrt bog.

Ich lief weiter, am Kindergarten und an meiner Grundschule vorbei, über die Kanalbrücke, die zu der Kirche führte, in der ich getauft worden war. Ich trat ein, sah das Taufbecken vor mir und erinnerte mich an das Foto, das bei meiner Taufe aufgenommen worden war. Ich hatte es später in einem Stapel mit alten Bildern gefunden, den mir meine alte und kranke Schwester gegeben hatte. Auf dem Foto hielt mich meine Mutter über das Taufbecken, während der Priester Wasser über meinen Kopf goss. Ich konnte mich nicht an die Zeremonie erinnern, aber das Foto hielt einen Moment des Friedens und der Ruhe fest, nach dem ich mich sehnte. In dieser Kirche hatte ich auch die heilige Kommunion erhalten, bei der man als reif genug erachtet wird, mit acht Jahren als volles Mitglied der römisch-katholischen Kirche die Eucharistie zu empfangen. Jetzt fühlte ich mich weit von dieser Kirche und ihren Lehren entfernt. Als ich dort stand, bewegte mich der Kontrast zwischen dem entleerten Katholizismus, den ich erfahren hatte, und dem einen heiligsten Moment meines Lebens – als ich an der Klagemauer stand, versunken in ein Gebet, als sich meine spirituelle Leere mit einer Wärme der Zugehörigkeit und Verbundenheit füllte. Ich hörte wieder die Stimme des geheimnisvollen Rabbis:

»Eine einsame Neschamah, die ein Zuhause sucht, hat dich vielleicht gefunden, und du trägst diese Neschamah in dir, ohne es zu wissen.« Ja, ich war bereit, das Zuhause dieser Neschamah zu sein, und war auch bereit, mich auf die notwendige spirituelle Wandlung vorzubereiten.

Ich wusste, bevor ich den nächsten Schritt gehen konnte, musste ich erst noch das katholische Kapitel meines Lebens schließen. Deshalb wollte ich einen Priester aufsuchen, um ihm mein Vorhaben zu beichten. Ich öffnete die Tür zu einem Beichtstuhl und fand mich in einer kleinen Zelle wieder, in der ich mich hinknien musste, damit ich mir nicht den Kopf an der Holzdecke stieß. Bald darauf öffnete sich ein Schiebefenster.

»Im Namen des Vaters, des Sohnes und des Heiligen Geistes«, sagte sanft ein Priester. »Mein Sohn, hast du gesündigt und bist du bereit, es zu bereuen?«

»Vater, ich bin nicht hier, um meine Sünden zu bereuen. Ich bin hier, weil ich meine Absicht bekunden will, aus der Kirche auszutreten. In dieser Kirche bin ich getauft worden, hier habe ich die heilige Kommunion erhalten. Aber ich habe meine spirituelle Heimat in einem anderen Glauben gefunden.«

Nach einigen Sekunden des Schweigens erwiderte der Priester: »Welchen Glauben hast du gefunden, mein Sohn?«

»Ich habe den Entschluss gefasst, dass ich den Geboten Gottes folgen möchte, um diese Welt zu einem besseren Ort für uns alle zu machen.«

»Aber die Bibel hat diesen Weg aufgezeigt. Warum brauchst du einen anderen Glauben, um dieses Ziel zu erreichen?«

»Weil ich Spiritualität so tief wie nie zuvor erfahren habe. Ich habe gebetet, wie ich noch nie gebetet habe. Mir wurde gezeigt, dass ich eine Seele habe, und langsam verbinde ich mich mit ihr.«

»Mein Sohn, du hast meine Frage noch nicht beantwortet, welchen Glauben du annehmen willst.«

Ich zögerte, denn ich war mir meiner Entscheidung noch nicht sicher.

»Vater, ich will Jude werden.«

Der Priester war einige Sekunden lang still, es fühlte sich wie eine Ewigkeit an.

»Warum suchst du den Glauben in einer Religion, die von unserem Herrn Jesus Christus übertroffen wurde?«

»Ich persönlich sehe es nicht so. Alle Religionen haben das Recht, nebeneinander zu bestehen. Niemand hat den alleinigen Zugang zur Ewigkeit. Wir sind alle gleich und finden unterschiedliche Ausdrucksformen, um den Willen des Schöpfers zu erfüllen.«

Offensichtlich irritierte ihn diese Antwort.

»Mein Sohn, unser Herr Jesus Christus war selbst Jude, und er erkannte, dass er über seinen eigenen Glauben hinausgehen musste, um den Geboten Gottes zu folgen und die Menschen zum Christentum zu führen.«

»Vater, auch hier möchte ich respektvoll widersprechen. Die

Schriften, die von den Katholiken als Altes Testament bezeichnet werden, enthalten Anweisungen, wie wir Gerechtigkeit auf die Erde bringen können. Wir müssen solch eine Gerechtigkeit nicht auf ein zukünftiges Himmelreich vertagen. Ich glaube, ich kann ein Partner bei diesem Werk der Erlösung sein, und bin bereit, die Herausforderung anzunehmen, die Gott seinem auserwählten Volk gegeben hat.«

»Sohn, du begehst einen schweren Fehler. Du bringst deine Seele in Gefahr …«

»Nein«, unterbrach ich ihn. »Ich bringe meine Seele nicht in Gefahr. Ich habe sie gefunden, und sie sagt mir, dass ich mein Leben ändern muss.« In diesem Moment sprach ich zum ersten Mal offen aus, dass ich mich nach Spiritualität sehnte und mich bemühte, wieder mit meiner Seele in Kontakt zu kommen. Ich erinnerte mich an die Worte des geheimnisvollen Rabbis in Jerusalem, der bereits andeutete, dass ich den Impuls hatte, etwas zu finden, was im Innern verborgen war, um mein spirituelles Wesen zu entdecken und mich mit mir selbst zu versöhnen. Ich fühlte mich bestätigt, und mein Entschluss wurde bestärkt.

Als ich den Beichtstuhl verließ, kam der Priester heraus. Sein rundes Gesicht wurde von einer bemerkenswert großen Brille mit dicken Gläsern umrahmt, die seine sanften braunen Augen noch größer erscheinen ließen. Er legte seine Hand auf meine Schulter und zog meinen Oberkörper langsam zu sich her.

»Mein Sohn, ich kann dich nicht aufhalten, aber ich bitte dich, deine Entscheidung noch einmal zu überdenken. Es steht so viel auf dem Spiel. Dein Leben, deine Zukunft, deine Familie. Warum willst du dich mit dieser Verantwortung belasten?«

Ich respektierte diesen Versuch, mich zum Umdenken zu bewegen. »Vater, ich verspreche, dass meine Entscheidung ehrlich und wahrhaftig sein wird.«

Er legte seine Hand auf meinen Kopf und segnete mich. Ohne mich umzusehen, verließ ich die Kirche. Draußen atmete ich tief durch und überlegte, was meine nächsten Schritte sein würden. Ich wusste, was ich tun wollte, aber ich war mir auch bewusst, dass ich damit einen unbekannten Pfad betreten würde. Ich lief über den geschäftigen Wochenmarkt und bemerkte kaum den Duft der frisch geschnittenen Blumen und reifen Früchte. Ich betrat das benachbarte Rathaus, wo ich nach dem Bürgeramt suchte. Als ich den richtigen Schalter gefunden hatte, fragte ich den Mitarbeiter nach dem Formular, um offiziell meinen Kirchenaustritt zu beantragen. Ich füllte das Formular aus und gab es dem Mitarbeiter zurück, der es mit einem missbilligenden Blick betrachtete. Ich bezahlte eine Bearbeitungsgebühr und erhielt eine abgestempelte Kopie meines Kirchenaustritts.

»Danke schön«, sagte ich, aber er antwortete nicht. Als ich das Gebäude verließ, wusste ich nicht, was ich als Nächstes tun sollte, aber ich war überzeugt, dass ich zumindest zwei sehr notwendige Dinge getan hatte.

» «

Später bezog ich mein neues Zuhause, das Studentenwohnheim der Universität Erlangen. Ich erhielt ein kleines Zimmer, in dem gerade genug Platz für ein Bett und einen Tisch war. Diese räumliche Beschränkung machte mir nichts aus, weil ich mich auf mein Medizinstudium konzentrieren musste, um endlich meinen Abschluss zu machen.

Ich suchte auch nach einer jüdischen Gemeinde, der ich beitreten konnte, aber bei den Telefonaten, die ich mit einigen kleinen Gemeinden geführt hatte, begegnete man mir entweder mit Misstrauen oder kühler Ablehnung.

Dann erinnerte ich mich an meine erste Begegnung mit dem geheimnisvollen »Stern« als Junge. Ich fuhr nach Bamberg zurück, ging zu dem Haus, in dem die jüdische Gemeinde untergebracht war, und kam in den gleichen Flur, in den ich mit meiner Mutter gekommen war. Dort sah ich wieder den Stern, den ich nun als Magen David, den »Schild Davids«, den Davidstern, kannte. Er zog mich immer noch magisch an.

Den Eingang bildete eine große Holztür mit Glasfenstern, die mit kunstvollen farbigen Einlegearbeiten geschmückt waren. Ich klingelte und wartete. Nach einer Pause hörte ich Schritte, die sich auf die Tür zubewegten, und dann wurden mehrere Schlüssel eingesteckt, um nacheinander eine Reihe von Schlössern zu öffnen. Schließlich ging die Tür auf, und ein älterer Mann mittlerer Größe begrüßte mich.

»Wie kann ich Ihnen helfen, junger Mann? Wenn Sie zum Zahnarzt wollen, den finden Sie im ersten Stock.« Er trug einen schwarzen Anzug mit schwarzen und abgenutzten Ellenbogenschonern. Die grauen Augen seines faltigen Gesichts waren in die Augenhöhlen gesunken.

»Nein, ich suche nicht den Zahnarzt, ich möchte mit jemandem sprechen.«

»Über was möchten Sie sprechen?«, erwiderte er mit einer kratzenden Stimme, in der ein wenig Misstrauen mitklang. Er hatte einen osteuropäischen Akzent, den ich schon aus Israel kannte und der annehmen ließ, dass er in seiner Kindheit Jiddisch gesprochen hatte.

»Ich … ich war in Israel und die Vergangenheit meines Vaters und ich …«

Er schaute mir in die Augen und suchte in ihnen nach dem Grund, der mich hierhergebracht hatte.

»Du wirkst wie ein interessanter und netter junger Mann; vielleicht sollte ich dich hereinlassen. Wie heißt du?«

»Ich heiße Bernd«, antwortete ich nervös. »Ich war als kleiner Junge schon mal in diesem Haus und …«

»Darüber können wir später sprechen, Bernd. Mein Name ist Yaacov Eisenberg, ich bin der Leiter dieser Gemeinde.«

Ich kam in einen kleinen Flur, von dem Türen in verschiedene

Räume führten. Hebräische Zeichen und Bilder von Synagogen hingen an den Wänden.

»Bernd, komm in mein Büro.« Er bewegte sich langsam um einen alten Eichentisch, der mich an das Arbeitszimmer meines Vaters erinnerte. Er zog seine Jacke aus und setzte sich auf einen einfachen Holzstuhl.

»Mich kommen ziemlich oft Leute besuchen, und ich fühle mich schon fast wie ein Touristenführer in einem Museum. Das hier ist eine kleine Gemeinde, wir haben weniger als 30 Mitglieder. Die meisten sind alt – Überlebende wie ich.«

Im gleichen Moment sah ich die Nummer, die auf seinem rechten Unterarm tätowiert war, und mein Blick erstarrte. Er bemerkte meine Reaktion.

»Mach dir keine Sorgen. Ich habe überlebt, und das ist die Erinnerung daran, dass ich es geschafft habe. Ich hätte sie schon vor langer Zeit entfernen lassen können, aber ich wollte es nicht. Ich habe meine ganze Familie in den KZs verloren, und nach dem Krieg war ich nur mehr ein lebendes Gerippe in einem Lager für Displaced Persons in Deutschland. Die Amerikaner haben mir mein Leben zurückgegeben. Eine Zeit lang habe ich in dem Lager gelebt, ehe ich dann nach Bamberg gegangen bin, weil die amerikanische Armee nach verlässlichen Partnern suchte. Sie gaben mir eine Wohnung und eine Arbeit, und ich begann ein neues Leben. Ich ignorierte die Deutschen, die damals versucht haben, mit ihrem eigenen Leben klarzukommen. Ob du es mir glaubst oder nicht, ich fand viele Gemeinsamkeiten mit den Menschen, die meine ganze Familie getötet hatten. Ich hatte den Eindruck, dass die Deutschen genauso verwirrt und verloren waren wie ich.«

Er lächelte mich trocken an. »Ist das nicht ironisch – unter den Mördern deines eigenen Volkes zu leben. Doch das Leben musste weitergehen, und ich fühlte mich zu schwach und hatte nicht genügend Koach, Stärke, um nach Israel zu gehen und zu kämpfen oder in die USA auszuwandern und eine neue Sprache zu lernen. Deshalb bin ich hier geblieben. Ich habe eine nette deutsche Frau gefunden, eine liebevolle und warmherzige Schickse, keine Jüdin, und wir haben geheiratet. Sie liebt mich wirklich und kümmert sich um mich, deshalb lebe ich immer noch hier in Bamberg.«

Er wusste, dass es mich entspannen würde, wenn er über sich sprach, und damit hatte er recht. Nun lehnte er sich in seinem Stuhl zurück und wandte sich zu mir.

»Sag mir noch einmal, warum du hier bist und was du willst.«

Ich erzählte ihm alles über mich, über meinen Vater, mein Leben und meinen Wunsch, mehr über das Judentum zu erfahren. Er hörte aufmerksam zu und schrieb ein paar Notizen auf einen gelben Block.

»Junger Mann, das ist eine beeindruckende Geschichte«, sagte er, als ich meine Erzählung beendet hatte. »Ich habe schon viele Geschichten gehört, aber deine ist wirklich ungewöhnlich. Was willst du von mir?«

»Ich brauche etwas Orientierung. Ich brauche jemanden, der mir helfen kann, Türen zu öffnen, um Juden zu begegnen und von ihnen lernen zu können. Ich habe erfahren, dass es in Deutschland sehr schwer ist, Juden zu treffen. Sie scheinen mir als Deutschem gegenüber auf Distanz zu bleiben.«

»Kannst du ihnen das verübeln? Nach allem, was passiert ist, sind sie misstrauisch und zögerlich. Du bist jung, und sie geben dir nicht die Verantwortung. Aber es gibt noch Deutsche unter uns, die aktiv am Holocaust beteiligt waren und Blut an ihren Händen haben. Es ist vielleicht getrocknet, aber es ist trotzdem Blut.«

Ich musste tief Luft holen.

»Ja, ich verstehe. Können Sie mir trotzdem helfen, mehr über das Judentum zu lernen und es besser zu verstehen?«

Er sah mir in die Augen und antwortete kurz, dabei jedes Wort betonend:

»Nach dem jüdischen Glauben kann ich dich nicht dazu ermutigen, zum Judentum zu konvertieren. Darüber hinaus möchte ich dich warnen, dass solch eine Entscheidung deine Beziehung zu deiner Familie und deinen Freunden gefährden kann, insbesondere auch die Beziehung zu deinem Vater, die schon so angespannt ist, dass sie leicht zerreißen könnte. Wenn du dich entschließt, jüdisch zu werden, wirst du wahrscheinlich hier in Deutschland keine jüdische Frau finden können. Und wenn du eine findest und dich entschließt, Kinder zu haben, wie willst du sie dann hier aufziehen? Dazu brauchst du einen starken Charakter, sehr viel Hingabe, Geduld und Vertrauen. Ich möchte dich auch warnen, dass das Judentum nicht studiert und erlernt werden kann wie eine akademische Wissenschaft. Bei der Religion ist es vielleicht möglich, aber es ist mehr als eine Religion. Es ist eine Kultur, eine Lebensweise und sogar eine Nationalität, wenn du dich für ein Leben in Israel entscheidest. Hast du über all das schon einmal nachgedacht? Wahrscheinlich nicht.«

Er hatte recht. Ich musste die Folgen, die ein Übertritt zum Judentum nach sich ziehen würde, erst noch tiefer verstehen. Yaacov sah meine Verwirrung.

»Komm, ich führe dich herum. Zu viele Worte, zu wenig Erfahrung.«

Er drückte mich sanft aus seinem Büro zurück in die Eingangshalle. »Das ist der Weg zur Synagoge. Eigentlich haben wir nur einen kleinen Raum, den wir für die seltene Gelegenheit nutzen, wenn wir ein Minjan zusammenbekommen.«

»Was ist ein Minjan?«

»Oh, das kann unsere erste Schiur oder Lektion in echtem Judentum sein! Um einen Gottesdienst in der Beth ha-Knesset oder dem Haus der Versammlung abhalten zu können, das auch als Synagoge bezeichnet wird, brauchen wir mindestens zehn erwachsene Männer. Das ist ein Minjan. Sonst können wir keinen Gottesdienst abhalten und müssen allein beten.«

Wir kamen in ein großes Wohnzimmer, in dem einfache hölzerne Klappstühle standen. An einem Ende befand sich eine erhöhte Plattform mit einem leicht abgeschrägten Podium darauf, das mit einem Seidentuch bedeckt war. Dahinter war ein heiliger Schrein in die Wand eingelassen, der von einem darüber hängenden Licht erhellt wurde.

Yaacov nahm mich am Arm und drückte mich sanft auf die Plattform. Ich zögerte, sie zu betreten, weil ich mich nicht aufdrängen oder irgendwelche religiösen Gefühle verletzen wollte.

»Lass uns die Lektion fortsetzen. Du stehst jetzt auf der Bima, wo die Tora-Rollen abgelegt werden und der wöchentliche Abschnitt oder Parascha gelesen wird. Beim Gottesdienst zum Sabbat am Samstagmorgen werden fünf bis sieben Männer gerufen, um Alijah durchzuführen. Das heißt, sie gehen auf die Bima und nach dem Lesen eines Gebets rezitiert ein zuvor bestimmter Leser einen Abschnitt der Tora, der Parascha genannt wird. Die Tora-Rollen werden hier im Aron ha-Qodesh oder heiligen Schrein aufbewahrt und sind mit Ornamenten und einem Seidentuch bedeckt. Wir haben etwa zehn Rollen, einige davon konnten vor den Nazis gerettet und während des Krieges versteckt werden. Über dem Schrein siehst du ein Licht, das als Ner Tamid oder ewiges Licht bezeichnet wird. Folgst du mir?«

Ich nickte und fand die Namen und die formelle Ordnung des Gottesdienstes verwirrend.

»Eines musst du verstehen. Jeder ist Teil des Gottesdienstes. Es sind gemeinschaftliche Erfahrungen, die uns zusammenbringen. Wir brauchen keinen Priester oder Papst, um zu beten. Wir können es jeden Tag selbst tun, überall und unter allen Umständen.«

Er legte seinen Arm um meine Schulter und brachte mich zur Wohnungstür. »Junger Mann, du hast einen schweren Weg gewählt. Ich kann dir Orientierung geben, aber ich kann dir nur begrenzt helfen. Wir sind eine kleine Gemeinde und treffen uns nur an Feiertagen. In Bayern gibt es einige größere Gemeinden, und ich werde deren Leiter kontaktieren und dich vorstellen. Ich kann dir auch den Namen eines Rabbis geben, der dir weiteren Rat geben kann.« Er gab mir diese Informationen und lud mich ein, ihn jederzeit wieder zu besuchen.

Das war meine erste Begegnung mit der jüdischen Gemeinde in Deutschland, die damals insgesamt nur weniger als 30 000 Mitglieder zählte. Vor Hitlers Machtergreifung hatten über 600 000 Juden Deutschland ihre Heimat genannt.

Zuerst zögerte ich, den Rabbi zu kontaktieren, den mir Yaacov Eisenberg empfohlen hatte, aber dann entschloss ich mich, ihm einen Brief zu schicken, in dem ich meinen Hintergrund, meine Erfahrungen und meine Absicht, das Judentum kennenzulernen, beschrieb. Ich vermied, von einem Übertritt zu sprechen, denn ich wusste, dass ich geduldig mit mir selbst umgehen und mir Zeit geben musste. Damals wusste ich noch nicht, dass viele Jahre des Lernens und Wartens vor mir lagen.

DER RABBI

Einige Wochen später bekam ich einen Brief von Rabbi Liebermann, in dem er schrieb, dass er daran interessiert sei, mich in Frankfurt am Main zu treffen. Er schlug einen Ort und eine Zeit vor. An einem kalten, aber sonnigen Dezembermorgen kam ich in Frankfurt an und nahm ein Taxi, das mich an einem unscheinbaren Restaurant in einem alten Gebäude in der Nähe des Mains absetzte.

Als ich das Restaurant betrat, bemerkte ich einen auffälligen Mann in den Sechzigern, der einen schwarzen Anzug, ein weißes Hemd und einen schwarzen Schlips trug. Ein großer schwarzer Hut bedeckte seinen Kopf. Der Mann war in ein Buch vertieft. Ich ging auf den Tisch zu, der in der Ecke des Restaurants stand. Es waren nur wenige andere Gäste dort, die mich neugierig beobachteten.

»Herr, ich meine Rabbi Liebermann?«

Langsam schloss er das Buch, und ich konnte sehen, dass es auf Hebräisch geschrieben war. Als er mich ansah, fielen mir seine dunklen, durchdringenden Augen auf. Sein etwas lang gezogenes Gesicht war von Falten bedeckt, die so aussahen, als wären sie mit einem Stift an seinen Augen und seinem Mund entlanggezogen worden.

»Du bist also der junge Mann, der bei meinem Freund Yaacov so einen bleibenden Eindruck hinterlassen hat? Er hat mir einen langen Brief über dich geschrieben. Ich verstehe, dass du ein ernstes Anliegen mit mir besprechen möchtest. Richtig?«

Ich stand immer noch und streckte meine Hand aus, um mich höflich vorzustellen.

»Das brauchen wir nicht. Setz dich, und lass uns zuerst etwas zu essen bestellen. Ein Mann kann nicht reden, ohne etwas zu essen und einen guten Wein.« Er winkte dem Kellner.

»Magst du osteuropäisches Essen? Das gibt es hier. Ich werde es dir leicht machen und eine Suppe und eine Hauptspeise bestellen. Es ist alles koscher, deshalb ist dies eines der wenigen Restaurants, das ich auf meinen Reisen durch Deutschland aufsuche.«

Ich nickte zustimmend und setzte mich endlich. Ich hatte schon etwas über das Kaschrut oder die jüdischen Speisegebote gelesen, durch die geregelt wurde, wie man das Essen zubereiten und die Tiere schlachten sollte und welches Essen erlaubt war. Wichtiger noch war, dass diese Gebote bestimmen, was für die Nahrung des Menschen vorgesehen ist. In diesem Moment erinnerte ich mich nur daran, dass Fleisch und Milch oder alles, was aus Fleisch oder Milch hergestellt wird, nicht bei der gleichen Mahlzeit serviert werden darf. Solche Lebensmittel dürfen auch nicht mit den gleichen Küchenutensilien gekocht oder serviert werden, und man darf sie auch nicht so lagern, dass sie sich vermischen könnten. Doch jetzt dachte ich nicht weiter darüber nach. Der Kellner gab uns die Speisekarte, aber ich war zu unsicher oder nicht interessiert genug, um die Speisen und Zutaten zu studieren. Der Rabbi bemerkte mein Dilemma und bestellte für uns beide.

»Das wird ein Festessen, junger Mann. Hast du schon mal Tscholent gegessen?«

Ohne auf meine Antwort zu warten, fuhr er fort.

»Tscholent ist eine Art Eintopf, der in einem Ofen gekocht wird und vor allem aus verschiedenem Gemüse, Kartoffeln, Hafer, Bohnen, Karotten, Knoblauch, Gewürznelken, Pilzen und angebratenen Zwiebeln besteht. Meine Mutter, möge ihre Seele in Frieden ruhen, hat es immer als Hauptspeise des Sabbatmahles serviert. Wenn ich es esse, erinnert es mich an diese wunderbaren Zeiten mit ihr.«

Ich traute mich nicht zu fragen, was mit seiner Mutter geschehen war, aber er gab selbst die Antwort:

»Meine Eltern starben in Auschwitz, ich wurde als Kind nach England geschickt. Viele Jahre später bin ich nach Deutschland zurückgekehrt, um beim Wiederaufbau der schwindenden Überreste der jüdischen Gemeinde zu helfen.«

Er seufzte und schwieg einen Moment lang, wie in ein tiefes Gebet versunken. Dann lehnte er sich in seinem Stuhl nach vorn und sagte mit einer gewissen Dringlichkeit:

»Ich habe alles gelesen, was du mir geschickt hast, und bin beeindruckt von deiner persönlichen Geschichte. Reden wir Tacheles, lass uns die Sache klären. Was ist deine Absicht?«

Seine direkte Frage überraschte mich, und ich versuchte, meine Gedanken schnell zu ordnen.

»Rabbi, ich bin auf der Suche nach Antworten auf viele Fragen. Ich bin nach Israel gereist und habe eine spirituelle Leere in mir erlebt, die sich danach sehnt, gefüllt zu werden. In Jerusalem bin ich an der Klagemauer einem religiösen Mann begegnet, der bei mir einen tiefen Eindruck hinterlassen hat. Dort habe ich zum ersten Mal in meinem Leben aus ganzem Herzen gebetet und eine

Seele in mir gefunden. Ich kann es immer noch nicht beschreiben, aber ich spüre eine größere emotionale Nähe zum Judentum als zu dem Glauben, mit dem ich aufgewachsen bin.«

Seine Augen waren halb geschlossen, und er hörte aufmerksam auf jedes Wort.

»Junger Mann, wird dein Wunsch, das Judentum kennenzulernen, von der Schuld angetrieben, die du für das Handeln oder das unterlassene Handeln deines Vaters empfindest?«

»Nein, ich glaube nicht. Ehrlich gesagt, ich spüre eine persönliche Verantwortung für all die schrecklichen Verbrechen, die den Juden von Deutschen angetan wurden, einschließlich meines Vaters. Aber ich empfinde keine Schuld. Ja, ich spüre Scham. Der Besuch in Yad Vashem hat mir das Herz zerrissen, aber ich habe auch gelernt, dass wir als Menschen weitergehen müssen. Nicht, um zu vergessen, sondern um das Gedenken an die Menschen zu ehren, die ihr Leben gelassen haben. Und um sicherzugehen, dass so etwas Schreckliches nie wieder geschieht.«

In diesem Moment erschien der Kellner an unserem Tisch und servierte uns zwei Teller mit dampfendem Tscholent.

Nachdem der Kellner wieder gegangen war, stand der Rabbi auf und ging zu einem kleinen kupferbeschichteten Waschbecken an einem Tischchen am Ende des Restaurants. Leise sprach er ein Gebet und wusch seine Hände mehrere Male, wobei er eine Plastiktasse mit Wasser benutzte.

Als er wieder am Tisch war, fragte er:

»Kennst du das Netilat Jadajim?«

»Ja«, antwortete ich.

»Was bedeutet es?«

»Wenn wir unsere Hände waschen, bringen wir unseren Respekt für den Körper als Heiligtum der Seele zum Ausdruck. In der Gemara wird das Waschen auch als ein Vorgang beschrieben, bei dem man die bösen Morgengeister oder Mazikin abwäscht.«

Er sah mich einige Sekunden lang an.

»Ich sehe, du weißt schon eine ganze Menge. Hast du die Gemara studiert?«

»Nein, ein Studium der Gemara und des Talmud war zu schwer für mich. Ich habe nur hier und da Teile gelesen.«

»Der Talmud, mein junger Freund, ist eine Aufzeichnung rabbinischer Diskussionen über Recht, Ethik, Sitten und Geschichte im Judentum. Es dauert ein Leben lang, wenn man ihn studieren will. Du hast also noch ausreichend zu tun, wenn du ein Talmudgelehrter werden willst.«

Er wandte sich dem Essen zu und nahm einen kleinen Laib Brot aus dem Brotkorb, brach ihn in zwei Teile und sprach laut und stolz ein Gebet.

»Barukh ata Adonai Eloheinu melekh haolam hamotzi lehem min haaretz. Gesegnet seist du, oh Herr, unser Gott, König des Universums, der aus der Erde das Brot hervorbringt.« Dann gab er mir ein Stück. »Beteavon, lass es dir schmecken. Wir müssen etwas essen, bevor wir reden.«

Das Essen war tatsächlich sehr schmackhaft; es erinnerte mich an das Essen, das ich in Israel genossen hatte. Als er merkte, dass es mir schmeckte, lächelte er.

»Weißt du, dieses Tscholent schmeckt wie bei meiner Mutter. Wir sollten auf unser Treffen anstoßen.« Er hob sein Weinglas.

»LeChaim, auf das Leben, mein Freund.«

Er legte seine Hand auf meine und fragte sanft:

»Was möchtest du tun? Ein Jude zu werden ist eine große Verantwortung und wird dich in diesem Land von allen Menschen, die du kennst, und besonders von deiner Familie trennen. Du kannst ein gerechter Mann sein, auch ohne Jude zu werden. In biblischen Worten bezeichnen wir solch einen Menschen als Ger toschav oder fremden Einwohner. Das sind Menschen, die nicht zum Judentum konvertieren, aber den universellen moralischen Imperativ achten, auf dem unser Glaube basiert. Nach dem Propheten Amos sind die moralischen Forderungen an die Mensch-

heit universell; alle Nationen der Welt sind an bestimmte morali-
sche Gesetze gebunden und für ihr Verhalten verantwortlich. Um
den grundlegenden Normen und Verantwortlichkeiten des
menschlichen Verhaltens nachzukommen, was wir als Noachidi-
sche Gebote bezeichnen, muss man kein Jude werden. Das jüdische Volk hingegen erhielt am Berg Sinai die kollektive Verantwortung, die Gebote Gottes zu befolgen. Wir sind alle für unser
Handeln verantwortlich, was zur Schaffung einer gerechten Welt
beitragen sollte. Gott hat uns diese gewaltige Verantwortung übertragen, das Werk, das er begonnen hat, zu vollenden. In der Form
der Gebote wurden uns die Mittel dafür gegeben, und wir sollen
sie befolgen. Wenn du dich entscheidest, ein Jude zu werden, dann
entschließt du dich auch, diese kollektive Verantwortung zu tragen. Das kann sehr schwer sein, mein Sohn.«

Die Klarheit seiner Gedanken – und die Herausforderung, die er
mir gegeben hatte – überraschten mich. Wollte ich das wirklich –
die Verantwortung auf mich nehmen, ein Jude zu sein? War ich
überhaupt bereit dazu?

»Ich muss noch mehr darüber nachdenken«, antwortete ich.

Ein breites Lächeln bedeckte sein Gesicht. »Solch eine Antwort
erwarte ich von einem weisen Mann und nicht von einem jungen
Mann. Es zeigt, dass du dich ernsthaft mit dieser Entscheidung
auseinandersetzt und nicht impulsiv handelst. Bitte verstehe, dass
ich dich nicht ermutigen kann zu konvertieren. Eigentlich sollte
ich dich davon abbringen, weil das Judentum niemanden be-
kehrt.«

Als er die Enttäuschung auf meinem Gesicht sah, fuhr er fort:

»Aber ich werde dein Mentor sein und nehme dich als Schüler
an. Ich werde entscheiden, ob und wann du zu so einem Schritt
bereit sein wirst. Das kann sehr lange dauern. Hab bitte Geduld.
Ich weiß, dass du die Fähigkeit hast, alles über das Judentum zu
lernen. Das kann dein intellektuelles Verständnis des jüdischen
Glaubens vertiefen, aber du brauchst viel mehr als das. Du musst

den Glauben verinnerlichen, du musst ihn in dir spüren und im Alltag anwenden. Das ist ein Wachstumsprozess. Langsam wirst du reifer werden, aber du beginnst wie ein Kind. Ich empfehle dir, eine jüdische Gemeinde zu suchen, die dich annimmt. Yaacov kann dir dabei helfen. Du musst die Tora studieren, das Beten lernen, um mit Gott zu kommunizieren. Und du musst Geduld lernen. Dieser Prozess braucht Zeit, aber ich werde für dich da sein. Denk daran, es genügt nicht, Israel zu lieben. Du musst die Tora annehmen. Nach der Zerstörung des Zweiten Tempels durch die Römer wurde die Tora zum Zentrum des jüdischen Glaubens. Einige bezeichnen sie als unsere ›tragbare‹ Heimat, sie ist der Ausdruck unseres Wunsches, nach Israel zurückzukehren. Die Tora enthält die Kernaussage des jüdischen Volkes. Es ist eine Geschichte, die die Menschen darin bestärkt, den Willen Gottes zu verwirklichen und die Welt nach seinen Wünschen zu verändern. Verstehst du?«

Ich nickte langsam und verstand das Ausmaß meines Vorhabens immer tiefer.

»Nun haben wir genug geredet. Lass uns einen Nachtisch nehmen.« Offensichtlich wollte er, dass ich mir meine Entscheidung noch einmal überlegte und mir Zeit dafür nahm. Ich musste es akzeptieren, auch wenn ich ungeduldiger war, als es vielleicht schien. Vor allem aber wollte ich Rat und Orientierung für die nächsten Schritte.

Natürlich beobachtete er meine Reaktionen. »Du scheinst deinen Appetit verloren zu haben«, bemerkte er.

Ich musste mein Gefühl zunehmender Verwirrung aussprechen. »Rabbi, ich respektiere Ihre Meinung. Bitte verstehen Sie mich nicht falsch, aber ich weiß nicht, was ich als Nächstes tun soll.«

»Bernd, du musst zuerst dich selbst finden. Beende dein Studium, bestehe die Prüfungen und gib dir die Zeit, zu wachsen und reifer zu werden. Lass dich in deinem Alltag von ethischen Prinzipien leiten. Ich erwarte nicht, dass du perfekt bist. Ich möchte, dass du eines verstehst: Es ist wichtiger, den Weg zu solchen Zielen zu genießen, als sie tatsächlich zu erreichen. Ein schneller Übertritt wäre wie ein Wechsel der Kleider. Du wirst anders aussehen, aber kein anderer sein. Wir werden in Verbindung bleiben, und du wirst mich über deine Fortschritte informieren.« Bevor ich antworten konnte, bat er um die Rechnung, stand auf und zog sich an. »Schalom, mein junger Freund, und vergiss nicht, dass auch Rom nicht an einem Tag erbaut wurde.«

Er hatte recht. Ich verstand, dass dies tatsächlich Zeit brauchte. Der Glaube, für den ich mich entschloss, war erst ein Sämling, dessen Wurzeln in meinem Leben verankert werden mussten. Sein Wachstum musste durch ein verantwortungsvolles Leben genährt werden. Die Zeit war auf meiner Seite, aber ich stand noch vor vielen Herausforderungen.

DIE FINSTERNIS

Das Leben im Studentenwohnheim war eine Herausforderung. Wir Studenten lebten auf engem Raum zusammen, es gab kaum Privatsphäre, wir teilten alles: die Küche, die Duschen und andere praktische Dinge. Trotzdem boten die engen Räume viele Gelegenheiten, mit interessanten Menschen aus der ganzen Welt in Kontakt zu kommen. Deutschland war ein beliebtes Ziel für Studenten aus dem Nahen Osten, die Medizin, Ingenieurwesen und Computerwissenschaft studieren wollten. Viele Palästinenser, Syrer und Iraner lebten auf meinem Stockwerk. Sie alle erweiterten mein Wissen über die Welt. Trotzdem vermied ich jede Erwähnung meines Interesses am Judentum und an Israel.

Kurz nachdem ich mit meinem Studium begonnen hatte, zog eine neue Nachbarin in das Zimmer neben mir. Einige Tage nach ihrem Einzug fand ich bei der Rückkehr von einer Vorlesung eine Notiz vom Hausmeister an meiner Tür: Deine Mutter hat angerufen und wünscht dir alles Gute zum Geburtstag. Darunter war ein weiterer Zettel in einer anderen Handschrift: Herzlichen Glückwunsch auch von mir. Klopf bei mir an, wenn du magst. Das tat ich auch. Sekunden später öffnete mir eine bildhübsche Frau die Tür. Sie hatte langes schwarzes Haar, olivfarbene Haut und braune Augen. »Hi, mein Name ist Roberta. Ich bin deine neue Nachbarin und möchte dir alles Gute zum Geburtstag wünschen – oder feliz cumpleaños, wie man in meinem Land sagt.« Ihr Akzent und ihr Teint verrieten ihre lateinamerikanische Herkunft, obwohl sie fehlerloses Deutsch sprach.

»Danke, woher kommst du?«, fragte ich neugierig.

»Ich komme aus Mexiko und studiere hier Philosophie«, antwortete sie.

Ich bemerkte sofort eine gegenseitige Anziehung und lud sie zum Abendessen in ein mexikanisches Restaurant in der Nähe ein. In dieser Nacht genossen wir nicht nur unser erstes gemeinsames Abendessen, sondern entdeckten und erforschten auch unser körperliches Begehren füreinander. Unsere Beziehung könnte am besten als Feuerwerk unkontrollierter Sexualität beschrieben werden, das, wenn es einmal gezündet hatte, schließlich abbrennen musste.

Von diesem Zeitpunkt an waren wir ein unzertrennliches Paar und surften auf einer Welle von Lust und Sinnlichkeit. Obwohl es uns genügte, eine Zeit lang unsere gemeinsamen Interessen zu erforschen, mussten wir uns schließlich auch mit unseren Unterschieden auseinandersetzen. Dazu gehörte ihre zunehmende Ablehnung meines Interesses am Judentum und an Israel. Während eines späten Abendessens erzählte ich ihr von dem Konflikt mit meinem Vater und der zunehmenden Entfremdung. Roberta sah mich ungläubig an. »In meiner Kultur respektieren wir unsere Eltern bedingungslos«, sagte sie und wusste nicht, dass sie die Worte meiner Eltern wiederholte. »Wie kannst du deinen Vater für sein fehlerhaftes Handeln beschuldigen? Und wenn er wirklich an Verbrechen gegen die Juden beteiligt war, warum fühlst dann du dich selbst für das, was geschehen ist, verantwortlich?«

»Deine Frage ist berechtigt, aber ich möchte eines klarstellen: Ich gebe meinem Vater nicht die Schuld an diesen Verbrechen, die im Namen Deutschlands verübt wurden. Ich gebe ihm die Schuld dafür, dass er blind Befehlen gefolgt ist und die Autorität unkritisch akzeptierte. Er muss gewusst haben, was geschehen ist, aber er hat es ignoriert. Dafür gebe ich ihm die Schuld.« »Aber warum willst du überhaupt eine neue Religion annehmen? Als Philosophiestudentin folge ich Karl Marx und seiner Interpretation von Religion. Weißt du, was er dazu meinte?«

»Na ja, ich erinnere mich daran, dass er Religion als Opium fürs Volk bezeichnet hat. Richtig?«

»Gut. Ich hätte wissen können, dass du zumindest so schlau bist«, bemerkte sie trocken.

»Aber das ist noch nicht alles«, meinte sie und zog ein Buch aus ihrem kleinen Bücherregal. Nach einer kurzen Suche fand sie den Abschnitt, den sie mir zeigen wollte.

»Ich lese dir mal vor, was er wirklich geschrieben hat: ›Die Aufhebung der Religion als des illusorischen Glücks des Volkes ist die Forderung seines wirklichen Glücks. Die Forderung, die Illusionen über seinen Zustand aufzugeben, ist die Forderung, einen Zustand aufzugeben, der der Illusionen bedarf. Die Kritik der Religion ist also im Keim die des Jammertales, dessen Heiligenschein die Religion ist. Die Kritik hat die imaginären Blumen an der Kette zerpflückt, nicht damit der Mensch die fantasielose, trostlose Kette trage, sondern damit er die Kette abwerfe und die lebendige Blume breche. Die Kritik der Religion enttäuscht den Menschen, damit er denke, handle, seine Wirklichkeit gestalte wie ein enttäuschter, zu Verstand gekommener Mensch, damit er sich um sich selbst und damit um seine wirkliche Sonne bewege. Die Religion ist nur die illusorische Sonne, die sich um den Menschen bewegt, solange er sich nicht um sich selbst bewegt.‹«

Sie klappte das Buch zu und sah mich triumphierend an.

»Karl Marx war Jude, und er hat erkannt, dass die Religion nur einem Zweck dient: Unterdrückung zu rechtfertigen und die Menschen davon zu überzeugen, ihre Lebensbedingungen zu akzeptieren. Die Religion hilft der herrschenden Klasse, ihre Macht zu erhalten und das einfache Volk auszubeuten.«

Ich lehnte mich zurück, um nachzudenken. Ihre Haltung war verständlich. Sie ähnelte der Ansicht vieler Linker, die eine Religion der Befreiung forderten. »Ich will versuchen, dir zu erklären, was das Judentum wirklich ist«, sagte ich. »Ich denke auch, dass man die Bibel oder Tora nicht wörtlich nehmen sollte. Darin wird in Wirklichkeit eine Geschichte über das Menschsein erzählt und wie man Verantwortung übernehmen und zum Ausdruck bringen kann. Es ist die Geschichte eines Volkes, der Juden, die sich aus der Sklaverei befreiten und von Moses in die Freiheit geführt wurden. Sie hatten dann die Wahl, die Gebote und den Willen Gottes anzunehmen. Die Juden werden aufgefordert, die Wirklichkeit nicht so zu akzeptieren, wie sie ist, sondern sich für ihre Verbesserung einzusetzen. Deshalb glaube ich nicht, dass die Interpretation der Religion, wie sie Karl Marx beschreibt, auf das Judentum zutrifft.«

Sie schaute mich ablehnend an.

»Du bist ein Idealist und schwebst in einer metaphysischen Welt. Ich bin im Hier und Jetzt verwurzelt. Für mich existiert Gott nicht, er spielt in meinem Leben keine Rolle. Ich möchte dich auch daran erinnern, dass der Staat Israel Millionen von Palästinensern unterdrückt und versklavt. Offensichtlich haben die Israelis ihre religiösen Prinzipien über Bord geworfen.«

Sie wusste, dass mich solche Argumente wütend machten, deshalb versuchte ich, meine Emotionen zu kontrollieren.

»Haben dir das die palästinensischen Studenten erzählt, oder warst du wirklich mal in Israel und hast so wie ich ein palästinensisches Dorf besucht?«

»Natürlich war ich nicht in Palästina. Das muss ich auch nicht.

Es ist für ganze Welt offensichtlich, dass Israel die Palästinenser missbraucht.«

Wir hatten einen Punkt erreicht, wo ich entweder das Gespräch beenden musste oder es in einen heftigen Streit ausarten würde. »Ich denke, wir sollten darin übereinstimmen, dass wir anderer Meinung sind«, schlug ich vor.

»Wahrscheinlich sollten wir uns eingestehen, dass wir sehr verschieden sind und nicht viel gemeinsam haben«, sagte sie etwas deutlicher, »außer der körperlichen Anziehung.«

Tief in mir wusste ich, dass sie recht hatte, aber ich wollte diese Wahrheit nicht akzeptieren. Von diesem Tag an fiel unsere Beziehung langsam auseinander. Wir sahen uns weiterhin, um unserem Begehren Raum zu geben, aber wir erkannten beide, dass wir nicht füreinander bestimmt waren. Mir fiel es schwer, mich von ihr zu trennen, und ich begann, Alkohol zu trinken, um den Schmerz, den ich so intensiv spürte, zu lindern. Emotional hielt ich so sehr an ihr fest, dass ich meine eigenen Bedürfnisse verleugnete, insbesondere meine Sehnsucht nach Spiritualität.

Ich musste mir eingestehen, dass ich unsere körperliche Anziehung mit Liebe verwechselt hatte – eine Empfindung, die ich noch nie wirklich gespürt hatte. Ich erkannte auch, dass Rabbi Liebermann vielleicht recht hatte und ich nicht bereit war, zu konvertieren. Gequält von Selbstzweifeln rutschte ich noch tiefer in die Verzweiflung, und mein Alkoholkonsum nahm zu. In meinem Leben hatte ich einen Tiefpunkt erreicht. Ich vernachlässigte mein Studium und mich selbst. Mir wurde klar, dass ich mich wieder auf meine spirituellen Absichten konzentrieren musste.

Ich kehrte nach Bamberg zurück, um mich mit Yaacov zu treffen. Er war bereit, mich zu empfangen, runzelte aber die Stirn, als er mich sah. »Was ist passiert, junger Mann? Du siehst verärgert und verzweifelt aus.«

Ich erzählte ihm von meinen persönlichen Kämpfen, und er hörte aufmerksam zu, bevor er antwortete.

»Bernd, niemand erwartet, dass du perfekt bist. Sieh mal, das Volk Israel wanderte 40 Jahre in der Wüste umher, bevor es das Gelobte Land erreichte. Und dann ist Moses, ihr Anführer, nicht mit ihnen in dieses Land gezogen. Weißt du, warum?« Ich schüttelte den Kopf. »Selbst zu Fuß kann man die Sinai-Wüste von Ägypten nach Israel in wenigen Wochen oder ein paar Monaten durchqueren. Wir wissen nicht, ob es wirklich 40 Jahre gedauert hat, und das ist auch nicht wichtig. Für Gott war entscheidend, dass sein erwähltes Volk noch nicht bereit war, seine Gebote anzunehmen. Sie verehrten Götzen und suchten irdische Freuden. Du musst verstehen, dass sich die menschliche Natur in den letzten Jahrtausenden nicht viel verändert hat, auch wenn unsere Lebensweise und unsere Umwelt nicht mehr dieselben sind. Dein Verhalten ist nicht außergewöhnlich. Du hast sofortige Befriedigung gesucht und dich irdischen Freuden hingegeben. Tief in dir wusstest du, dass es falsch ist, und du hast Alkohol benutzt, um es nicht so sehr zu spüren. Ja, ich stimme mit dir überein, du bist noch nicht so weit. Aber du hast die Fähigkeit, dich zu verändern, und ich bin hier, um dir dabei zu helfen. Nun geh nach Hause und ruh dich aus. Komme wieder, wenn du zum Lernen bereit bist.«

Ich fühlte tiefe Scham, war aber auch befriedigt, weil ich meine Gefühle und Gedanken mit ihm teilen konnte. Ich kehrte ins Studentenwohnheim zurück und versprach mir selbst, mich wieder an meinem Ziel auszurichten. Ich wusste, dass ich auf meinem Weg weitergehen und meine innere Stärke finden musste.

Ich folgte Yaacovs Rat und nahm am Freitagabendgottesdienst in der Synagoge im nahe gelegenen Nürnberg teil. Beim ersten Mal ging ich etwas widerwillig, weil ich das Gefühl hatte, dass die Anwesenheit eines Nicht-Juden dort unangemessen oder gar respektlos sei. Als ich in die Synagoge eintrat, begrüßte mich ein Mann, der einen schwarzen Umhang und einen schwarzen Hut trug. Er hatte ein breites Gesicht mit sanften Gesichtszügen und schüttelte energisch meine Hand.

»Schabbat Schalom. Mein Name ist Herr Kanowitz, und ich bin der Kantor. Woher kommst du?«

Ich versuchte, seinen festen Händedruck zu erwidern, aber meine Angst war spürbar.

»Mein Name ist Bernd. Yaacov Eisenberg aus Bamberg hat mich hergeschickt.«

Er lächelte.

»Ja, ja, ich kenne Yaacov. Ein guter Mann mit einem großen Herzen. Komm herein und nimm am Gottesdienst teil.«

Die freundliche Begrüßung erstaunte mich, und meine Angst verebbte schnell. Aber weil ich die Liturgie der jüdischen Gebetsgottesdienste noch nicht kannte, entschloss ich mich, hinten zu sitzen.

Schon bald kamen viele Leute, insbesondere alte Männer und Frauen aus dem nahe gelegenen jüdischen Altenheim. Ich bemerkte auch ein paar jüngere Gesichter in der sich versammelnden Menge. Nach einigen Minuten mit lauten Gesprächen und Lachen ging der Kantor ans Podium, und alle standen auf. Er sang mit seiner Baritonstimme:

»L'khah dodi liq'rat kalah p'nei Shabbat n'qab'lah – Komm heraus, meine geliebte Braut, um uns zu treffen; das innere Licht des Schabbat, lasst es uns begrüßen.«

Ich schloss meine Augen, und die Melodie trug mich wieder zurück nach Jerusalem. Ich spürte die gleichen Emotionen, die ich an der Klagemauer empfunden hatte. Die gleiche spirituelle Energie erfüllte mich, und ich versank ins Gebet.

»Adonai echad ush'mo echad. L'Shem ul'tif'eret v'lit'hilah – Gott ist eins und Sein Name ist eins, für den Ruhm, für die Herrlichkeit und im Gesang.«

Als der Kantor anhielt, war ich in den Geist der Kabbalat Schabbat verwandelt, die Annahme des Schabbat. In diesem Moment fühlte ich mich eins mit allen Anwesenden. Meine Ängste und Sorgen waren verschwunden.

Nach dem Gottesdienst kam der Kantor auf mich zu und schüttelte mir nochmals die Hand.

»Komm wieder. Bitte komm wieder. Ich weiß, dass du finden wirst, wonach du suchst.«

Ich schaute ihn überrascht an.

»Woher wissen Sie, wonach ich suche?«

»Nun, zunächst einmal ist unsere jüdische Welt hier sehr klein, und Nachrichten verbreiten sich schnell, wenn ein Fremder zu uns kommt. Yaacov hat mir schon von dir erzählt; ich wusste also sofort, wer du bist, als du durch die Tür kamst. Ich habe dich während des Gottesdienstes beobachtet und bemerkt, dass dich das Gebet tief im Herzen berührt. Komm wieder, und du wirst die spirituelle Energie in dir entdecken. Ich weiß, dass du wiederkommen wirst.«

Er hatte recht, ich kam noch viele Male zurück. Doch in dieser Nacht ging ich ins Wohnheim zurück, und als ich die Tür zu meinem Zimmer aufschloss, sah ich, wie Roberta den Flur entlangkam. »Wo bist du gewesen? Ich habe nach dir gesucht. Hast du keine Lust, Zeit mit mir zu verbringen?«

»Ich war in Nürnberg und habe am jüdischen Schabbatgottesdienst teilgenommen.«

Sie presste die Lippen zusammen. »Seit wann sind dir Gebete wichtiger als Sex? Machen dich jetzt die Juden heiß, oder was?«

Ihre unverblümte und direkte Reaktion machte mich wütend. »Das eine hat nichts mit dem anderen zu tun. Das weißt du.«

»Nein, das weiß ich nicht. Zeig mir, was du meinst.«

Ich fühlte mich herausgefordert und verletzt. Ich nahm sie an der Hand und zog sie zu mir. »Rede nie wieder so mit mir!«, schrie ich.

Sie lächelte und küsste mich auf den Mund. »Ich liebe es, wenn du vor Wut explodierst. Nimm deine Wut und gib sie mir.«

Nachdem ich die Nacht mit ihr verbracht hatte, stand ich früh auf, ging an die frische Luft und machte einen Spaziergang. Es war noch dunkel, der Sonnenaufgang noch Stunden entfernt. Ich musste dieses destruktive Verhalten, diese schreckliche Anziehung beenden. Ja, ich war ein junger Mann und wollte die erotischen Freuden mit ihr genießen, aber ich war auch ein spiritueller Sucher, und beides gleichzeitig ging nicht. Wenn ich mir gegenüber ehrlich war, dann wusste ich, dass unsere Beziehung oberflächlich war und dass wir uns oft auch gegenseitig missbrauchten. Ich schämte mich für meine Unentschlossenheit und Schwäche, insbesondere wenn ich mein Verhalten mit dem der spirituellen Lehrer verglich, denen ich glücklicherweise begegnen durfte. Warum konnte ich nicht die Stärke aufbringen und zu einer Entscheidung kommen und mich von ihr trennen?

Ich kehrte in mein Zimmer zurück, lag mit offenen Augen im Bett und wartete auf den Morgen. Als es hell wurde, wusste ich, was ich tun musste. Ich stand auf, packte meinen Koffer und ging. Ich verbrachte die nächste Woche in einem Hotel und kehrte nur zurück, um meine restlichen Sachen zu holen. Als ich in mein Zimmer kam, fand ich eine handgeschriebene Nachricht, die jemand unter der Tür hindurchgeschoben hatte. In einigen spitzen Sätzen schrieb Roberta, dass sie nach Mexiko zurückgefahren sei, um ihre Eltern zu besuchen, und dass ich sie dort erreichen könnte. Ich hatte Sehnsucht nach ihr, aber gleichzeitig ersehnte ich meine Freiheit.

An diesem Nachmittag entschloss ich mich, meinen Vater anzurufen. Meine Eltern waren vor Kurzem wieder nach Bamberg gezogen und hatten in einem Vorort ein Haus gekauft, in der Nähe einer malerischen Burg mit einem herrlichen Blick auf die ganze Stadt. Mein Vater meldete sich, und trotz des Versuchs, seine Emotionen zu verbergen, merkte ich, dass er erleichtert war, meine Stimme zu hören.

»Wir haben monatelang nichts von dir gehört. Ich nehme an, du steckst in Schwierigkeiten, sonst würdest du nicht anrufen«, bemerkte er in seiner trockenen Art.

»Ich brauche einen Ort, wo ich eine Zeit lang sein kann, um mir über ein paar Dinge klar zu werden«, gab ich zu. »Momentan gelingt mir das nicht so gut. Kann ich für eine Weile nach Hause kommen?«

»Deine Mutter wird sich freuen, dich zu sehen«, antwortete er. Wir hatten dieses Spiel schon ein paarmal gespielt, und ich vermied, ihn zu fragen, ob er sich auch freute. Noch am gleichen Tag kehrte ich nach Bamberg zurück und zog in eine kleine Einliegerwohnung im Erdgeschoss. Ein separater Eingang gab mir etwas Privatsphäre abseits meiner Eltern. Aber es war trotzdem eine schwierige Entscheidung. Mir kam es so vor, als wäre ich gescheitert, weil ich wieder die Unterstützung meiner Eltern brauchte und gleichzeitig meinen Schmerz und meine inneren Kämpfe nicht mit meinem Vater teilen konnte.

Ich kam zu dem Schluss, dass ich für meine Tage eine klare Struktur brauchte, die aus Sport, Arbeit und Gottesdiensten in den Synagogen von Bamberg und Nürnberg bestand. Da ich täglich zur Universität nach Erlangen pendelte, kam ich oft spätabends nach Hause, ohne meine Eltern zu sehen.

Einige Monate später kehrte Roberta aus Mexiko zurück. Sie versuchte mehrere Male, mich zu erreichen. Trotz meiner Entschlossenheit konnte ich der Versuchung gelegentlicher erotischer Begegnungen mit ihr nicht widerstehen. Aber als sie mir sagte, dass sie im Sommer ganz nach Mexiko zurückgehen würde, war ich erleichtert. Ich war unfähig und nicht bereit gewesen, den Kontakt mit ihr ganz abzubrechen, nun traf sie die Entscheidung für mich.

In diesem Sommer eskalierten die politischen Spannungen im Nahen Osten. Am 3. Juni 1982 wurde der israelische Botschafter in England von drei Mitgliedern einer radikalen palästinensischen Gruppierung angegriffen und trug schwere Verletzungen davon, durch die er gelähmt wurde und ins Koma fiel. Einige Tage später griff die israelische Armee den Libanon an, um die Operationsbasen der militanten Palästinensergruppen zu zerstören. Ariel Scharon, damals Verteidigungsminister Israels, befahl der israelischen Armee, tief in den Libanon einzudringen und auf die Hauptstadt Beirut vorzurücken. Artillerie und Kampfflugzeuge der israelischen Streitkräfte beschossen wochenlang die Stadt. Der christliche Präsident des Libanon, Bashir Gemayel, fiel einem Attentat zum Opfer. Die mit Israel verbündete libanesisch-christliche Miliz drang in zwei palästinensische Flüchtlingslager ein und ermordete Hunderte Zivilisten. Israelische Panzer und Truppen hatten die Lager umzingelt, als Reaktion auf Berichte des Geheimdienstes der christlichen Miliz, wonach sich in den Lagern mehrere Tausend bewaffnete palästinensische Kämpfer befinden würden.

Nicht nur der christlichen Miliz wurde die Schuld für dieses Massaker gegeben, mit dem sie den Tod von Präsident Gemayel rächen wollte. Auch die Israelis wurden dafür verantwortlich gemacht, weil sie bei diesem Mord an unschuldigen Frauen und Kindern nicht eingeschritten waren. Die Nachrichten dieses Krieges und das darauf folgende Massaker führten in Deutschland zu massiven Protesten, besonders von den linken Parteien und einer palästinensischen Studentenorganisation, deren Anführer in der kommunistischen DDR ausgebildet und von dort unterstützt wurden. Täglich verbrannte man bei Studentenprotesten israelische Flaggen, und schon bald wurden auch Juden und jüdische Institutionen zum Ziel von Angriffen. Die Synagogen mussten durch schwer bewaffnete Polizisten geschützt werden. Auch für mich wurde es immer schwieriger, an Gottesdiensten in einer Synagoge teilzunehmen.

Schon bald war ich auch persönlich betroffen. Palästinensische Studenten organisierten ein Forum im Audimax der Universität Erlangen. Sie beschuldigten Israel, Kriegsverbrechen zu begehen, und plädierten für einen Gerichtsprozess, der den Nürnberger Prozessen gegen führende Nazis gleichen sollte. Bei den meisten

Sprechern handelte es sich um wortgewandte Palästinenser, die geübt waren, das Publikum in Aufruhr zu bringen.

»Wer sind unsere Feinde?«, rief einer der Redner.

»Die Israelis!«, raunte die Menge.

»Wer ermordet unschuldige Frauen und Kinder?«

»Die Israelis!«

»Wer ist für Unterdrückung und Krieg in der Welt verantwortlich?«

»Die Israelis!«

»Wer kontrolliert die Banken und die Medien?«

»Die Israelis!«

Inzwischen waren auch die deutschen Studenten aufgestanden und schrien; ihre Gesichter rot und ihre Augen blutunterlaufen, schienen sie bereit, jedem Befehl zu folgen. Der Sprecher war sich vollkommen bewusst, dass er die Kontrolle über sie erlangt hatte, und bat nun alle, sich wieder hinzusetzen. Da nahm ich all meinen Mut zusammen und stand auf.

»Schämt ihr euch nicht! Diese Stadt liegt nur ein paar Kilometer vom Reichsparteitagsareal entfernt, wo Hitler seine antisemitische Propaganda verbreitete. Vierzig Jahre später beschuldigen Deutsche wieder die Juden, für alles Übel in der Welt verantwortlich zu sein. Sollten wir nicht aus den Fehlern unserer Eltern lernen?«

Die Menge wurde still, und nur eine Person sah mich überrascht an. Es war Roberta, die in der ersten Reihe saß. Einer der palästinensischen Redner, ein großer, muskulöser Mann mit lockigem Haar, der mich an Chalid erinnerte, antwortete sofort:

»Er muss ein Jude sein. Hört nicht auf ihn! Er will den Holocaust nutzen, damit ihr euch schuldig fühlt. Aber heute sind die Juden die Täter und wir Palästinenser die Opfer. Nach dem Zweiten Weltkrieg sind die Juden aus Europa nach Palästina gekommen und haben uns unser Land genommen und behauptet, dass sie durch den Holocaust ihre Heimat verloren haben. Sie haben unsere Frauen und Kinder getötet und Millionen von uns vertrieben. Nun leiden wir Palästinenser, weil eure Eltern die Juden ermordet haben. Wir leiden unter diesem Verbrechen eurer Eltern, und ihr könnt es wiedergutmachen, indem ihr uns in unserem Kampf unterstützt.«

Dieses Mal raunte die Menge nicht in Zustimmung, sondern wartete auf meine Reaktion. Zuerst sah ich Roberta an, ehe ich meinen Blick ins Publikum wandern ließ. Die meisten vermieden den Augenkontakt:

»Zwei Ungerechtigkeiten ergeben keine Gerechtigkeit. Die Unterstützung der hasserfüllten antisemitischen Propaganda, die ihr heute von diesen gekauften Agitatoren gehört habt, wird uns Deutschen die Verantwortung für das jüdische Volk nicht abnehmen. Nein, wir sollten nicht alles, was die israelische Regierung tut, unkritisch unterstützen, aber wir sollten uns nach den Tatsachen und Fakten richten. Heute habt ihr euch alle so benommen wie unsere Eltern und Großeltern, als sie Hitler unterstützten. Ihr habt aufgehört, Fragen zu stellen, und die Propaganda wiederholt, die euch angeboten wurde. Ihr seid nicht besser als sie damals. Ihr habt keinen Grund, die Israelis zu kritisieren.«

Mittlerweile waren einige muskulöse Palästinenser von hinten an mich herangetreten, und bevor ich weiterreden konnte, packten sie mich an der Schulter, zerrten mich zum Ausgang und warfen mich hinaus.

»Geh dahin zurück, wo du herkommst, du dreckiger Jude«, schrie einer von ihnen und ging zurück in den Saal.

Ich zog meine Jacke zurecht und wollte gehen, als ich Robertas Stimme hörte.

»Ist alles in Ordnung? Warum musst du dich da einmischen? Das geht dich doch nichts an. Die Palästinenser berichten uns von ihrem Leiden.«

Ich sah sie an und konnte meine Wut nicht zurückhalten:

»Weißt du, was der Unterschied ist zwischen dir und mir? Ich stehe für das ein, woran ich glaube, und ich sage das, was nach meiner Überzeugung gesagt werden muss. Du bist nur eines der vielen Schafe in der Menge, die Parolen wiederholen und nicht bemerken, dass sie manipuliert werden.«

Sie starrte mich mit ihren wunderschönen dunklen Augen trotzig an.

»Niemand wird auf dich hören. Geh wieder zu deinen Büchern und Gebeten zurück. Such dir eine jüdische Freundin und kümmere dich um dein eigenes Leben.«

Sie drehte sich um und folgte meinem palästinensischen Grobianen ins Auditorium.

Ich wusste nicht, was mehr wehtat, die körperlichen oder die emotionalen Wunden. An diesem Abend kam ich ins Haus meiner Eltern zurück und war überrascht, dass sie noch auf waren; sie saßen im Wohnzimmer und schauten die Nachrichten. Mein Vater bemerkte, dass ich heimgekommen war, und rief mich:

»Hast du gesehen, was im Libanon passiert?« Ich wusste, was er meinte, und machte mich auf eine weitere Welle von Beleidigungen gefasst.

»Du hättest die Berichte über das Massaker in dem palästinensischen Flüchtlingslager sehen sollen. Deine Juden haben Tausende unschuldige Palästinenser getötet. Jetzt haben sie ihren eigenen Holocaust verübt!«

Fast triumphierend fuhr er fort: »Bemerkst du jetzt, dass die Juden nicht besser sind als alle anderen? Zumindest haben wir Deutschen aus unseren Fehlern gelernt, während die Juden den Holocaust zynisch ausnutzen, um die Deutschen zu beschuldigen und Geld von uns zu bekommen.«

Meine Mutter saß still am Tisch und nippte nervös an einem Weinglas. Ihre Wangen waren rot vom Alkohol und ihre Augen blutunterlaufen. Ich wollte nicht auf die Provokation meines Vaters reagieren, aber ich konnte nicht widerstehen, die gleiche Frage zu stellen, die ich schon so oft zur Sprache gebracht hatte:

»Was hast du denn aus der Vergangenheit gelernt? Sag es mir! Hast du nach dem Krieg deine Orden zurückgegeben, weil du erkannt hast, dass du für einen rücksichtslosen Tyrannen gekämpft hast? Hast du verstanden, dass die Leute, die Hitler umbringen wollten, keinen Verrat begangen haben, sondern Deutschland von einem Diktator befreien wollten? Hast du deine Stimme erhoben, als ehemalige Nazis im Nachkriegsdeutschland wieder Karriere machten?«

Mein Vater sah mich an, er presste seine Lippen fest zusammen. Mit geballten Fäusten stand er auf und kam mit wackligem Gang auf mich zu: »Ich erwarte eine Entschuldigung von dir. Ich bin immer noch dein Vater und fordere deinen Respekt!«

»Vater«, erwiderte ich, »du kannst meinen Respekt und mein Vertrauen wiedergewinnen, indem du mit mir auf Augenhöhe sprichst. Erzähl mir von deiner Vergangenheit. Teile deine Gedanken mit mir. Erinnerst du dich noch an unsere langen Spaziergänge am Sonntagmorgen? Damals haben wir uns die ganze Zeit unterhalten. Du hast mir immer zugehört, und ich habe so viel von dir gelernt. Ich habe dich bewundert und tief in meinem Herzen tue ich das immer noch.«

Trotz seiner Betrunkenheit schienen ihn meine Worte berührt zu haben. Sein verkrampfter Gesichtsausdruck schien sich zu entspannen, aber nur für wenige Sekunden: »Sohn, wir haben kaum mehr Gemeinsamkeiten. Du hast dich für dein Leben entschieden. Finde deinen eigenen Weg. Du musst lernen, dass du diesen Weg allein gehen musst. Erwarte keine Hilfe von uns. Ich lasse dich hier wohnen, weil mich deine Mutter darum gebeten hat. Ansonsten würdest du jetzt auf der Straße stehen. Es war deine Wahl und ist es immer noch.« Dann drehte er sich um, ging die Stufen in sein Arbeitszimmer hinauf und schloss die Tür – so wie er es immer getan hatte.

Meine Mutter hatte das ganze Gespräch schweigend verfolgt. Als ich sie anblickte, sah ich Tränen in ihren Augen: »Warum tust du dir das an? Warum tust du uns das an? Du könntest so ein gutes Leben haben.«

Ich stand vor ihr, streichelte ihr Haar und berührte ihre Hand.

»Weil ich etwas in mir gefunden habe, von dem ich nicht dachte, dass ich es in mir trage. Ich suche nach mehr als Geld oder Besitz. Ich suche nach Wahrheit, innerem Frieden und Glück. Das ist alles, was ich will. Ihr beide müsst mich so akzeptieren, wie ich bin.«

Sie nahm meine Hand und drückte sie fest.

»Tu, was du tun musst. Ich werde mich um deinen Vater kümmern.« Eine Träne lief an meinem Gesicht herunter, als ich ihr einen Gutenachtkuss gab. Ich wünschte, sie wäre stärker gewesen. Oder vielleicht hätte ich stärker sein sollen?

Während der folgenden Wochen verebbte der politische Aufruhr an der Universität, und ich konnte mich wieder auf meine medizinische Ausbildung und das Studium des Judentums konzentrieren. Mehrere Male sah ich Roberta in der Universitätsbibliothek, und wir schafften es, einander zu ignorieren, außer einmal. Ich saß an einem Tisch und las, als sie auf mich zukam: »Hi, wie geht es dir«, sagte sie sanft.

Ich lächelte sie an, zögerte aber mit einer Antwort: »Gut«, sagte ich schließlich.

»Ich möchte mich für mein Verhalten bei unserer letzten Begegnung entschuldigen. Ich muss sagen, dass ich deine Entschlossenheit bewundere, mit der du deinen Überzeugungen folgst. Es tut mir leid, dass es zwischen uns nicht funktioniert hat.«

Ich hörte ihr aufmerksam zu: »Warum sagst du das jetzt?«

»Weil ich morgen früh nach Mexiko zurückfliege. Wir werden uns wahrscheinlich nie wiedersehen.«

Meine Kehle wurde trocken, und ich musste beinahe würgen, als ich versuchte zu antworten: »Ich möchte dir für den Mut danken, so mit mir zu sprechen. Ich wünsch dir alles Gute.«

Tränen rannen an ihrem Gesicht herab, als sie mich ein letztes Mal umarmte.

»Pass auf dich auf, mein dickköpfiger deutscher Freund. Ich weiß, dass du nach Israel gehen wirst. Alles Gute.«

Einen Moment standen wir in einer schweigenden Umarmung, dann löste sie sich. Noch viele Monate nach ihrer Abfahrt mied ich Orte, an denen wir zusammen Zeit verbracht hatten. Ich habe vergeblich versucht, die Erinnerung an sie aus meinem Gedächtnis zu löschen.

Im Laufe der Zeit wurde die Erkenntnis immer stärker, dass ich mein Leben weiterführen, meine Ausbildung und meinen Traum verfolgen musste. Meine Entschlossenheit, zum Judentum zu konvertieren, war stark. Nun musste ich beweisen, dass ich reif genug war, um die letzten Schritte zu gehen.

KAPITEL 4: **DER ÜBERTRITT**

Rabbi Liebermann schickte mir jede Woche einen Abschnitt aus der Tora und dem Talmud. Da ich beides zuvor nie studiert hatte, musste ich mich sehr stark auf die Inhalte und die alte hebräische Sprache, die ich erst später lernte, konzentrieren.

Als mein Vater einmal eines der Pakete abfing, öffnete er es und legte es auf den Küchentisch. Er stellte jedoch keine Fragen dazu und wollte auch nicht wissen, warum ich mich dafür interessierte, religiöse Texte zu studieren. Nach diesem Vorfall kam der Rabbi meiner Bitte nach, die Pakete an die jüdische Gemeinde in Bamberg zu schicken.

Ich nahm am Freitagabendgottesdienst in der Synagoge in Nürnberg teil, und der Kantor lud mich zu dem gemeinsamen Abendessen ein, das stets darauf folgte. Zu Beginn achteten die meisten Leute kaum auf meine Anwesenheit, aber bei den folgenden Abendessen wurde ich mehrere Male angesprochen. Meine jugendliche Erscheinung ließ bei einigen die Frage nach meinem Familienstand aufkommen. Sobald ich als alleinstehender Mann bekannt war, versuchten die Heiratsvermittler, mich mit alleinstehenden jüdischen Mädchen bekannt zu machen. Ich wusste, dass diese Heiratsvermittlung oder Schidduch Teil der jüdischen

Tradition war, aber ich war überrascht, dass mich niemand fragte, ob ich überhaupt jüdisch war.

Ich war noch nicht bereit für eine Partnerin, ob nun vermittelt oder auf anderem Wege. Der Kantor bemerkte mein offensichtliches Dilemma und sprach mich an.

»Warum zögerst du so, ein Heiratsangebot anzunehmen?«

»Du weißt doch, dass ich das nicht tun kann. Ich bin ja noch nicht einmal jüdisch.«

Er sah mich an und lächelte.

»Seitdem ich dich das erste Mal getroffen habe, hast du dir einen Bart wachsen lassen, und dein Aussehen ist jüdisch. Die meisten hier würden nie annehmen, dass du Deutscher bist, es sei denn, du sagst es ihnen. Du erscheinst so ernst und vertieft in die Gebete, dass selbst ich denken würde, du bist ein Jude.«

Er hatte recht. Nicht nur meine äußere Erscheinung war verändert, sondern das Studium der Tora und des Talmud hatten mich auch tief berührt und mein Herz verwandelt. Ich entdeckte die Universalität des Rufes nach individueller und kollektiver Verantwortung. Ich verstand auch, dass wir die Erlösung nicht in einem künftigen Paradies erwarten müssen, sondern mit kleinen Handlungen unseren Teil dazu beitragen können, hier und heute unsere Welt zu verbessern.

»Kantor, denkst du, ich bin bereit, den letzten Schritt zu gehen?«

»Nur du kannst diese Frage beantworten. Wenn du glaubst, dass Gott existiert und mit uns kommuniziert; wenn du glaubst, dass Gott am Berg Sinai einen Bund mit dem Volk Israel geschlossen hat und dass wir durch diesen Bund verpflichtet sind, seinen Geboten zu folgen – dann und nur dann bist du bereit zum Übertritt. Bist du bereit?«

Ich sah ihn an und schloss einen Moment lang meine Augen. Ich öffnete sie wieder und sagte: »Ja, ich bin bereit. Ja, ich bin bereit.«

Er lächelte und umarmte mich.

»KolHaKavod, meinen ganzen Respekt. Ich bin stolz auf dich. Ich werde Yaacov in Bamberg und Rabbi Liebermann Bescheid geben. Du wirst von ihnen hören. Hab Geduld. Der Tag wird kommen.«

Monate vergingen. Ich nahm weiter an den Gottesdiensten und jüdischen Feiertagszeremonien teil. Obwohl ich nicht verpflichtet war, am Versöhnungstag zu fasten, tat ich es, und ich bat um eine Befreiung von Vorlesungen, wenn meine Studientermine die Teilnahme an Feiertagsgottesdiensten sonst nicht möglich gemacht hätten. Als Nicht-Jude war mir weiterhin nicht erlaubt, an den Tora-Lesungen am Samstagmorgen teilzunehmen, und ich galt nicht als Mitglied für einen Minyan.

Eines Tages Ende Oktober rief mich Yaacov an und bat mich um einen Gefallen, aber er wollte darüber nicht am Telefon sprechen. Er hörte sich bekümmert an, deshalb fuhr ich sofort los, um ihn in seinem Büro zu treffen. Als ich im jüdischen Gemeindezentrum in Bamberg ankam, hörte ich in seinem Büro eine laute Diskussion auf Jiddisch. Ich trat ein und fand ihn dort zusammen mit drei anderen älteren Männern. Aber ich verstand nicht ganz, was sie sagten. Sie bemerkten meine Ankunft, die drei Männer schwiegen, und Yaacov sagte:

»Komm herein, Bernd, und setz dich.«

Ich spürte die angespannte Atmosphäre, und die drei Männer, die ich noch nie getroffen hatte, sahen mich misstrauisch an.

»Bernd, wir haben ein ernstes Problem. Eines unserer Mitglieder ist gestorben, und wir brauchen kräftige Männer, um ihn zu beerdigen.«

Als er meine Verwirrung sah, fuhr er fort:

»In unserer Tradition können wir nicht einfach einen Bestatter rufen. Wenn ein Jude stirbt, müssen wir bestimmten Regeln und Schritten folgen, und dafür haben wir die Chewrah Kadischa, die Begräbnisgesellschaft. Leider gibt es in unserer schwindenden Gemeinde nur wenige kräftige Männer, du siehst sie vor dir. Wir brauchen deine Hilfe.«

In diesem Moment stand einer der alten Männer auf. Er war

dünn und trug eine Jacke, die ihm nicht ganz passte. Sein Gesicht war blass. Die wenigen verbliebenen Haarsträhnen auf seinem Kopf schimmerten weiß. Nur seine Augen zeigten einen ungebrochenen Geist, und als er zu sprechen begann, bemerkte ich, dass es seine Stimme war, welche die lauten Diskussionen bei meiner Ankunft bestimmt hatte.

»Junger Mann, mein Name ist Abraham. Ich habe Auschwitz überlebt und ich habe nie gedacht, dass ich einen Deutschen um Hilfe bitten muss, um ein jüdisches Gemeindemitglied zu beerdigen. Ich habe gehört, dass du ein junger Mann mit ernsten Absichten bist und zum Judentum konvertieren willst. Stimmt das?«

Ich nickte schweigend.

»Du studierst auch Medizin und kennst dich mit der Anatomie des Menschen aus.«

»Ja«, antwortete ich. »Ich werde mein Medizinstudium bald abschließen. Aber warum ist das wichtig?«

»Weil du als Mitglied der Chewrah Kadischa in der Lage sein musst, den Körper zu reinigen und für das Begräbnis vorzubereiten, und nicht viele Männer können das. Bist du bereit, uns zu helfen?«

Ich sah in die Augen von vier alten Männern, die hin- und hergerissen waren von ihrer Bindung an die Tradition und den schrecklichen Erfahrungen mit Deutschen während des Holocaust. Ich konnte den Schmerz spüren, den sie empfanden, weil sie einen Deutschen bitten mussten, ihnen bei diesem intimen und heiligen Akt zu helfen.

»Natürlich werde ich helfen. Bitte sagen Sie mir, was ich tun soll.«

Abraham sah Yaacov und die anderen Männer an. Sie alle nickten schweigend, dann stand einer nach dem anderen auf und gab mir die Hand. Durch einen unausgesprochenen Prozess waren sie zu der schwierigen Übereinkunft gekommen, meine Unterstützung und Hilfe anzunehmen.

»Mein Name ist Herschel«, sagte einer von ihnen, der andere stellte sich als Zelig vor.

»Hast du heute noch etwas vor?«, fragte Yaacov. »Wir müssen jetzt beginnen, weil das Begräbnis morgen früh sein wird.«

»Jetzt?«, rief ich. In dieser Sekunde erinnerte ich mich daran, dass wir an diesem Abend ein Familienessen hatten, um den Hochzeitstag meiner Eltern zu feiern. Aus Sicht meines Vaters war meine Teilnahme Pflicht.

»Hast du irgendwelche Pläne für heute Abend?«, wollte Yaacov wissen.

»Nichts, was nicht warten kann«, log ich und akzeptierte, dass meine Abwesenheit einen schweren Konflikt mit meiner Familie verursachen würde.

»Was willst du also tun?«, fragte Yaacov.

»Ich komme mit und helfe euch«, antwortete ich.

Minuten später saß ich auf dem Rücksitz eines alten Mercedes neben Herschel und Zelig. Während der Fahrt zum jüdischen Friedhof fiel kein Wort. Als wir ankamen, öffnete der Hausmeister das Tor zu der kleinen Begräbnishalle. Langsam gingen wir in ein altes eingeschossiges Haus, in dem eine deutsche Familie lebte. Diese Familie hatte sich viele Jahre liebevoll und sorgfältig um den kleinen, aber wachsenden jüdischen Teil gekümmert, der durch eine Mauer vom größeren christlichen Bereich des Friedhofs getrennt war. Ich erinnerte mich daran, dass ich viele Jahre zuvor das Grab meiner Großeltern besucht hatte, das nur einen Steinwurf entfernt auf der anderen Seite der Mauer lag.

Wir wurden in einen großen Raum mit einem Bestattungstisch in der Mitte geführt. Auf dem Tisch lag der von einer Plastikdecke verhüllte Leichnam.

»Bedecke deinen Kopf mit einer Jarmulke«, sagte Abraham und legte eine schwarze Kappe auf meinen Kopf. Herschel und Zelig rezitierten ein Gebet und nahmen die Plastikdecke von der Leiche. Es war der abgemagerte Körper eines Mannes zu sehen, der offenbar an Krebs gestorben war.

»Wir müssen die Haut gründlich reinigen und ihn mit fließendem Wasser waschen«, sagte Yaacov. »Dieser Prozess wird Tahara oder rituelle Reinigung genannt. Danach müssen wir die Leiche trocknen und in ein Tachrichim oder weißes Gewand kleiden.«

»Wozu dient dieses weiße Gewand?«, fragte ich.

»Es symbolisiert das Gewand, das der Hohepriester im Tempel von Jerusalem trug. Danach müssen wir die Leiche in einen Holzsarg legen, obwohl die jüdische Tradition eigentlich eine offene Beerdigung verlangt, was in Israel auch getan wird. In Deutschland ist das aber verboten, und wir müssen uns an das Gesetz halten.«

Trotz der frostigen Temperaturen zogen wir unsere Jacken und Hemden aus und legten kurzärmelige Plastikmäntel an, um den Leichnam zu waschen. In diesem Moment bemerkte ich, dass jedes Mitglied der Chewrah Kadischa außer mir eine Nummer auf dem Unterarm tätowiert hatte. Herschel und Zelig sahen, dass ich auf ihre Nummern starrte.

»Mach dir keine Sorgen«, sagte Zelig. »Es ist nicht deine Schuld. Ich bin froh, dass du uns hilfst.«

Seine Worte berührten mich sehr. Dann legte Herschel seine Hand auf meine Schulter.

»Du bist jetzt einer von uns. Yaacov hat mir von dir erzählt, und ich konnte kaum glauben, was er mir berichtet hat. Nun weiß ich, dass du wirklich deinem Herzen folgst.«

Wir machten schweigend weiter, reinigten den Toten und befolgten die in den Schriften vorgegebene Reihenfolge der Handlungen. Erst wuschen wir den Kopf, dann die rechte Körperhälfte, die linke Seite, die Vorderseite und den Rücken. Sie gaben mir auch einen großen hölzernen Zahnstocher, um die Fuß- und Fingernägel zu säubern.

»Wir Juden glauben, dass man sauber und rein sein sollte, wenn man von Gott gerichtet wird«, sagte Herschel. »Deshalb achten wir so sehr auf alle Einzelheiten.«

Sobald der Körper gereinigt und getrocknet war, öffnete Abraham kleine Päckchen mit Erde und streute sie auf die Augen, das Herz und die Genitalien.

»Warum tut er das?«, fragte ich Yaacov.

»Das ist Erde aus Israel, die das Heilige Land repräsentiert. Wir streuen sie auf diese Organe, die als Quelle aller Sünden gelten.«

Wir legten weiße Leinentücher über Kopf, Rumpf, Beine und Füße. Dann hoben wir die Leiche in einen einfachen Kiefernsarg und schlossen ihn, ohne Nägel zu verwenden. Als wir fertig waren, standen wir schweigend vor dem Sarg.

»Es gibt keine Familienmitglieder, die das Kaddisch sagen könnten«, bemerkte Zelig. Ich wusste, dass das Kaddisch oder Totengebet zu Ehren des Verstorbenen von einem Familienmitglied rezitiert werden muss. Wenn es keine Familie gab, war es an uns, das Gebet zu sprechen. Das Gedicht ist auf Aramäisch geschrieben, das im Altertum unter Juden eine gebräuchliche Sprache war:

»Yitgaddal v'yitqaddash sh'meh rabba – Gepriesen und geheiligt sei der große Name Gottes«, begann Zelig auswendig. »B'al'ma d'hu atid l'itchaddata ul achaya metaya ul assaqa yathon l'chayyey al'ma – In der Welt, die erneuert werden wird, in der Er den Toten das Leben geben wird und sie zum ewigen Leben auferstehen lässt«, antworteten die anderen.

»Mein Freund, hilf uns, die Toten zu ehren«, sagte Zelig und lächelte mich an. Ich verstand seine Absicht und stimmte ohne Zögern in ihr Gebet ein: »Ulmivne qarta dirushlem ulshakhlala hekhleh b'gavvah ulme qar pulchana nukhra a m'ar a v'la atava pulchana dishmayya l'atreh – Und erbaue die Stadt Jerusalem und baue darin Seinen Tempel, nimm fremde Anbetung von der Erde und lass das Himmlische Gebet wiederkehren.«

In diesem Moment erinnerte ich mich an das Gebet, das ich als kleiner Junge im Fernsehen gehört hatte, nachdem die Särge mit den ermordeten israelischen Sportlern in Tel Aviv angekommen waren. Nun wusste ich, dass es das Kaddisch gewesen war, das mich damals so tief berührt hatte. Jetzt fühlte ich mich eins mit diesen jüdischen Männern, die ihrem verstorbenen Gemeindemitglied die letzte Ehre erwiesen. Das Gebet hob mich aus dem gegenwärtigen Moment heraus, und ich fühlte mich wie ausgebreitet in der Zeit.

Nach einigen Minuten des Schweigens berührte mich Yaacov am Arm.

»Lass uns gehen. Ohne dich hätten wir diese Aufgabe nicht erfüllen können, und ich möchte dir dafür danken. Abraham, Herschel und Zelig werden heute Nacht hier bleiben, um bei dem Toten zu wachen, und ich werde dich nach Hause bringen. Du musst jetzt gehen.« Er wusste nicht, wie weit ich mich von meinem Zuhause entfernt fühlte.

Als ich im Haus meiner Eltern ankam, hörte mich mein Vater und kam in mein Zimmer. Ich hatte noch meine Jarmulke auf dem Kopf und ein Gebetbuch in der Hand, um das Abendgebet zu sprechen.

Sein Gesicht wurde rot, und er schrie mich an.

»Ich kann es nicht fassen! Mit deinem Bart und dieser dummen Kappe siehst du schon aus wie ein Jude. Warum tust du dir das an? Warum tust du uns das an?«

»Ich tue das, wonach mein Herz und mein Geist rufen.«

Diese Antwort befriedigte ihn nicht.

»Erzähl mir nicht, dass du ein wichtiges Familientreffen verpasst hast, weil du bei deinem Kult mitmachen musstest!«

Ich schloss meine Augen und suchte eine Antwort, die ihn nicht zur Weißglut bringen würde.

»Es tut mir leid, dass ich das Abendessen verpasst habe. Ja, ich musste mich um eine sehr wichtige Angelegenheit kümmern.«

Die Erfahrung, die ich gerade gemacht hatte, wollte ich nicht mit ihm teilen, weil ich wusste, dass es die ohnehin schon erhitzte

Situation nur verschlimmert hätte. Seine abrupte Antwort überraschte mich nicht:

»Du musst dich entscheiden, wohin du gehen willst. Hier bleiben oder zu deinen Juden gehen.« Er verließ mein Zimmer und schlug die Tür hinter sich zu.

Mein Vater hatte recht, so wie auch der Kantor und Yaacov. Sie alle stimmten darin überein, dass ich mich entscheiden musste, was ich wollte, und jetzt wusste ich, was zu tun war. Am nächsten Tag nahm ich mit einigen Gemeindemitgliedern, die sich zu Ehren des Toten versammelt hatten, an der Beerdigung teil. Yaacov hielt eine kurze Rede, um des Verstorbenen zu gedenken, der Kantor Kanowitz aus Nürnberg sagte das Kaddisch, und danach gingen wir in die Synagoge, um gemeinsam zu essen.

Als ich auf Yaacov und den Kantor zukam, verriet mein Gesichtsausdruck wohl schon, dass ich etwas Ernstes mit ihnen besprechen wollte.

»Ich bin bereit für den Übertritt!«, platzte ich heraus.

Nach einem Augenblick des Schweigens antwortete Yaacov:

»Um dies zu tun, musst du eine Beschneidung vollziehen, ein rituelles Bad nehmen und vor dem Rabbinatsgericht erscheinen, um zu zeigen, dass du die Verpflichtungen eines frommen Juden verstehst und akzeptierst. Ich werde Rabbi Liebermann heute anrufen, um seine Zustimmung zu erhalten. Du musst verstehen, dass all diese Schritte unter Aufsicht eines Zeugen geschehen müssen, der dem Rabbinatsgericht als vertrauenswürdig gilt. Und es bedeutet, dass du an verschiedene Orte reisen musst, um diesen Regeln gerecht zu werden.«

Ich nickte zustimmend.

»So sei es, und ich werde auf deine Antwort warten«, erwiderte ich.

»Mein Sohn, was willst du tun, wenn du den Übertritt vollzogen hast?«, fragte der Kantor.

»Über diese Frage habe ich schon lange nachgedacht. In zwei

Monaten werde ich mein Medizinstudium abschließen und dann müsste ich meinen Zivildienst ableisten, den ich aufgeschoben hatte. Stattdessen möchte ich nach Israel emigrieren, in die israelische Armee eintreten und diesem Land dienen.«

Yaacov und der Kantor schauten mich ungläubig an.

»Wir dachten, du bleibst hier und belebst unsere Gemeinde«, sagte der Kantor.

»Bitte versteht mich. Ich bin ein junger Mann. Die Beziehung mit meiner Familie ist zerrüttet, und ich will nicht hier bleiben und später bereuen, dass ich nie meinen Träumen gefolgt bin. Seit ich zum ersten Mal meinen Fuß auf israelischen Boden gesetzt habe, habe ich mich in dieses Land mit all seinen Widersprüchen verliebt. Ich möchte versuchen, dort zu leben.«

»Ich denke, wir werden dich nicht aufhalten können«, bemerkte Yaacov enttäuscht. »Ich vermisse dich jetzt schon und hoffe, es wird dir gelingen. Morgen werde ich dir die Entscheidung des Rabbis mitteilen.«

Ängstlich erregt wartete ich am nächsten Tag auf die Antwort und blieb deshalb am folgenden Nachmittag mehrere Stunden in der Synagoge. Endlich kam Yaacov aus seinem Büro und gab mir einen Umschlag.

»Ich habe gerade mit dem Rabbi gesprochen. Er hatte viele Fragen und hat mich über dein Verhalten und deinen Charakter befragt. Nachdem ich sie ihm beantwortet habe, diktierte er mir eine detaillierte Liste von Aufgaben, die du noch erfüllen musst.«

Ich öffnete den Umschlag und ging die Liste durch. Sie enthielt keine Überraschungen, aber ich machte mir etwas Sorgen, weil ich entsprechend den strengen Regeln des Rabbinatsgerichts für die Beschneidung und das rituelle Bad Deutschland verlassen musste, weil die wenigen übrig gebliebenen jüdischen Gemeinden in Deutschland zu einer Durchführung nicht in der Lage waren.

Der Rabbi empfahl mir, zwei Leute zu kontaktieren: Als Erstes einen Mohel in Basel, eine Person, die das Recht hat, eine rituelle

Beschneidung nach den Regeln des Judentums durchzuführen. Und zweitens einen Rabbi im französischen Metz, der berechtigt war, mein rituelles Bad oder Mikwe zu begleiten. Diese Reisen stellten mich auch vor praktische Herausforderungen, denn als Medizinstudent hatte ich nur begrenzte finanzielle Mittel zur Verfügung; außerdem musste ich mich auch auf mein Abschlussexamen vorbereiten. Ich verkaufte alles, was ich besaß, und lieh mir den Rest des Geldes von Yaacov, der mir angeboten hatte, mich zu unterstützen.

Nachdem ich Termine mit beiden Kontakten gemacht hatte, fuhr ich an einem Donnerstagmorgen mit dem Auto nach Basel und meldete mich in einem Krankenhaus. Dort begrüßte mich Dr. Dan Ruben, ein Arzt und Mohel, der mir das Vorgehen beschrieb und mir empfahl, die Operation in Vollnarkose durchführen zu lassen. Ich fragte, welche Probleme bei dem Eingriff auftreten könnten.

Er sah mich mit ernstem Gesicht an.

»Manchmal müssen wir den männlichen Konvertiten körperlich etwas anpassen, damit er den Anforderungen für Juden gerecht wird.«

Als er meinen besorgten Blick bemerkte, grinste er, lachte über seinen Witz und sagte:

»Keine Sorge. Das geht ohne Probleme.«

Nachdem er den Raum verlassen hatte, wurden die präoperativen Untersuchungen durchgeführt, und dann blieb ich mit meinen Gedanken allein. Ich war überzeugt, dass ich das Richtige tat, aber ich wünschte, dass meine Familie und Freunde um mich wären. Doch es war meine Entscheidung, und ich musste die letzten Schritte allein gehen.

Am nächsten Morgen wurde ich auf die Operation vorbereitet und in den Operationssaal gefahren. Auf dem OP-Tisch hatte die Krankenschwester die Spritze für die Anästhesie abgelegt. Kurz bevor sie mir das Narkosemittel gab, kam der Mohel in den Raum.

»Bernd, während der Operation wirst du nicht bei Bewusstsein sein. Deshalb möchte ich jetzt mit den Gebeten beginnen. Bist du bereit?« Ich nickte. Er schloss die Augen und hielt meine Hand.

»Gepriesen seist Du, O Herr, unser Gott, König des Universums, der Du uns mit Deinen Geboten geheiligt hast und uns befohlen hast, den Ritus der Beschneidung zu befolgen. Gepriesen seist Du, O Herr, unser Gott, König des Universums, der Du uns durch Deine Gebote geheiligt hast und uns bittest, ihn in den Bund Abrahams, unseres Vaters, aufzunehmen.«

Er schwieg und öffnete die Augen.

»Bernd, hast du einen hebräischen Namen gewählt? Ich kann ihn in deine Beschneidungsurkunde eintragen.«

Ich atmete tief durch und antwortete:

»Ja, das habe ich. Ich habe den Namen Dov, der Bär, gewählt.«

»Ah, die Wurzel des deutschen Namens Bernd ist ebenfalls Bär. Eine gute Wahl.« Er setzte das Gebet fort: »Schöpfer des Universums, möge es Dein gnädiger Wille sein, diese Beschneidung anzuerkennen und anzunehmen, so als hätte ich diesen Mann vor Deinen glorreichen Thron geführt. Und gib in Deiner grenzenlosen Barmherzigkeit, durch Deine heiligen Engel, Dov, dem Sohn Arthurs, ein reines und heiliges Herz. Er wird nun zur Ehre Deines Namens beschnitten werden. Möge sein Herz weit geöffnet sein, um Dein heiliges Gesetz zu empfangen, damit er Deine Gesetze lernen und lehren, befolgen und erfüllen möge.«

Mittlerweile spürte ich schon das kribbelnde Gefühl des Narkosemittels, das durch meine Venen floss, und schloss meine Augen. Mehrere Stunden später wachte ich auf, der Mohel stand neben mir.

»Masel tov, herzlichen Glückwunsch. Du hast nun den ersten Schritt zur Vollendung deines Übertritts vollzogen. Ich möchte, dass du noch eine Nacht hier bleibst und dich ausruhst. Ich lade dich heute Abend zum Schabbatmahl ein.«

»Es tut mir leid, aber ich kann nicht. Meine Familie weiß nicht, dass ich hier bin, und ich kehre besser zurück, bevor sie mich vermissen.«

»Du solltest noch nicht reisen, zumindest nicht sofort«, warnte er mich.

»Ich verstehe und schätze Ihre Sorgen, aber ich muss gehen. Es ist besser so.«

Am selben Nachmittag bezahlte ich die Rechnung und verließ gegen den ärztlichen Rat die Klinik. Mitten in der Nacht kam ich zu Hause an. Todmüde fiel ich auf mein Bett, wechselte im Halbschlaf meinen Verband und schlief erschöpft ein. Am frühen Morgen wachte ich auf, erfrischte mich und wollte gerade das Haus verlassen, als mich mein Vater an der Tür aufhielt.

»Was ist mit dir geschehen? Du warst fast zwei Tage weg. Deine Mutter ist fast vor Sorgen gestorben, und dann haben wir blutige Binden im Müll gefunden. Ich erwarte sofort eine Antwort!«

Er starrte mich mit wutentbranntem Blick an. Ich fühlte mich buchstäblich umzingelt: »Ich konvertiere zum Judentum und habe den ersten Schritt dazu unternommen.«

Sein Unterkiefer fiel nach unten, er schaute mich ungläubig an. Als er wieder sprechen konnte, lagen Wut, Verzweiflung und Angst in seiner Stimme.

»Du hast dich von ihnen verstümmeln lassen, nur um diesem Kult beizutreten? Bist du des Wahnsinns? Ich erkenne in dir nicht mehr den Sohn, den ich erzogen habe. Warum? Warum? Was habe ich falsch gemacht?«

Ich versuchte, so gut wie ich es in diesem Moment konnte, zu antworten.

»Eigentlich hast du nichts falsch gemacht. Dein Handeln und dein Auftreten haben meine Neugier genährt. Du hast immer meinen unstillbaren Hunger nach Antworten auf meine vielen Fragen unterstützt. Ich habe gesucht und diese Antworten im Judentum gefunden. Es ist zu spät, Vater. Ich habe mich entschieden, wie ich mein Leben leben möchte. Vor langer Zeit haben wir uns auseinanderentwickelt, und nun muss ich meinen eigenen Weg gehen.«

In diesem Moment schien mir, ich hätte Tränen in den Augen meines Vaters gesehen, aber im Bruchteil einer Sekunde wurde sein Gesicht rot, und er schrie:

»Mach, dass du aus meinem Haus kommst! Raus, und zwar sofort!«

Er machte die Tür auf, und ich ging hinaus, bevor sie hinter mir zuschlug. Das war also der Preis für Ehrlichkeit, dachte ich. Aber zumindest hatte ich mein Geheimnis offenbart und mich befreit. Ich zog in ein nahe gelegenes Motel, um mich zu erholen. Zudem musste ich mich auf mein Abschlussexamen im darauffolgenden Monat konzentrieren. Als ich mich wieder ins Studium vertiefte, wurde ich von den Gedanken an die schmerzvolle Auflösung der Beziehung zu meinem Vater abgelenkt.

Drei Wochen später musste ich die Examensvorbereitungen unterbrechen, um nach Frankreich zu reisen und das rituelle Bad oder Mikwe zu erhalten. Die Wegbeschreibung führte mich an den Rand eines kleinen Dorfes in der Nähe von Metz. Dort stand ich vor einem alten, nicht näher bezeichneten Gebäude, in dem ein französischer Rabbi wohnte. Er hatte einen buschigen weißen Bart, trug einen schwarzen Hut mit breiter Krempe und einen langen schwarzen Mantel.

»Bon après-midi, einen schönen Nachmittag. Ich habe dich früher erwartet«, sagte er mit sanfter Stimme.

»Entschuldigung, aber ich wusste nicht, wie lang die Reise dauern würde«, sagte ich in gebrochenem Französisch.

»Lass uns mit der Zeremonie beginnen«, sagte er. Er öffnete die Tür, die in einen mittelgroßen Raum führte. Er war fast vollkommen von einem kleinen Becken ausgefüllt, das aus einer unterirdischen Quelle gespeist wurde. »Mein Sohn, sind all deine Wunden vollkommen verheilt? Oder hast du noch offene Wunden? Sonst müssen wir warten, bis sie verheilt sind, um das Wasser nicht zu verunreinigen.«

Er bat mich, mich auszuziehen, und inspizierte meinen Körper.

»Ja«, sagte er, »nun bist du bereit.«

Die Instruktionen für die Mikwe hatte ich studiert. So ging ich ins Bad, holte tief Luft, tauchte vollkommen unter und blieb einige Momente unter Wasser. Dann stand ich wieder auf, atmete tief durch und sagte den Segen:

»Barukh atah Adonai Eloheinu melek Ha'olam, asher Kidshanu b'mitzvotav v'tzivanu al hatvilah – Gesegnet seist Du, Ewiger Gott, Herrscher des Universums, der uns durch die Mizwot heiligt und dieses Tauchbad vorgeschrieben hat.«

Ich tauchte noch einmal unter, stand auf und sagte:

»Barukh atah Adonai Eloheinu melek Ha'olam, sheh-hecheyanu v'kiy'manu, v'higianu, la-zman ha-zeh – Gesegnet sei der Ewige, der Gott der ganzen Schöpfung, der mich mit dem Leben gesegnet, mich erhalten und mich bis zu diesem Moment geführt hat.«

Ein drittes und letztes Mal sank ich unter die Oberfläche und rezitierte danach:

»Shema Yisrael, Adonal Eloheynu, Adonai echad – Höre, o Israel. Der Herr ist dein Gott; der Herr ist eins!«

Ich zog mich wieder an, und der Rabbi gratulierte mir mit einem breiten Lächeln.

»Masel tov, viel Glück. Ich freue mich sehr für dich. Hier, nimm diese Urkunde mit nach Deutschland für das Rabbinatsgericht.«

Kurz darauf saß ich wieder im Auto und fuhr nach Deutschland zurück, um vor dem Rabbinatsgericht zu erscheinen. Ich hatte ihnen schon alle Dokumente bezüglich meiner Beschneidung geschickt und erhielt umgehend einen Termin für mein Erscheinen – nur wenige Tage vor meinem Abschlussexamen.

DAS RABBINATSGERICHT

Endlich stand mein Termin beim Rabbinatsgericht, auf den ich so lange gewartet hatte, unmittelbar bevor. Ich war so ängstlich und aufgeregt, dass ich in der Nacht vor meiner Abreise kaum schlafen konnte. Die Anhörung sollte in Trier stattfinden, einige Autostunden von Bamberg entfernt. Trier ist eine der ältesten Städte im Westen Deutschlands, an der Grenze zu Luxemburg, gegründet vor 2000 Jahren von den Römern. Die römische Architektur beziehungsweise ihre stolzen Überreste prägen noch heute das Bild der Stadt. Das Amphitheater, die römischen Bäder und das alte Stadttor, die Porta Nigra, verleihen der Stadt ein historisches Flair, das teilweise mit dem von Jerusalem vergleichbar ist.

Am frühen Morgen brach ich auf und kam gegen Mittag an, eine Stunde vor dem vereinbarten Termin. Das Treffen fand in einem unscheinbaren alten Gebäude statt, am gleichen Ort, wo die jüdische Gemeinde schon seit dem ersten Jahrhundert untergebracht war. Heute bestand die Gemeinde nur noch aus einigen Dutzend Mitgliedern. Ich ging durch eine offene Tür und die Treppen hinauf, die in einen kleinen Raum führten. Der Raum war mit einem hebräischen Zeichen markiert: Beit HaDin, das Rabbinatsgericht.

Ich wartete als Einziger und wusste nicht, wie und wann man mich rufen würde.

So viele Gedanken sausten mir durch den Kopf. Habe ich ausreichend Wissen über die jüdische Geschichte? Kann ich alle Gebete rezitieren? Werde ich trotz meiner Familiengeschichte akzeptiert werden?

Plötzlich wurde die Tür geöffnet, und Rabbi Liebermann erschien. Er lächelte und umarmte mich.

»Ich habe viele Dinge gehört, die darauf hindeuten, dass du bereit bist. Du musst nicht nervös sein. Lass uns hineingehen und reden.« Sanft drückte er mich in einen großen, fensterlosen Raum, in dem zwei andere Rabbis nebeneinander an einem u-förmigen

Tisch saßen. Beide trugen schwarze Anzüge und Hüte mit breiter Krempe.

Rabbi Liebermann stellte mich vor.

»Das ist unser Kandidat, über den ich so viel erzählt habe.« Dann wandte er sich zu mir. »Ich möchte dir zu deiner Rechten Rabbi Leibowitz vorstellen, und links von dir sitzt Rabbi Ben Asher.«

»Bitte setz dich, junger Mann«, sagte Rabbi Leibowitz. Er hatte einen kurzen grauen Bart und eine dicke Brille. Ich schätzte ihn auf Ende 50.

Rabbi Ben Asher studierte den Aktenordner, der meinen Antrag enthielt. Der Ordner erschien mir ziemlich dick, aber dann erinnerte ich mich an die vielen Briefe, die ich Rabbi Liebermann geschickt hatte, und an die Stellungnahmen, die er fast jedes Jahr von verschiedenen Leuten in der jüdischen Gemeinde, die mich kannten, angefragt hatte.

Rabbi Ben Asher sah schließlich auf und betrachtete mein Gesicht. Seine Augen waren grau, seine buschigen Augenbrauen und sein großer weißer Bart machten es schwer, sein Alter zu schätzen. Unterdessen hatte sich Rabbi Liebermann an den vorderen Tisch gesetzt und deutete auf einen Stuhl vor ihm.

»Bitte setz dich und lass uns anfangen.«

Er öffnete den Ordner und schaute einige der Dokumente an.

»Ich habe alle Dokumente, die wir aus verschiedenen Quellen über dich erhalten haben, sorgfältig studiert. Die meisten stammen von Mitgliedern der jüdischen Gemeinde in Bamberg, einschließlich persönlicher Empfehlungsschreiben und unserem Briefwechsel. Ich habe alle Dokumente an die verehrten Rabbis weitergeleitet, die heute anwesend sind, und wir haben einen guten Eindruck davon, wer du bist, oder zumindest, wie du von anderen wahrgenommen wirst. Die meisten Empfehlungen sprechen für die Tatsache, dass du eine tiefe Verbindung zum jüdischen Glauben und Leben hast und reif genug bist, um diese Entscheidung zu treffen. Beschreibe bitte in deinen eigenen Worten, wie du zum jüdischen Glauben gefunden hast.«

Wie schon viele Male zuvor beschrieb ich mein Leben und meinen spirituellen Weg. Nachdem ich geendet hatte, waren alle drei Rabbis einige Minuten lang still. Rabbi Ben Asher brach als Erster das Schweigen:

»Ich bin sehr beeindruckt von deiner ehrlichen und persönlichen Beschreibung deiner Kindheit und deiner Beziehung zu deinem Vater. Wenn ich es richtig verstehe, war er ein Nazi-Offizier.«

»Er war ein Offizier der Wehrmacht, Rabbi«, sagte ich.

»Was ist der Unterschied?«, fragte er.

»Soweit ich weiß, ist er nie in die NSDAP eingetreten. Er hatte das Gefühl, dass es seine Pflicht war, seinem Land zu dienen und vor allem der militärischen Tradition seiner Familie zu folgen. Ich denke, er hätte erkennen müssen, dass seine Treue gegenüber seinem Land missbraucht wurde und er einem Dämon gedient hat. Leider hat er sich nur ansatzweise mit seiner Vergangenheit auseinandergesetzt, die unangenehme und oft schreckliche Wahrheit hat er weitgehend geleugnet. Wenn er ein Nazi gewesen wäre, dann wäre es mir leichter gefallen, ihn zu hassen.«

»Hasst du deinen Vater?«

»Nein. Aber ich habe nie verstanden, dass er meine Fragen über die Vergangenheit nicht beantworten wollte.«

»Was daran interessiert dich?«

»Die Wahrheit. Die ehrliche Wahrheit darüber, warum fast alle weggeschaut haben, als die Juden abgeholt wurden.«

»Ist dein Entschluss zum Übertritt eine Reaktion auf die Fehler oder Taten deines Vaters oder kommt er aus einem Gefühl der Schuld?«

Ich hielt eine Sekunde inne.

»Zu Beginn haben mich vielleicht solche Gefühle motiviert, aber später und vor allem nachdem ich Israel besucht hatte, war ich tief berührt vom jüdischen Glauben und von seiner Botschaft.«

»Was ist diese Botschaft?«, fragte Rabbi Leibowitz.

Ich wandte mich zu ihm.

»Sich nach dem Geist der Gebote zu richten, dadurch die Worte Gottes im Handeln umzusetzen und dabei Worte in Taten zu verwandeln.«

»Bist du dir bewusst, dass du als Konvertit verpflichtet bist, den 613 Geboten zu folgen, die auf Hebräisch Mizwot genannt werden?«

»Ja, Rabbi, ich bin mir dieser Verantwortung bewusst.«

»Sag mir, welches Gebet hat dich am tiefsten berührt?«

Ich antwortete ohne Zögern:

»Das Kaddisch.«

»Warum das Kaddisch?«, fragte er.

Ich erzählte ihm die Geschichte vom Attentat in München 1972 und wie die Bilder und Gebete der Tage nach diesen tragischen Ereignissen in meine Erinnerung eingebrannt wurden. Meine Beschreibung der Ereignisse bewegte ihn sichtlich. Später erfuhr ich, dass er die Familie eines der ermordeten Sportler persönlich kannte.

»Kannst du ein Gebet auf Hebräisch rezitieren? Zum Beispiel das Amidah?«

Natürlich kannte ich das Amidah. Es gilt als das zentrale Gebet der jüdischen Liturgie. Der Name bedeutet auf Hebräisch »stehen«, und so wird es auch gesprochen. Es bestand ursprünglich aus achtzehn Segenssprüchen und ist deshalb auch unter dem hebräischen Wort für Achtzehn, Shemoneh Esreh, bekannt, obwohl später noch ein neunzehntes Gebet hinzugefügt wurde.

»Welchen Segen soll ich rezitieren?«, fragte ich.

»Den vierten Segen, junger Mann. Die Bitte um Wissen und Einsicht, Da'at auf Hebräisch. Erinnerst du dich?«

Ich nickte, stand auf, schloss die Augen und begann.

»Atah chonen leadam data umelamed – Du begnadest den Menschen mit Erkenntnis und lehrst den Menschen Einsicht, begnade uns von Dir mit Erkenntnis, Einsicht und Verstand. Gelobt seist Du, Ewiger, der Du mit Erkenntnis begnadest.«

»Danke, setz dich bitte«, sagte er.

Dann war Rabbi Leibowitz an der Reihe.

»Du hast wahrscheinlich bemerkt, dass wir nicht nur deine heutige Vorstellung beurteilen, sondern auch die Schritte, die du bis hierher gegangen bist. Judentum bedeutet, deinen Glauben im Alltag zu leben. Ich habe deine spirituelle Entwicklung im Laufe der letzten Jahre aufmerksam verfolgt und freue mich über deine Fortschritte. Du scheinst eine tiefe Hingabe zu empfinden und hast die notwendigen Schritte unternommen, um deinen Übertritt zu vollenden. Mir wurde gesagt, dass du die Absicht hast, nach Israel zu emigrieren? Ist das so?«

»Ja, so ist es«, erwiderte ich stolz.

»Du bist dir auch bewusst, dass deine Entscheidung zum Übertritt den Konflikt in deiner Familie verschärfen könnte? Erinnere dich, dass viele Menschen in diesem Land immer noch denken, man kann entweder Jude oder Deutscher sein, aber nicht beides. Was denkst du darüber?«

»Ich weiß«, seufzte ich. »Ich wünschte, ich könnte die Beziehung zu meiner Familie aufrechterhalten, ich ehre und schätze ihren Beitrag zu meinem Leben und meiner Kindheit. Aber ich muss mein eigenes Leben leben, obwohl ich weiß, dass es für sie schmerzhaft sein wird. Ich habe jedoch nicht das Gefühl, dass ich meine Familie oder mein Land verrate. Das ist eine spirituelle Entscheidung und keine politische.«

Rabbi Liebermann sah die anderen beiden Rabbis an, und beide nickten. »Steh bitte auf, Bernd«, sagte er. Er nahm eine Urkunde in die Hand und begann zu lesen.

Er las auf Hebräisch, und in diesem Moment war ich zu überwältigt, um den ganzen Text verstehen zu können. Nach so vielen Jahren hatte ich endlich mein Ziel erreicht. Nun ließ ich mein kostbares Leben hinter mir und trat in eine neue spirituelle Welt ein, wurde Teil einer anderen Kultur, nahm eine andere Religion an. Ich zitterte. Rabbi Liebermann bemerkte meine Aufregung, lächelte sanft und fuhr fort: »Und nach dem jüdischen Gesetz entscheiden wir, die Mitglieder des Beth Din, dich als Ger zedek, als rechtmäßigen Konvertiten, anzunehmen. Wir haben die Entscheidung, dich anzunehmen, nach sorgfältiger Untersuchung und Prüfung deiner Motive und deines Verhaltens getroffen. Du bist jetzt ein Jude wie jeder andere, ohne Unterschied. Du erhältst den jüdischen Namen Dov Ben-Avraham.«

Ich fühlte mich wie betäubt, während mir die Tränen herunterliefen. Ich erinnerte mich an den geheimnisvollen Rabbi, den ich an der HaKotel in Jerusalem getroffen hatte, und an seine Worte. Ja, eine Neschamah hatte in mir ihr Zuhause gefunden und meine Seele berührt. Nun war ich ein Jude.

Alle drei Rabbis schüttelten mir die Hand und umarmten mich.

»Masel tov und herzlichen Glückwunsch«, sagte Rabbi Liebermann.

»Nun bist du ein Jude, und ich hoffe, du hast deine Seele gefunden.«

Als ich ins Freie in den kalten Dezembernachmittag trat, war ich immer noch überwältigt von dem, was gerade geschehen war. Ich lehnte mich an die Mauer des Hauses und weinte. Dann ging ich langsam zum Auto. Während der langen Fahrt zurück überlegte ich meine nächsten Schritte. Es gab so viel zu tun, so viele wichtige Dinge zu bedenken. Aber ich war bereit weiterzugehen.

Einige Tage später war der Termin für mein Abschlussexamen. Ich bestand es mit Auszeichnung und strahlte vor Optimismus und Freude. Am gleichen Tag rief ich meine Mutter an, um ihr die gute Nachricht zu überbringen; sie weinte und schluchzte am Telefon.

»Bitte sag es deinem Vater«, flehte sie.

»Er muss etwas von dir hören. Seit du weg bist, trinkt er noch mehr und redet mit niemandem. Bitte, tu es für mich!«

Ich sprach dann aber doch nicht sofort mit meinem Vater und feierte am Nachmittag mit meinen Studienkollegen. Leider schien ich eine hohe Toleranz für Alkohol geerbt zu haben. Am frühen Abend war ich ausreichend ungehemmt, um meinem Vater gegenüberzutreten, aber ich war nicht bereit, ihn zu Hause zu treffen. Ich wusste, dass meine Eltern zufällig in einem nahe gelegenen Restaurant zu Abend aßen, und entschloss mich hinzugehen. Als ich eintrat, zog ich die Blicke der anderen Gäste auf mich, weil ich immer noch meinen schwarzen Anzug trug und offensichtlich zu viel Alkohol getrunken hatte.

Ich fand ihren Tisch und ging auf sie zu.

»Ich möchte dir nur sagen, dass ich das Examen bestanden habe und nun Arzt bin.«

Mein Vater vermied Augenkontakt und versuchte, so kühl wie möglich zu wirken.

»Das ist gut. Und was wirst du jetzt tun?«

»Ich werde sehen«, log ich.

Ich wollte ihm nicht sagen, dass ich am selben Tag meine Übertrittsurkunde und meinen Pass per Kurier an das israelische Konsulat geschickt hatte. Zudem hatte ich auch das Büro der Jewish Agency, der israelischen Einwandrungsbehörde, in Frankfurt über meine Absicht informiert, nach Israel zu emigrieren – ein Schritt, der auch als Aliyah oder Aufstieg bezeichnet wird. Wahrscheinlich würde ich alle Dokumente und das Einwanderungsvisum innerhalb einer Woche erhalten, zusammen mit einem einfachen Flugticket der El Al Airlines nach Tel Aviv, das von der Jewish Agency bezahlt wurde.

All diese Gedanken rasten durch meinen Kopf, als ich dort vor meinen Eltern stand und vorgab, keine Pläne zu haben. Mir war klar, dass die Zerrüttung unserer Beziehung schon den Punkt erreicht hatte, von dem es kein Zurück mehr gab. Wir konnten nicht miteinander reden, und ich versuchte nicht, das zu ändern. Diese traurige Situation sollte mich noch viele Jahre später verfolgen, aber in diesem Moment hatte ich nicht die Stärke, die Wahrheit zu sagen. Ich verließ einfach das Restaurant in dem Wissen, dass dies vielleicht das Ende unserer familiären Beziehung war.

An diesem Abend trank ich weiter mit meinen Studienkollegen. Ich wollte meinen Schmerz betäuben, obwohl ich wusste, dass der nächste Morgen schrecklich sein würde. Die folgenden Tage blieb ich in meiner Wohnung und erwartete die Post mit den Reisepapieren.

Am fünften Tag trafen sie endlich ein. Der Postbote klingelte an der Tür, und ich war schnell genug, um sie direkt in Empfang zu nehmen. Zitternd vor Aufregung, öffnete ich den braunen Umschlag. Darin war mein deutscher Pass, in dem auf einer ganzen Seite das Einwanderungsvisum gestempelt war. Er enthielt auch detaillierte Hinweise zur Immigration und ein Hinflug-Ticket von Frankfurt nach Tel Aviv.

Der Abreisetag war schon in einer Woche. Ich hatte wenig Zeit, mich vorzubereiten und mich von meinen Freunden und meinen Eltern zu verabschieden. Diese Woche war voller hektischer Aktivität. Meine Eltern konnten nicht wissen, dass ich mich auf eine Abreise vorbereitete. Eines Abends kam mein Vater in meine Wohnung, unangekündigt wie üblich, und sah, dass ich meinen Rucksack packte. Er starrte mich an und überraschte mich, als er mit flehender Stimme sprach und manchmal mitten im Satz stockte.

»Du gehst also. Warum so heimlich? Ich hatte schon erwartet, dass du nach deinem Examen nicht hier bleiben wirst. Kannst du mir sagen, was los ist?«

Ich zögerte, aber dann entschloss ich mich, es ihm zu sagen.

»Ich kann nicht in Deutschland bleiben. Ich habe meinen Übertritt zum Judentum vollzogen und werde nach Israel gehen und dort mein Glück versuchen.«

Er wurde blass, kam einen Schritt mit ausgebreiteten Armen auf mich zu und blieb vor mir stehen.

»Was kann ich tun? Was kann ich tun, damit du es dir noch einmal überlegst?«

»Nichts, Vater. Nichts kann daran etwas ändern. Ich gehe. Vielleicht komme ich wieder, aber ich brauche Zeit, um mich selbst zu finden.«

»Ich verliere meinen einzigen Sohn«, sagte er traurig.

»Nein, Vater, wir haben uns schon vor langer Zeit verloren, und ich habe nicht die Kraft, noch einmal von vorn zu beginnen.«

Er sah mich ein letztes Mal an, drehte sich um und verließ die Wohnung ohne ein Wort. Ich weinte. Ich wollte ihn zurückrufen, um mich zu entschuldigen, um es ihm zu erklären, aber ich hatte nicht den Mut dazu. Jetzt war ich allein. Vielleicht war ich zu weit gegangen, und es gab keine Aussicht mehr auf eine Rückkehr. Oder ich war einfach zu dickköpfig, um es noch einmal zu überdenken. Überwältigt von dieser Einsicht, schlief ich ein und wachte erst spät am nächsten Morgen auf – es war mein letzter Tag in Deutschland.

Trotz der bitteren Kälte verließ ich das Haus und lief in die Stadt. Die Straßen waren mit einer dicken Schneeschicht bedeckt. Ich wollte ein letztes Mal durch meine Heimatstadt gehen, an dem Haus vorbei, in dem ich aufgewachsen war, dem Kindergarten und der Schule, wo ich meine Kindheit verbracht hatte, und dann am jüdischen Gemeindezentrum vorbei. Leider war es geschlossen. Ich hinterließ eine Nachricht für Yaacov, dankte ihm für seine Unterstützung und versprach, mit ihm in Kontakt zu bleiben. Es wurde schon dunkel, als ich wieder zum Haus meiner Eltern zurückkam. Sie waren weggegangen, und ich entschloss mich, ins Bett zu gehen, weil ich früh am Morgen zum Flughafen musste. Ich schlief wenig, drehte mich unruhig hin und her, wurde von Albträumen immer wieder aus dem Schlaf gerissen.

Um fünf Uhr stand ich auf. Ich wusste, dass ich mich nicht einfach davonschleichen konnte, deshalb ging ich ins Wohnzimmer meiner Eltern und war überrascht, dass meine Mutter schon allein mit einer Tasse Kaffee am Tisch saß. Ihre Augen waren gerötet. Es war offensichtlich, dass sie nicht geschlafen hatte. Sie schien mich nicht zu bemerken, bis ich sie ansprach: »Mutter, es tut mir leid. Es tut mir leid, aber ich muss gehen.«

Sie sah mich schließlich an, stand auf, sank aber wieder in ihren Stuhl zurück. Ich kam näher und ging plötzlich auf die Knie, hielt ihre Hand und streichelte ihr Gesicht.

»Du hast mich gelehrt, Gefühle zuzulassen und mir selbst treu zu sein. Ich habe getan, was ich tun musste, um mir selbst treu zu sein. Ja, es erscheint vielleicht egoistisch und selbstsüchtig, aber ich fühle mich endlich im Frieden mit mir selbst. Bitte verstehe, dass ich gehen muss.«

Sie küsste mich auf die Stirn, und ihre Tränen tropften auf mein Gesicht.

»Mein lieber Sohn. Es tut so weh, dich gehen zu sehen. Was wird aus dir werden? Du ähnelst so sehr deinem Vater, so stolz und dickköpfig, voller Idealismus. Du wirst so viele unbekannte Schwierigkeiten und Gefahren antreffen. Wie …« – die Tränen erstickten ihre Stimme.

»Mutter. Ich werde dich immer lieben, aber ich bin alt genug, um mein eigenes Leben zu leben. Mach dir keine Sorgen um mich. Eines Tages werde ich zurückkommen.«

»Bitte, verabschiede dich von deinem Vater. Er ist die ganze Nacht wach geblieben, saß in seinem Arbeitszimmer und hat getrunken. Bitte, tu es für mich«, flehte sie.

Ich stand auf und ging auf die Stufen zu, die in sein Arbeitszimmer führten. Es brauchte nur noch wenige Schritte, dann würde ich in seinem Zimmer stehen. Aber was konnte ich sagen oder tun? Geschlagen drehte ich mich um. Auf dem Gesicht meiner Mutter sah ich nur Schmerz.

»Ich kann es nicht, Mutter. Ich schaffe es nicht. Ich bin nicht stark genug.« Dann sah ich den Teller, der über ihrem Kopf an der Wand hing, darauf stand: »Immer vorwärts, schau nie zurück.«

Diesen Teller hatte ich zum letzten Mal vor einigen Jahren bewusst wahrgenommen, in unserem alten Haus. Doch heute bekam er echte Bedeutung für mich.

»Mutter, ich liebe dich, aber jetzt muss ich gehen.« Ich hob den Rucksack auf die Schulter und wollte gehen. Da stand sie auf und kam auf mich zu. Wir fielen einander in die ausgestreckten Arme, hielten uns fest und wussten, dass wir uns vielleicht zum letzten Mal sahen. Keiner von uns dachte, dass wir Jahre später noch einmal die Chance bekamen, uns zu sehen. Jetzt ließ ich sie schweigend los und ging.

Im Bus zum Bahnhof versuchte ich, mich auf die Gegenwart zu konzentrieren und die Vergangenheit hinter mir zu lassen. Aber als der Zug den Bahnhof verließ, schnürte sich mir die Kehle zu, und ich bekam Bauchkrämpfe. »Das ist es«, dachte ich. »Jetzt habe ich endlich den Punkt erreicht, von dem es kein Zurück mehr gibt. Immer vorwärts, schau nie zurück.«

KAPITEL 5: DER NEUANFANG

»Jetzt musst du Wache halten«, sagte Michael und schüttelte mich an der Schulter. Ich war schon wach und verfluchte ihn innerlich, aber es war nicht seine Schuld. Michael und ich gehörten zu einer Gruppe von Soldaten, die aus neuen Einwanderern bestand und die ihre militärische Grundausbildung erhielt. Wir waren auf einem Militärgelände stationiert, das auf einem Hügel lag; von dort aus konnte man die palästinensische Stadt Ramallah im Westjordanland sehen. Wir hatten unsere erste Woche hinter uns, die sich für mich wie eine scheinbare Ewigkeit hingezogen hatte.

»Ja, ich bin wach«, brummte ich und sah, dass es vier Uhr morgens und Zeit für den Wachdienst war. Ich war in meiner dreckigen Uniform eingeschlafen, deshalb musste ich nur in meine Armeestiefel und meinen Mantel schlüpfen. Die Oktobernächte waren kühl und windig. Ich griff nach meinem M16-Sturmgewehr, das an meinem Bett lehnte, und prüfte, ob das Magazin geladen und die Waffe gesichert war. Beim Tragen des Gewehrs hatte ich immer noch gemischte Gefühle; ich erinnerte mich daran, dass ich einige Jahre zuvor vom Militärdienst in Deutschland befreit worden war. Ein Grund dafür war gewesen, dass ich keine Waffen tragen wollte.

Jetzt waren die Umstände anders. Der neue palästinensische Aufstand, die Intifada, sorgte für scharfe Spannungen und schürte die Feindseligkeiten. Ich konnte nicht mehr mit Freunden aus meinem Kibbuz zum Abendessen nach Ramallah in die hervorragenden Gartenrestaurants fahren. Jetzt musste man als Jude eine Waffe bei sich tragen oder die palästinensischen Städte und Dörfer ganz meiden.

Ich nahm mein Gewehr und hielt es in meinen Armen. Mindestens zwei Stunden lang galt es jetzt, wach zu bleiben, bevor ich von einem anderen Soldaten abgelöst wurde. Als ich aus der Baracke trat, atmete ich die frische, vom Duft der Pinien erfüllte Luft ein. Dieser Duft brachte Erinnerungen an die Zeit zurück, die ich mit meinem Freund Chalid in Abu Gosh verbracht hatte. Leider war er nach Russland gegangen, um Medizin zu studieren, und ich hatte den Kontakt zu ihm verloren. Jetzt, als Soldat, zögerte ich, sein Dorf zu besuchen. Ich vermisste ihn und unsere Freundschaft sehr. Es war Zeit für meinen Rundgang, bei dem ich langsam einem vorgeschriebenen Weg folgte. Diese Runden am frühen Morgen boten mir viel Zeit, über alles nachzudenken. Seit meiner Ankunft in Israel vor zwei Jahren hatte sich mein Leben dramatisch verändert. Ich musste mich bemühen, mich an den schnellen Lebensstil anzupassen, und stellte fest, dass ich jede Minute davon genoss.

Zu Beginn waren meine Tage im Kibbuz mit täglichem Sprachunterricht ausgefüllt. Dann schloss ich ein zusätzliches Jahr medizinischer Ausbildung in einem großen Stadtkrankenhaus in Tel Aviv ab, um auch in Israel als Arzt praktizieren zu können. Dort traf ich eine amerikanische Krankenschwester, die einige Jahre vor mir nach Israel emigriert war. Wir verliebten uns, heirateten, und jetzt war sie mit unserem ersten Kind schwanger. Wir wussten schon, dass es ein Sohn sein würde, was mich mit einer Mischung aus Angst und Aufregung erfüllte. Schon bald würde ich Vater sein und mich der Herausforderung stellen müssen, einen Sohn zu erziehen.

Während ich den Weg entlangtrottete, erinnerte ich mich schmerzlich daran, dass mein eigener Vater vor anderthalb Jahren gestorben war. Sein Tod hatte mich sehr traurig gemacht und schockiert. Seit meiner Abreise aus Deutschland hatten wir nicht miteinander gesprochen, und ich hatte mich entschlossen, seine Briefe nicht zu lesen, aus Mangel an Mut und Willenskraft. Diese Entscheidung bereute ich zutiefst, als ich von seinem Tod hörte. Ich hatte versucht, mich von meinem bisherigen Leben und sogar von meiner Familie zu trennen, aber als mir meine Mutter die Nachricht von seinem Tod schickte, spürte ich, wie vergeblich meine Entscheidung gewesen war.

Einige Monate nach meiner Abreise hatte man bei meinem Vater Krebs festgestellt, und er entschied sich gegen eine Behandlung. Er hatte meiner Mutter ausdrücklich verboten, mich über seinen Zustand zu informieren. Er starb zu Hause am 1. Juni 1987. Als ich davon erfuhr, trauerte ich und entschied mich schließlich doch, seine Briefe zu lesen. Mich erstaunte die beiläufige Beschreibung seines Lebens und der Aktivitäten meiner Mutter, ich fand darin keine Gedanken über meine Entscheidung zum Übertritt und zur Abreise aus Deutschland. Ich spürte, dass er immer noch hoffte, ich würde wiederkommen und meinen Fehler bereuen.

Doch ich war geblieben. Im Laufe der Zeit wurde der Ton seiner Briefe aggressiver und abweisender. Rückblickend erkannte ich, dass der Grund dafür seine Wut war – und die Erkenntnis, dass er bald sterben würde. Aber diese wichtige Tatsache erwähnte er erst im letzten Brief. Darin benutzte er nicht die Anrede »mein« Sohn, sondern »der« Sohn. In wenigen Sätzen schrieb er, dass er an Krebs sterben würde, aber kein Mitleid von mir erwartete; und er informierte mich, dass ich offiziell aus seinem Testament gestrichen sei. Er sagte, dass er nur zwei letzte Wünsche hätte – dass ich nicht an seiner Beerdigung teilnehme und davon absehe, meiner Mutter Beileidsgrüße zu schicken. Er unterschrieb den Brief mit »Vater«.

Jetzt war ich wirklich ohne Vater und musste mir selbst von Grund auf beibringen, was es bedeutete, selbst ein Vater zu sein. Ich wusste, dass auch mein Sohn, wenn er aufwuchs, sich der Frage nach meiner Familie und insbesondere nach meinem Vater würde stellen müssen.

In Israel schämte ich mich immer noch, über ihn zu sprechen, und diese Haltung hatte in meinem erwählten Heimatland schon zu Problemen geführt. Selbst meiner Frau hatte ich nichts über meine Vergangenheit erzählt und ließ sie in dem Glauben, dass ich als Jude geboren und aus Deutschland nach Israel emigriert war.

Schließlich fand sie es heraus, was unserer Beziehung zutiefst schadete.

Auch beim Militär begegnete man mir nicht mit Sympathie. Während meines Wehrdienstes musste ich verschiedene Sicherheitsprüfungen durchlaufen, die vom lokalen Büro des militärischen Geheimdienstes durchgeführt wurden. Nur widerwillig beantwortete ich Fragen über meine Herkunftsfamilie, was zu intensiveren Nachfragen führte. Eines Tages rief mich mein kommandierender Offizier in sein Büro. Er war ein Oberst, aber wie die meisten erfahrenen Offiziere pflegte er eine entspannte Beziehung mit jungen Soldaten. Als ich in sein spärlich möbliertes Büro kam, bemerkte ich einen zweiten Offizier, der den Rang eines Oberstleutnants hatte. Seine Rangabzeichen deuteten darauf hin, dass er vom Armeegeheimdienst war.

»Bernd«, sagte mein kommandierender Offizier, »ich will gleich zum Punkt kommen. Du bist ein exzellenter Sanitätsoffizier, und deine Arbeit wird durchweg als hervorragend bewertet. Trotzdem hat Oberstleutnant Ofir einige Fragen an dich, die bisher unbeantwortet geblieben sind.«

Ich wusste, um was es ging, und versuchte, ruhig zu bleiben. Der Offizier des Militärgeheimdienstes hielt einen Aktenordner in den Händen, er hatte sich gut auf das Gespräch vorbereitet. Er war ein großer, muskulöser Mann mit kurzen Haaren. Sein strenger Blick wurde durch seine hohen Wangenknochen noch verstärkt. »Erzähl mir von deiner Familie«, bat er.

»Ich nehme an, Sie kennen die Geschichte schon«, bemerkte ich und war schon ziemlich erregt.

»Ich möchte sie von Ihnen hören.«

»Wie Sie in den Akten lesen können, war mein Vater Offizier der deutschen Wehrmacht.«

»Nicht nur ein Wehrmachtsoffizier, sondern ein hochdekorierter Panzerkommandant«, unterbrach er mich.

»Ja, er hat das Eiserne Kreuz erhalten, eine der höchsten Ehren, die ein deutscher Soldat damals bekommen konnte.«

»Wie kann es sein, dass der Sohn eines Nazis nun zu einem Juden geworden ist, der in einer israelischen Militärbasis dient?«, fragte er verärgert.

Ich entschloss mich, auf die Bezeichnung als Nazi nicht zu reagieren, sondern kurz meine spirituelle Suche zu beschreiben. Die schien ihn aber nicht zu beeindrucken.

»Sie sind also religiös, aber Sie tragen keine Kippa. Warum leben Sie in Israel?

»Weil ich mich diesem Land sehr verbunden fühle und schon lange hier leben wollte.«

Er trat näher, sein Gesicht war ganz dicht an meinem.

»Der Militärgeheimdienst muss über jeden, der unsere Soldaten führt, alles wissen. Mir fällt es schwer, einem Mann wie Ihnen zu vertrauen. Beweisen Sie mir, dass man Ihnen vertrauen kann.«

Seine Fragen schockierten und verletzten mich, und ich brauchte eine Minute, um meine Gedanken zu ordnen.

»Ich bin zum Judentum konvertiert, habe meine Familie und mein Land verlassen. Was kann ich noch tun, um Sie davon zu überzeugen, dass ich vertrauenswürdig bin?«

»Ich respektiere, was Sie getan haben«, sagte er, »aber wie kann ich einem Mann vertrauen, der seine Familie belogen hat und nicht die Wahrheit sagen kann?«

Ich sah ihm in die Augen.

»Weil ich geglaubt habe, es ist besser, nicht jedem die unglaubliche Geschichte vom Sohn eines Wehrmachtsoffiziers, der zu einem Juden wurde, zu erzählen. Mir fällt es selbst noch schwer, damit klarzukommen.«

Mein kommandierender Offizier gab Oberstleutnant Ofir ein Zeichen, dass er das Verhör beenden sollte. »Bernd, das ist genug für heute. Du kannst zu deiner Einheit zurückkehren, und wir unterhalten uns später.«

Mein Kommandant und ich sprachen nie wieder über dieses Thema. Obwohl ich ihm und seinem gerechten Urteilsvermögen vertraute, fühlte ich mich verletzt und stigmatisiert. Mein Vater war immer noch die überlebensgroße Figur, die mein Leben selbst von jenseits des Grabes beherrschte. Ich musste seinem Schatten entkommen, aber wie konnte ich das schaffen und wie lange würde es dauern?

Gleichzeitig musste ich mit dem praktischen Leben klarkommen, für das ich mich entschieden hatte – in Israel, verheiratet, bald Vater. Mit Bitterkeit erinnerte ich mich auch daran, dass selbst die Heirat für mich zu einer großen Hürde wurde. Als meine Partnerin und ich uns entschlossen zu heiraten, konnten wir die Schwierigkeiten, die auf uns zukommen würden, nicht erahnen. Das israelische Recht erlaubt keine zivile Heirat, sondern die Ehe muss von einem Rabbi geschlossen werden, der vom Rabbinatsgericht bestätigt und zugelassen wurde. Jede Heirat muss nach der orthodoxen Interpretation des jüdischen Rechts oder Halacha vollzogen werden, was die Ehe zwischen einem Kohen oder direkten Nachfahren von Priestern und einer Geschiedenen verbietet. Zudem wollte das Rabbinatsgericht keine Ehe zwischen einer Jüdin und einem Konvertiten, der nicht nach der orthodoxen jüdischen Interpretation der Halacha konvertiert ist, genehmigen oder für rechtmäßig erklären.

Die Diskussion darum, »wer Jude ist«, wird seit der Bildung des

Staates Israel kontrovers geführt. Das orthodoxe Judentum verweigert immer wieder, Übertritte anzuerkennen, die von Rabbis durchgeführt wurden, die nicht vom Oberrabbinat in Jerusalem bestätigt und zugelassen wurden. Ich hatte nicht damit gerechnet, dass ich so zwischen die Fronten geraten sollte.

Ich durchlief gerade meine Grundausbildung, als ich erfuhr, dass meine Partnerin schwanger war, und wir entschieden uns zu heiraten. Ich bat meinen kommandierenden Offizier, mir zu erlauben, beim Oberrabbinat in Tel Aviv eine Ehelizenz anzufragen. Ich trug immer noch meine Uniform, als ich das beeindruckende graue Gebäude gegenüber dem Verteidigungsministerium in Tel Aviv betrat.

Im Erdgeschoss des Gebäudes sprudelte es vor Aktivität. Dutzende bärtige Männer in schwarzen Anzügen und Hüten mit breiter Krempe eilten von Büro zu Büro. Die meisten ignorierten mich, aber einige sahen mich mit unverhohlener Verachtung an, weil ich Soldat war.

Die Mehrheit der ultraorthodoxen Männer und Frauen ist vom Militärdienst befreit. Viele argumentieren, dass die Anstrengungen des Militärdienstes sie von der Weiterführung ihrer religiösen Bildung ablenken und dass der Umgang mit »säkularen« Tätigkeiten ihre Werte verunreinigt. Einige behaupten sogar, dass der gemeinsame Wehrdienst mit Frauen genauso verboten ist, wie Schweinefleisch zu essen. Religiöse Männer und Frauen, die sich für den Dienst in der Armee entscheiden, verbinden ihren Militärdienst mit religiösen Studien. Männer können in Einheiten dienen, die als Jeschivat Hesder bezeichnet werden und die speziell an die Bedürfnisse frommer Juden angepasst sind. Frauen können, statt zum Militärdienst zu gehen, auch zivile Dienste ableisten.

Ich ging auf einen Beamten zu, der hinter einem großen, mit losen Papierformularen übersäten Schreibtisch saß. Ohne mich anzuschauen, fragte er: »Was brauchen Sie?«

»Ich bin hier, um eine Ehelizenz zu beantragen.«

»Haben Sie alle Papiere, die Sie für den Antrag benötigen?«

»Welche Papiere meinen Sie?«

In diesem Moment hob er den Kopf und sah mich ungläubig an.

»Woher kommen Sie? Wissen Sie nicht, dass Sie vor dem Antrag die Papiere vorbereiten müssen? Dazu gehört auch der Beweis, dass Sie Jude sind. Das sind Sie doch, oder?«

Ich war erstaunt und vielleicht zu naiv, um seine Frage gleich verstehen zu können. »Aber in meinem Ausweis steht, dass ich Jude bin.«

Er rümpfte voller Verachtung die Nase und schob den Ausweis beiseite, den ich vor ihn hingelegt hatte.

»Hier akzeptieren wir diese Papiere nicht. Sie wurden vom Innenministerium ausgegeben. Wir akzeptieren nur Papiere, die vom Religionsministerium ausgestellt wurden. Sind Sie nun ein Jude oder nicht?«, brummte er.

»Ja, das bin ich!«, erklärte ich stolz.

»Wo sind Sie geboren? Wie heißt Ihre Mutter und wo wurde sie geboren? Kennt jemand sie und ihre Eltern? Wer sind Ihre Zeugen und wo sind sie? Kennt ein Rabbi Ihre Familie und seit wann? Haben Sie ein Empfehlungsschreiben? All das brauche ich, bevor an einen Antrag überhaupt zu denken ist.«

Ich wusste nicht, was ich ihm antworten sollte. Sollte ich ihm meinen Übertritt erklären; die Vergangenheit meines Vaters und die ungelösten Fragen über die Herkunft meiner Mutter? Plötzlich überschwemmte eine Welle aus Wut und Frustration meinen Verstand: »Wer sind Sie eigentlich, mir diese Fragen zu stellen. Ich bin Jude wie Sie. Ich diene in der israelischen Armee. Und hier steht, dass ich Jude bin.«

Sein Gesicht verdüsterte sich, und er sagte langsam:

»Ich brauche einen Beweis dafür, dass Sie Jude sind. Entweder bringen Sie mir diese Papiere oder eine zertifizierte Übertrittsurkunde. Sind Sie ein Konvertit?«

Das Wort »Konvertit« durchbohrte mein Herz wie ein Dolch. So hatte ich mich selbst nie gesehen. Ja, ich hatte einen lang andauernden Prozess durchlaufen, durch den ich schließlich konvertiert war. Aber sobald dieser Prozess abgeschlossen war, dachte ich, dass ich Jude sei.

»Ja, ich bin konvertiert«, erwiderte ich.

»Dann müssen wir die Urkunde prüfen, um zu sehen, ob das vom Rabbinatsgericht akzeptiert wird.« Er lehnte sich nach vorn und fuchtelte mit seinem Finger vor meinem Gesicht herum.

»Wenn die Urkunde nicht von einem orthodoxen Rabbi unterzeichnet wurde, dann sind Sie kein Jude.«

Jetzt konnte ich meine Wut nicht mehr unterdrücken.

»Ich kümmere mich nicht um euch und eure Regeln. Ich bin ein Jude. Ich wurde als Jude anerkannt. Ich bin ein Bürger Israels und trage stolz die Uniform dieses Landes. Wenn Sie mir keine Lizenz geben, dann werde ich woanders heiraten.« Ich wusste, dass eine zunehmende Zahl säkularer Israelis sich für eine bürgerliche Ehe entschied, die im Ausland geschlossen und vom Innenministerium anerkannt wurde.

»Das Rabbinatsgericht erkennt zivile Ehen nicht an, und Kinder aus solchen Beziehungen werden als außereheliche Kinder betrachtet und dürfen nicht heiraten«, bemerkte er trocken.

Da stand ich nun: Nach so vielen Jahren innerer Kämpfe auf der Suche nach meiner spirituellen Identität, bei der ich mein bisheriges Leben hinter mir gelassen hatte, meiner neu gefundenen Heimat diente und mich stolz als Jude sah, wurde mir das Recht verwehrt, zu heiraten und eine Familie zu gründen.

»Ich bin ein Jude und werde immer einer sein. Ich werde Kinder haben, und sie werden Juden sein. Sie werden heiraten, und ich werde sie zu Liebe und Respekt für ihren Glauben und ihr Land erziehen. Das können Sie mir nicht nehmen!«

Ich drehte mich um und ging. Ich hatte vielleicht mein Vertrauen in das Rabbinatsgericht verloren, aber nicht meinen Glauben.

Einige Monate später wurde die Ehe durch einen Reformrabbi geschlossen. Ein lokaler israelischer Anwalt füllte eine zivile Heiratsurkunde aus, die in Paraguay ausgestellt und vom Innenministerium akzeptiert wurde. Nach rechtlichen Gesichtspunkten waren wir verheiratet, und das war das Entscheidende für uns.

Jetzt schaute ich auf die Uhr und bemerkte, dass mein Wachdienst fast vorbei war. Ich wusste, dass ich zu den Baracken zurückgehen musste, wollte aber diesen letzten Moment der Einsamkeit genießen. Ich stand am höchsten Punkt des Plateaus und ließ den Blick auf Ramallah und die nahen israelischen Siedlungen auf mich wirken. Diesen Siedlern gegenüber hatte ich gemischte Gefühle. Die Anwesenheit der Militärbasis bot ihnen einen gewissen Schutz, aber ihre Beziehung mit uns war von Spannungen gekennzeichnet. Einige von uns, auch ich, hatten das Gefühl, dass es nicht wert war, unser Leben aufs Spiel zu setzen, um religiöse Eiferer zu beschützen. Ich verstand ihre Überzeugung, dass Juden das Recht haben sollten, überall in Eretz Israel zu leben, aber ich wusste auch, dass diese Siedlungen auf umstrittenen Landstrichen errichtet waren. Sie befeuerten Rachegefühle gegen die Siedler und gaben der Intifada Nahrung. Die ersten Strahlen der Morgensonne erhellten den Horizont. Eine stetige Brise kalter Luft hielt mich wach und erlaubte mir, den Beginn des neuen Tages zu genießen. Heute würden wir nach Jerusalem zurückkehren; ich freute mich, die Basis endlich zu verlassen.

Auf meinem Rückweg zu den Baracken kam ich an einer Gruppe neuer Rekruten vorbei, die von ihrem Gefreiten beim Frühsport kommandiert wurden. In den Baracken drängte uns unser Gefreiter, uns für den ersten Bus bereitzumachen, der um 8 Uhr abfahren sollte. Natürlich konnten wir es alle kaum erwarten und versammelten uns eilig am Haupttor.

Uns wurde befohlen, unsere Waffen zu laden und bereitzuhalten, weil unvorhersehbare Bauarbeiten an der Straße uns zwangen, durch das Randgebiet von Ramallah zu fahren. Ich war einer der wenigen, die schon einmal in einem arabischen Dorf oder einer arabischen Stadt gewesen waren. Die Atmosphäre war angespannt. Da ich die Gefahr kannte, setzte ich mich auf einen Platz am Gang, obwohl die Fenster schusssicher sein sollten. Der Stadtrand erinnerte mich an das Dorf meines Freundes, Abu Gosh: zwei- und dreigeschossige Mehrfamilienhäuser, die alle aus dem gleichen Kalkstein erbaut worden waren. Die Straßen waren schon voller Menschen, die sich auf dem Weg zur Arbeit, zur Schule oder zum Einkaufen befanden. Als wir in einen Kreisverkehr kamen, verlangsamte unser Bus die Fahrt, und dann geschah es: Wir wurden von einem Hagel aus Steinen getroffen, die ein Fenster einschlugen.

»Ein Mann ist verletzt«, schrie jemand. Ich eilte in den hinteren Teil des Busses, um den medizinischen Notfall zu versorgen. Michael blutete stark aus einer Kopfwunde.

»Was ist passiert?«, fragte ich.

»Er wurde von einem großen Stein getroffen«, antwortete sein Freund Moshe.

»Öffne den Verbandskasten, hol die sterile Wundauflage heraus und drücke damit auf die Wunde«, sagte ich.

Steine regneten weiter auf unseren Bus nieder, und die Situation wurde immer dramatischer. In diesem Moment befahl uns der Gefreite, den Bus zu verlassen.

»Nehmt eure Waffe, stellt sicher, dass sie geladen ist, und folgt den Einsatzbefehlen. Niemand schießt ohne mein Kommando. Verstanden?«

Wir verstanden alle und hofften, dass wir auf diese Situation ausreichend vorbereitet waren. Mit meinem Helm und der M16 fest im Griff ging ich zu den anderen und verließ den Bus durch die hintere Tür. Ich stand auf der Hauptstraße inmitten mehrerer Autos, deren Fahrer schon geflohen waren. Ich bewegte mich vorsichtig, meine Waffe auf die Dächer der umliegenden Gebäude gerichtet, auf der Suche nach Scharfschützen. Es könnte eine Falle sein; wir hatten gehört, dass Schulkinder Busse und Autos mit Steinen bewarfen, um die Passagiere zu bewegen, ihre Fahrzeuge zu verlassen und zu leichten Zielen für Scharfschützen zu werden. Vielleicht waren es aber auch nur Kinder, die Steine geworfen hatten.

Ich lief den Gehsteig entlang und kam an eine enge Gasse. Ich war ein ganzes Stück vom Rest der Truppe entfernt, als plötzlich ein kleiner Junge aus der Gasse gerannt kam. Er hielt einen Stein in seiner Hand. Er war vielleicht elf oder zwölf Jahre alt und hatte dunkles, lockiges Haar, das mich an die kleinen Jungen erinnerte, die mir in Abu Gosh hinterhergelaufen waren und »Almani, Almani« gerufen hatten.

Aber dieses Mal war ich nicht der »Almani«, sondern der »Yahudi«, der Jude, der ihr Land besetzte und in ihre Stadt eingedrungen war. Dieses Mal war ich der Feind und konnte keine Sympathie erwarten. Er rief arabische Schimpfwörter und drohte, seinen Stein auf mich zu werfen. Wie aus einem Reflex hielt ich meine Waffe in seine Richtung, meinen Finger am Abzug. Mein Gefreiter verfolgte mit einigen anderen eine weitere Gruppe von Teenagern, niemand hatte den Befehl zum Schießen gegeben.

Ich wusste, dass ich einen Fehler gemacht hatte; ich hätte mich nicht von der Gruppe trennen dürfen. Der Anblick der Waffe schien den Jungen nicht einzuschüchtern. Wahrscheinlich wusste er, dass ich den Befehlen folgen musste und nicht schießen würde. Wir standen vier bis sechs Meter voneinander entfernt, ich fühlte eine Mischung aus Angst und Aufregung. Adrenalin rauschte durch meine Arterien; meine Haut fühlte sich an, als würde sie brennen. In diesem Moment sprang die Erinnerung an einen Jagdausflug mit meinem Vater in mein Bewusstsein. Damals saßen wir auf einem Hochstand aus Holz, von dem aus wir ein Feld vor einem dichten Wald überblicken konnten. Es war früh am Morgen, und der Nebel hing an den Bäumen, wodurch die Sicht schlecht war. Plötzlich sahen wir, wie ein Hirsch vorsichtig aus dem Wald trat. Zuerst konnte ich nur das große Geweih sehen, aber bald erkannten wir die ganze majestätische Gestalt des Tieres. Mein Vater hob vorsichtig sein Gewehr und zielte durch den Sucher. Sein Finger berührte den Abzug, und ich spürte Wellen der Aufregung, die durch meinen Körper rauschten – Jagdfieber nannte es mein Vater, alte Instinkte, die immer noch in unserem Körper lebendig sind, die aber nur wenige empfinden. Der laute Knall des Gewehrs intensivierte meine Aufregung, und ich rief laut vor Freude, als der Hirsch tödlich getroffen umsank.

Jetzt, vor diesem palästinensischen Jungen, fühlte ich die gleiche Erregung. Aber ich sagte mir, dass dies eine andere Situation sei. Hier standen sich zwei Menschen gegenüber. Vielleicht hassten wir einander, aber wir beide wurden als Ebenbilder Gottes geschaffen. Ich erinnerte mich auch daran, dass mein Vater mich gelehrt hatte, mein Gewehr nie auf einen anderen Menschen zu richten. Auch meine Verweigerung des Wehrdienstes in Deutschland hatte ich damit begründet. Konnte ich heute dieser Überzeugung treu bleiben? Würde ich für meine Ideale mein Leben riskieren? Ich entschloss mich, dieses Risiko einzugehen. Ich senkte meine Waffe und sprach mit dem Jungen.

»Geh nach Hause«, sagte ich in gebrochenem Arabisch. »Es gibt keinen Grund, erschossen zu werden.« Er sah mich verwirrt an, ließ den Stein fallen und rannte zurück in die Gasse.

Ich lehnte mich an eine Wand und atmete tief durch. Erleichterung durchflutete mich. Vielleicht hätte ich geschossen, auch ohne klaren Befehl, und hätte später sagen können, ich hätte in Notwehr gehandelt. Doch ich hätte mir selbst nie vergeben. Das war kein Schlachtfeld, es war eine palästinensische Stadt. Es waren Kinder, und trotz ihres gefährlichen Verhaltens waren sie nicht unsere Feinde.

Dann hörte ich, wie uns der Gefreite zurück zum Bus rief. Er bemerkte mein blasses Gesicht und fragte: »War etwas?«

»Nein, nichts Besonderes«, log ich. »Ich hab nur ein paar Kinder davongejagt.«

»Das sind keine Kinder. Das sind Terroristen. Kapierst du das nicht!? Die hätten dich umbringen können!«

Das Adrenalin wirkte immer noch, und so konnte ich meine Worte nicht zurückhalten, die ihn sicher provozieren würden.

»Da bin ich mir nicht so sicher. Das ist ihre Stadt. Ihr Zuhause. Warum haben wir die Stadt nicht umfahren?«

Er kam näher und starrte mich an.

»Bist du einer von diesen Araberfreunden? Hör mir mal zu. Erst wenn du mit eigenen Augen gesehen hast, wozu diese Bastarde fähig sind, wirst du es dir anders überlegen. Jetzt steig wieder in den Bus und geh lieber zurück in deine Arztpraxis. Offensichtlich taugst du nicht für den Kampf.«

Dieses Mal konnte ich meinen Mund halten und bestieg schnell den Bus. Michael brauchte meine Hilfe, und ich tat das, was ich gelernt hatte: ein Arzt zu sein.

Trotzdem war ich stolz darauf, dass ich mich an die Lektion meines Vaters erinnert hatte, und innerlich dankte ich ihm. Ich wünschte, ich könnte noch einmal mit ihm reden, aber er war tot. Er war an den Ort zurückgekehrt, den er als die »große Armee« bezeichnet hatte, der ewigen Versammlung seiner Kameraden. Glücklicherweise konnte er mich auch von dort aus noch etwas lehren. Ich wusste nicht, dass es fast zwanzig Jahre dauern würde, bis ich den Mut fand, ihm einen letzten Besuch abzustatten.

KAPITEL 6: DIE RÜCKKEHR

Fast zwanzig Jahre sind seither wieder vergangen, und ich lebe heute ein anderes Leben. Wir haben Israel 1991 nach dem ersten Golfkrieg verlassen und sind nach Miami gezogen. Die Raketenangriffe auf Tel Aviv waren zu viel für meine Frau. Sie machte sich Sorgen um die Zukunft, um unseren kleinen Sohn, und entschloss sich, nach Hause in die USA zurückzukehren. Ich musste mich zwischen meiner Liebe zu Israel und meiner Familie entscheiden.

Es brach mir das Herz, meine neue Heimat zu verlassen. Und unsere Ehe konnte die Schwierigkeiten, mit denen wir in Amerika konfrontiert wurden, nicht überstehen. Nur drei Jahre nach der Geburt unseres zweiten Kindes, eines wunderschönen Mädchens, wurden wir geschieden. Ich heiratete noch einmal und wurde mit der Geburt einer zweiten Tochter gesegnet.

Die Jahre vergingen schnell. Nachdem ich das herausfordernde Programm für Einwanderer durchlaufen hatte, bin ich heute Allgemeinarzt und Spezialist für Suchterkrankungen mit eigener Praxis. Meine Arbeit bietet mir viele Herausforderungen, die mir wenig Zeit lassen, über mein Leben zu reflektieren. So dachte ich zumindest ... bis zu einem hektischen Morgen in der Praxis. Am späten Vormittag wurde ein wichtiger persönlicher Anruf zu mir durchgestellt. »Hier ist Doktor Wollschlaeger. Mit wem spreche ich?«, fragte ich.

Nach einigen Sekunden Schweigen antwortete eine männliche Stimme, älter, etwas nervös, mit einem unverkennbaren deutschen Akzent: »Doktor Wollschlaeger, ich brauche so schnell wie möglich einen Termin.«

Ohne auf eine Antwort zu warten, fuhr er fort: »Sie wurden mir von einem gemeinsamen Bekannten empfohlen, und ich brauche Hilfe in einer schwierigen Situation.« Sein direkter Ton und seine Wortwahl erinnerten mich an die Freunde meines Vaters. Er musste früher beim deutschen Militär gewesen sein.

Ich spürte eine Welle unangenehmer Gefühle, aber ich konnte zunächst nicht die genaue Ursache finden. »Kein Problem, ich kann Ihnen gleich nach dem Mittagessen einen Termin anbieten. Wie wäre es um zwei Uhr?«, antwortete ich und ahnte, dass mich etwas Ungewöhnliches erwartete. Ich wusste immer noch nicht seinen Namen, hatte keine näheren Angaben zu seinem Problem, und bevor ich fragen konnte, legte er auf. Vielleicht kommt er gar nicht, dachte ich und widmete mich meiner täglichen Routine. Doch die unangenehmen Gefühle wurden stärker, als die Zeit für unseren Termin näherrückte.

Meine Arzthelferin führte mich in den Untersuchungsraum, ich nahm die Unterlagen in die Hand und schaute sie durch. Sie waren überwiegend unausgefüllt, und der Name des Mannes war nur in Initialen angegeben. Beim Betreten des Untersuchungsraums kam mir ein großer, muskulöser Mann mit weißem Haar und einigen blonden Strähnen entgegen. Seine Augen waren blau und durchdringend. Er begrüßte mich mit ausgestrecktem Arm, sein Händedruck war stark, fast brutal. Ich bat ihn, sich zu setzen, und widerwillig tat er es. Ich bemerkte sein Interesse an meinen Diplomen und anderen Auszeichnungen an der Wand des Untersuchungszimmers.

»Ich sehe, dass Sie herumgekommen sind und einige Auszeichnungen erhalten haben«, bemerkte er trocken. Ich fühlte mich immer unwohler mit diesem merkwürdigen Patienten und lenkte das Gespräch auf den Grund seines Besuchs.

»Wie kann ich Ihnen helfen? Ich habe verstanden, dass Sie ein Problem haben und meine Hilfe suchen?«

Er saß aufrecht und steif, offensichtlich zögerte er, mir sein Anliegen anzuvertrauen. Seine Haltung erinnerte mich an meinen Vater. Er war Anfang 80, erschien jedoch körperlich viel jünger. An seinem perfekten Deutsch konnte ich erkennen, dass er in Deutschland geboren war, und ich dachte gleich daran, ihn nach diesen schrecklichen Jahren der deutschen Geschichte zu fragen. War er ein Soldat gewesen wie mein Vater? Hatte er vom Holocaust gewusst? Hatte er an der Ermordung unschuldiger Opfer mitgewirkt? All das entspann sich in meinem Geist. Ich versuchte, mich wieder auf ihn als Patienten zu konzentrieren, und begann mit meinen diagnostischen Fragen.

»Sagen Sie mir noch einmal, warum Sie hier sind.«

Er schien meine kurze gedankliche Abwesenheit nicht bemerkt zu haben.

»Ich bin ruhelos und kann nicht schlafen. Ich habe diese Träume und werde sie nicht los. Ich weiß nicht, warum ich sie jetzt habe.«

Während er sprach, wurde sein Ausdruck weicher und zeigte kurz die typischen Eigenschaften eines alten Mannes.

»Gab es in der letzten Zeit stressige Ereignisse, die diese Gefühle ausgelöst haben könnten?«, fragte ich.

Er zögerte, bevor er weitersprach.

»Die Leute verbreiten Lügen über mich, über meine Vergangenheit, und das macht mir zu schaffen.«

»Was für Lügen?«, fragte ich.

Er zögerte und sah mich an.

»Sie sind nach dem Krieg in Deutschland geboren. Was hat Ihr Vater während des Krieges gemacht?«

Seine direkte Frage überraschte mich.

»Mein Vater war Soldat«, erwiderte ich.

Seine Augen öffneten sich weit vor Überraschung und Bewunderung, was mich sofort abstieß.

»Sie sind Deutscher, Sie müssen doch verstehen, dass wir Befehle befolgt haben«, sagte er. »Ich war stolz, die Uniform zu tragen, ich habe nichts Falsches getan.«

Seine Antwort steigerte meine Neugier.

»Über welche Uniform sprechen Sie?«

Sofort nahm er wieder seine steife militärische Haltung an.

»Ich war ein junger Mann, als man mich zwang, in der SS-Leibstandarte zu dienen.« Das Wort SS-Leibstandarte ließ mich erschauern.

»Meinen Sie die Leibstandarte Adolf Hitlers?« Dieses Regiment war ursprünglich gegründet worden, um für die Sicherheit Adolf Hitlers zu sorgen, und wurde später zu einer Eliteeinheit, die aus rücksichtslosen Kämpfern bestand; sie haben abscheuliche Verbrechen gegen die Menschlichkeit begangen, für die sich nur wenige verantworten mussten. Er sah mich misstrauisch an und lächelte kalt und voller Verachtung.

»Dein Vater hat dir viel beigebracht. Du kennst unsere Geschichte!« In diesem Moment hätte ich mir gewünscht, dass ich sie nicht so gut kannte. Er hatte der berüchtigten Einheit angehört, die so viele Gräueltaten gegen alliierte Truppen und sogenannte »niedere Rassen« begangen hatte. Ich versuchte, meinen Schock zu verbergen, aber er schien es zu bemerken. »Ich war sehr jung und habe nur die Befehle befolgt«, fügte er schnell hinzu.

Seine Bemerkungen öffneten die Pandorabüchse meiner Vergangenheit. In seinen Worten hörte ich wieder ganz klar die leugnenden Aussagen meines Vaters über seine Vergangenheit, seine Berichte über jene Ereignisse, an denen er so »voller Stolz« teilgenommen hatte. Ich erinnerte mich daran, wie er meinen Nachfragen über die Vergangenheit mit Schweigen oder ausweichenden

Antworten begegnet war. Ich dachte daran, dass mich meine verzweifelte Suche nach Antworten nach Israel und dann zum Judentum geführt hatte. Plötzlich wurde meine Vergangenheit ungebeten in meine Praxis getragen – eine Vergangenheit, der ich mich erst noch stellen musste.

»Doktor, haben Sie gehört, was ich gesagt habe?«

Ich versuchte, aus der Zeit vor zwanzig Jahren wieder in die Gegenwart zu diesem verwirrenden Gespräch zurückzukommen.

»Ja«, log ich. »Ich verstehe vollkommen, was Sie sagen wollen.«

»Sagen Sie mir, warum habe ich diese Träume? Warum kann ich nachts nicht schlafen? Was kann ich tun, damit es mir wieder besser geht?«

Seine Forderung nach Erlösung ekelte mich an. Sollte ich von meinen anderen Patienten erzählen, viele von ihnen Holocaust-Überlebende, die 60 Jahre nach ihrer Befreiung aus den Todeslagern in meiner Praxis geweint hatten, immer noch gefangen in ihren Käfigen aus Angst? Sie hatten mir oft mit tränenerstickter Stimme Geschichten unaussprechlicher körperlicher und psychischer Gewalt erzählt. In ihren Augen konnte ich erahnen, welche Qualen sie durchgemacht hatten. Die Qualen, die nun in ihren Albträumen auftauchten, fügten ihrem körperlichen Schmerz noch das emotionale Leid hinzu. Sollte ich ihm von meiner eigenen Suche nach Frieden und einer spirituellen Heimat erzählen, weit weg vom Hass meines Heimatlandes? Sollte ich ihm von der bleibenden Scham erzählen, die ich spürte, weil ich der Sohn meines Vaters war?

»Es gibt nur einen Weg, wie Sie sich helfen können«, antwortete ich schließlich.

»Was ist es?«, forderte er ungeduldig. »Sagen Sie es mir! Ich nehme jedes Medikament, um dieses Gefühl loszuwerden.«

»Ich denke nicht, dass ein Medikament Ihnen helfen kann.«

Er sah mich erstaunt an. »Was können Sie mir anbieten? Sie sind der Experte.«

Ich lehnte mich in meinem Stuhl zurück und sah ihn einige Sekunden an, die eine Ewigkeit zu dauern schienen. Seine Augen zwinkerten nervös, während er meine Antwort erwartete.

Ruhig sagte ich: »Die Wahrheit wird Sie befreien. Die Wahrheit wird Sie von Ihrer Angst befreien und es Ihnen erlauben, sich selbst zu vergeben für das, was Sie getan haben.«

Sein Kopf schreckte zurück, als wäre er mit einer Peitsche geschlagen worden. Seine Augen wurden dunkelblau, und sein Gesicht erstarrte zur Maske. Er sprach mit einer Stimme, die distanziert und metallisch klang: »Ich habe nichts falsch gemacht. Mein Gewissen ist rein. Mehr gibt es dazu nicht zu sagen.«

Er stand auf und wandte sich um. Als er durch die Eingangstür ging, hielt er inne und bemerkte die kleine Schachtel oder Mezuzah, die am Türrahmen befestigt war. Sie enthielt ein Stück Pergament, das aufgerollt und mit einem bekannten Text bedruckt war, der mit folgenden Worten begann: Höre, o Israel. Der Herr ist unser Gott; der Herr ist eins. Du sollst den Herrn, deinen Gott, lieben, mit deinem ganzen Herzen, deiner ganzen Seele und deiner ganzen Kraft. Er sagte nichts, aber ich bemerkte, dass er die Bedeutung dieser Schachtel kannte, ein altes Zeichen dafür, dass man sich im Haus eines frommen Juden befand.

Sein Besuch hinterließ nicht so eine starke Wirkung bei mir wie die Erinnerungen, die dadurch erwachten. Es musste einen Grund dafür geben, dass ausgerechnet dieser Mann an einem ansonsten normalen Tag in meiner Praxis aufgetaucht war. Ich wusste, dass die einzige angemessene Reaktion darin bestand, mich erneut meiner eigenen Vergangenheit zu stellen. Nur durch die Rückkehr in meine Vergangenheit konnte ich endlich mich selbst verstehen und inneren Frieden finden. Ich dachte auch an meine eigenen Kinder, die ein Recht darauf hatten, ihre Vergangenheit zu kennen und ihre eigenen Urteile darüber zu fällen. Ich musste zurückkehren und meine Eltern besuchen. Ich musste endlich einen Abschluss finden.

EPILOG

Bei all diesen Gedanken über meine Vergangenheit hatte ich mein Zeitgefühl verloren. Es war schon später Nachmittag, und auf dem Friedhof wurde es langsam dunkel. Meine Frau und meine Tochter warteten im Auto auf mich. Ich stand immer noch vor dem Grab meiner Eltern und dachte über die Ereignisse nach, die zu meinem Übertritt und zu meiner Abreise geführt hatten. Ich versuchte, den Schmerz zu spüren, den mein Vater gefühlt haben musste, als er seinen Sohn verlor, und ich vergab ihm und mir selbst unsere Unfähigkeit, miteinander zu sprechen. Ein einfaches Wort, eine Geste, ein Zugeben von Fehlern, ein Versuch, mich zu verstehen – all das hätte uns vielleicht den Weg zu einer echten Beziehung eröffnet. Aber es sollte nicht sein, und nun stand ich hier, um den Riss zu heilen oder zumindest zu verstehen.

»Warum stehe ich hier am Grab meiner Eltern?«

Tief in mir spürte ich die Sehnsucht, wieder mit jenem Vater zusammen zu sein, mit dem ich durch die tiefen deutschen Wälder gelaufen war und der meine Hand gehalten und mir geduldig die Wunder dieser herrlichen Welt um mich herum erklärt hatte. Jenem Vater, in dessen Anwesenheit ich mich beschützt und sicher gefühlt hatte. Meine Gedanken suchten vergeblich einen

Zeitpunkt, wo ich mich noch mit meinem Vater identifizieren konnte.

Warum suchte ich nach diesem Abschluss? Ich war es leid, keinen Vater zu haben. Ich musste meinen Vater so akzeptieren, wie er war. Seine guten Seiten und auch seine Fehler. Seinen Wunsch, trotz seiner Fehler, so gut er konnte, einen Sohn zu erziehen.

»Vater, ich bin stolz auf das, was ich in meinem Leben erreicht habe«, sagte ich innerlich.

»Unser Konflikt hat mich gelehrt, ein besserer Mensch zu sein. Und das bin ich heute. Ich schäme mich nicht mehr, sondern bin stolz, meinem Sohn zu sagen, wer ich bin.«

Aber ich erinnerte mich auch an meine Mutter, die im Schatten meines Vaters still gelitten hatte. Sie wollte, dass ich ganz nah bei ihr war, aber sie erlaubte mir nicht, sie wirklich zu kennen. Es war mir nicht möglich, mich emotional mit ihr zu verbinden, obwohl ich es mir gewünscht hätte. Ihr Leben und ihre Persönlichkeit bleiben mir ein Rätsel.

Meine Mutter, die immer für mich gesorgt und mich beschützt hatte, hatte nun vor mir ihre letzte Ruhestätte gefunden. Nach dem Tod meines Vaters war sie nach Israel gekommen, um mich zu besuchen und meine Familie und ihren Enkel zu treffen. Ich erinnere mich an unsere emotionale Begegnung am Flughafen in Lod. Ich war gerade erst von meiner Militärbasis zurückgekommen, hatte noch meine Uniform getragen, und mein Gewehr hatte über meiner Schulter gehangen. Trotzdem erkannte sie mich in der Menge der Wartenden sofort wieder. Ihre Augen leuchteten, und wir fielen uns in die Arme. Ich hatte sie fünf Jahre nicht gesehen und war schockiert, wie sehr sie gealtert war.

»Oh, mein Sohn. Du siehst aus wie dein Vater. Er wäre so stolz auf dich.« Wir weinten beide und hielten uns in fester Umarmung.

Während ihres kurzen Besuchs in Tel Aviv bemerkte ich, dass ihre Erinnerung schnell verblich und dass sie sich an viele Ereignisse der Vergangenheit nicht mehr erinnern konnte. Sie war sichtlich erfreut, meine Familie zu treffen, aber sie war nicht in der Lage, ihre Gefühle zum Ausdruck zu bringen. Der Tod meines Vaters war für sie verheerend gewesen, ebenso wie meine Abreise aus Deutschland. Als sie verstand, dass ich nie zurückkehren würde, stellte sie mir nur eine einfache Frage:

»Bist du glücklich, mein Sohn?«

»Ja, Mutter, ich bin glücklich, und du kannst stolz auf mich sein.«

Ich bot ihr an, sie mit nach Jerusalem zu nehmen, aber sie lehnte ab. In einem flüchtigen Moment der Klarheit versuchte sie, es mir zu erklären:

»Ich bin zu alt und gebrechlich, um diese Reise zu machen, obwohl ich fast so weit wäre. Du bist ein sehr starker und entschlossener Mann und du hast die Last von meiner Schulter genommen.«

»Welche Last meinst du, Mutter?«, fragte ich.

»Eines Tages wirst du es erfahren«, sagte sie lächelnd.

Ich habe nie herausgefunden, was sie gemeint hat, und habe bis heute unsere Vorfahren nicht genauer erforscht. Könnte es wahr sein, so fragte ich mich, dass meine Mutter die Vergangenheit ihrer Familie allen verborgen hat? War etwas dran an den Gerüchten, die meine inzwischen verstorbene Schwester geäußert hatte, wonach wir vielleicht auch jüdische Vorfahren hatten? Hätte dies meine unaufhaltbare Suche nach Antworten erklärt? War das der Grund dafür, dass mich der jüdische Glaube so anzog? Der Grund, warum ich den Geist der jüdischen Gebete in meinem Herzen und meiner Seele gespürt hatte? Warum ich mich in Israel so zu Hause gefühlt hatte?

Vielleicht hatte der geheimnisvolle Rabbi in Jerusalem recht. Meine Suche nach Spiritualität war vielleicht vorherbestimmt gewesen. Ich wurde von dem Wunsch angetrieben, mich wieder mit meinem spirituellen Wesen zu verbinden und mich selbst zu finden. Ich wünschte, meine Mutter hätte mir ihre Geheimnisse offenbart. Es hätte mir geholfen, mich wieder mit ihr zu verbinden.

Nachdem meine Mutter Israel verlassen hatte, sah ich sie zwei Jahre später noch einmal. Sie war schon in die stille Welt der Demenz abgeglitten, und ich konnte bis zu ihrem Tod einige Jahre später nicht mehr mit ihr sprechen.

Am Grab war es nun schon fast dunkel. Als ich über die Mauer schaute, die den christlichen Teil des Friedhofs vom jüdischen trennte, sah ich die großen Grabsteine, die über die Mauer ragten und auf denen der Schild Davids thronte.

»Ich muss jetzt gehen«, sagte ich sanft. »Aber ich komme wieder und bringe zu diesem Besuch all meine Kinder mit. Du kannst stolz auf mich sein. Ich habe es geschafft, gegen alle Widrigkeiten.«

Ich steckte meine Hand in die Tasche, um den Stein zu fühlen, den ich schon so viele Jahre lang bei mir getragen hatte. Es war der Stein, den ich zwanzig Jahre zuvor auf einem Hügel bei Jerusalem mitgenommen hatte und als Erinnerung bei mir trug.

»Mutter, ich habe etwas für dich, das du immer berühren wolltest.«

Ich zog den braunen Kalkstein aus der Tasche.

»Ich habe dir etwas aus Jerusalem mitgebracht. Der Stadt, die ich so gern mit dir an meiner Seite besucht hätte.« Ich trat einen Schritt vor und legte den Stein auf das Grab.

Die Worte aus einem Gedicht von Jehuda Amichai formten sich plötzlich auf meinen Lippen: »Weder der Klang der Gebete noch die Stimme der Klage wird hier erhört, denn die Toten preisen nicht den Herrn.« Nein, Herr, die Toten sind nicht vergessen!

Ich setzte mir die Kappe auf den Kopf und rezitierte das Kaddisch: »Yitgaddal v'yitqaddash sh'meh rabba B'al'ma d'hu atid l'itchaddata ul achaya metaya ul assaqa yathon l'chayyey al'ma – Gepriesen und geheiligt sei der große Name Gottes in der Welt, die erneuert werden wird, in der Er den Toten das Leben geben wird und sie zum ewigen Leben auferstehen lässt.«

Eines Tages werde auch ich hier begraben sein. Ich bin dann zwar durch eine Mauer von euch getrennt, aber zumindest sind wir uns dann näher, als wir es seit langer, langer Zeit gewesen sind. Ruhet in Frieden. Eines Tages werden wir uns wiedersehen. Eines Tages.